日本古典　文・和歌・文章の構造

中村幸弘・碁石雅利　著

新典社

はじめに

いま、また、学問とか研究とかいえるほどに体裁の整えきれていない章立てをして、ここに刊行を決意したのは、絶版となった旧著『古典文の構造』（右文書院）を、ありがたいことに、お求めになりたいとのお声があるからです。その『古典文の構造』も、さらに先行する『構文中心　古典文法の公式整理』（駿々堂）を、同社廃業後もお求めになりたいというお声があって、そのお声にお応えしたものでした。

その『構文中心　古典文法の公式整理』は、当時、中学校検定教科書のお手伝いをしていて、その学校図書の担当だった方が、現代文の文法の、殊に文の構造についての書き下ろし執筆をしていた私に、その読解に役立つものという姿勢を古典読解に向けて、ということで、そのご縁となりました。そのころ、三省堂の中学校の文法をご担当だった鈴木康之氏からご注目をいただき、ご指導いただいた日のあったことなどが、いまも、時に思い出されます。『古典文の構造』で、碁石雅利氏のご協力をいただき、それに続いて、いっそう碁石氏のお力をお借りして、『古典語の構文』（おうふう）という大学教材化も試みました。セメスター制に見合った単元を決めて、解説と練習と、そして参考文献も添えました。直後、何度か増刷していただけましたが、前二著のように、高校現場の先生方のお机の上に、ということにはなりませんでした。

今回、もちろん、旧著の各章を生かしながら、その後発掘した用例を補ったり差し換えたりいたしました。私どもは、教材づくりから出発したものですから、練習問題形式には思い入れがあるのですが、著書としての性格を改めるうえから、除くこととといたしました。そして、新たに、和歌の構造についての一章を加えることにいたしました。この十年ほど、和歌の読解についてのお尋ねを受けることが多かったことにもよりますが、近年、和歌に現代語訳を施したもののなかに、少しく理解に苦しむものが見られたからです。

もう、三十何年か前からになりましょうか、機会をいただいて、ベネッセコーポレーションの古語辞典を何点か、編者として関わらせていただくことになりました。そこでも、可能なかぎり構文的な学習、とりわけて慣用連語という単位を設けて、文脈読解に役立つものとなるよう努めました。しかし、辞典では、やはり限界がある、と、いま実感しています。いわゆる古典文法書も古語辞典も限界がありますし、本書のような構文を中心にしたものにも、また、限界があります。本書だけで、古典文が読み解ける、というわけにはいきません。

しかし、本書は、長く、古典文法が高校生用教科書で止まってしまっている現状への挑戦の一書と自負しております。研究といえるほどの業績もなく、しかも地方の公立学校に家業を兼ねて勤務していた平均的国語科教員が、日本経済高度成長のその時代、大学に勤務の機会をいただいて、その日、みずからに課した課題は、どうしたら文章が読めるようになるか、でした。そこが理解できたら読解が深まる、そういう学習の手掛かりを学生に伝えたい、それが、小さな私の人生でした。そして、それは、同行者碁石氏あっての人生でした。

いま、日本人は、日本語だけでは生きていけない時代を前にしています。そういう時代の古文教師には、どういう読解法の指導が求められましょうか。自国語指導の国語科も外国語科としての英語科も、的確な読解の指導は後退しているように思えます。そこで、本書は、難解な術語は極力控えました。古典文を的確に読みとろうという読者の方々のために執筆しました。日本の古典文学だけでなく、日本の古典文化を学ぶために古典文を読もうとする方々のお役に立てることをみずからの喜びとして、本書作成に取り組みました。十分にご活用いただいて、ご忌憚のないお声の寄せられる日をお待ちいたしております。

平成二十三年十二月二十日

中村　幸弘

目　次

第四章　種々の表現について、その形式を整理する

凡　例

1　本書は、高等学校古典文法で説かれる内容を既に修得し、その段階では得られないさらに精度の高い読解を目指そうとする生徒・学生・古典愛好者に対する手助けを目的として編集したものである。従って、品詞ごとに分割した解説は行わない。あくまで形式と機能の関係、構文形式と意味の連合に焦点を絞って、文法のための文法ではなく、実践的な情報を多く盛り込むことに留意した。

2　上段の解説は簡明にし、詳細な補足説明は下段に設けた脚注に譲った。

3　解説中の術語は、学校文法の用語として一般に定着しているものを基本としたが、やむをえず独自のものを用いた所がある。また、文の成分に関わる各種の傍線表示にも、本書独自の方法を取り入れた。

4　本文中に掲げた用例は、高等学校教科書に採用されることの多い有名古典教材から選定することを心がけた。

5　用例の出典は、『新編日本古典文学全集』（小学館）『新日本古典文学大系』（岩波書店）等、容易に本文の確認ができるものに依拠した。

6　用例の表記は、教科書のそれに準拠し、適宜改めてある。とりわけ敬語独立動詞と敬語補助動詞との区別には意を用いて、次のように統一した。

・敬語独立動詞は原則として漢字表記

〔例〕盃〔ヲ〕賜ふ／扇〔ヲ〕奉る／殿上に侍り／御前に候ふ

・敬語補助動詞はひらがな表記

〔例〕見たまふ／見たてまつる／知りはべり／あはれにさうらふ／取らせたてまつりたまふ／思ひたまへわたる

7　本文・脚注の執筆にあたり、先人の研究業績を援用した箇所が数多い。だが、本書の性質上、一々の名を記さないことを諒とされたい。

第一章　文の基本的な構造について認識する

【一】古典語の認識

単に「古典語」というと、ギリシア古典語か、などという人がいたりする。ヨーロッパの古典はギリシアにありといわれるとおり、ギリシアはヨーロッパ文化の起源である。そこで、「古典語」というと、ヨーロッパではギリシア語であり、ラテン語であり、インドではサンスクリットということになるのである。

日本において、「古典語」といったとき、それは現代語に対する概念で、「古語」というのと、ほとんど差異を設けることなく用いている。そもそも、ある時期までは、おしなべて「古語」と呼んでいたと見てよいようで、したがって、現在も、「古語辞典」という呼び方しかないのであろう。

近時、「古語」より「古典語」という呼び方を多く用いるのは、一つには、学習指導要領などにいう、国語科という教科のなかの古典という科目の名称などが背景にあってのことであろう。本書においても、その程度の意味合いで、そう呼んでいこうと思う。

さて、その「古典語」も、単に「古典」といわれる教材の単語を指していう場合から始まって、その単語を用いて書かれている文をも、さらには、文章をも指すことがあって、それぞれの文脈で聞き分け、読み分け、また、言い分け、書き分けているのが現状である。本章にあっては、そのあたりのところに配慮

◆擬古文

狭義の擬古文は、江戸時代中期以降、主として国学者の間に行なわれた文章を指す。例えば本居宣長、村田春海、松平定信、上田秋成などが実践した優雅な美文である。しかし、本来平安時代の文章になぞらえて作られたものを擬古文と呼んでよいのであるから、上記のとおり『徒然草』を典型とする鎌倉時代以降の文章をも含めるのが一般的である。

◆文語文の時代

漢文訓読に基づく硬い文体と和文による柔らかい文体、それに書簡に用いられた候文とが日本語の書記法として長い間併存してきた。上記のとおり、明治に入ってもなお新聞・雑誌等の文章はすべてこれらの文語が主流である。言文一致運動によって、話し言葉に近い文体が発明されても、作文教育は依然として文語であった。小学校高学年からは文語の教材しかない。現代文が中学校教科書に載るようになったのは、ようやく大正以後である。また、新聞の記事は口語になっても、社説だけは文語のまま大正十年まで続いたという。左国史漢で育った操觚者がまだ存命で

して、当面は、それら関係術語については、高等学校国語科教育の常識の範囲で書き進めていくこととする。

　国語科が取り扱う「古典」は、古文と漢文とに分けられる。その古典古文の学習対象となるものが「古典語」であり、すべてをそう呼ぶこともあり、時には単語だけをいう古典語との差別化を考えて、「古典文」ということになったり、「古典の文章」といったりすることになるのである。

　日本では、平安時代と呼ばれる中古の、その和文が、その後も、ずっと文章のお手本として位置づけられてきていた。そこで、早くも鎌倉時代、次の時代の中世に入った直後から、その平安時代の和文を真似て書く擬古文の時代に入ったのである。そこに中世特有の表現が入りこんできていても、基底にあるのは、中古の和文であるところから、古典の文章は、中古和文さえ理解できていたら、おおむね読み解いていけるということになるのである。古典文法の例文などが、その範囲に限られるのは、そういう事情によるのである。

　ふつういう「古文」、本書で、いま「古典文」と呼んできた、その古典文の表現を真似て書く意識は、近代の明治に入ってからも、なお残っていた。現代の、平成の時代に入っても、なお通用する法律の文章などに、古文の面影が残っていたりするのは、そういう背景があったからである。そこでは、古文が、書くためのものであったところから、それらは、「文語」と呼ばれたのである。

　教科文法から学校文法へという推移に次いで、この、ただいまいう「古典語」についての文法書は、「文語文法」から「古典文法」へと名称を変えていった。あったからである。

◆「文語文法」から「古典文法」へ

　明治時代以降、西洋の文法書に倣って日本語文法書が編纂されるようになる。「文典」から「文法」へと名称は変わったものの、特に「口語」と冠しない限り、その実態はすべて古典語を中心とした文法であった。文語を書くための教科内容が失われた新制高等学校に至っても、「国文法」「文語文法」の名は、昭和三十年代後半まで残されていた。その一方で、読解を中心とした「古典文法」が昭和三十年ごろからしだいに用いられるようになる。

◆単語の捉え方

・いと｜をさなけれ｜ば‖籠《こ》｜に‖入れ｜て‖養ふ。〈竹取〉

「単語」という単位は、例えば右の「いと」を「い」と「と」に分割したら意味をなさない単なる音節に帰してしまうように、意味の上でそれ以上分割できないまとまりを指す。だから、「をさなけれ」でも、「けれ」が「し」や「き」になるからといって、「をさな」と「けれ」とに区切るわけにはいかない。単語を文法的機能の面から見

文語文を書くための学習の必要がなくなって、もっぱら古典作品を読解するための文法へと姿勢が改まっても、そこに期待したい構文についての記述は、なお限られるものでしかなかった。

【二】古典語の文の認識

ある単位を設けて言語を分節しようとするとき、以下のような過程を経るのが一般的である。まず、言語の最小単位として「単語」を見出だす。その単語を他の単語と結び付けて、ひとまとまりの思想を表そうとする。そこで、その一団内にある単語間相互にはたらく文構成上の機能が、次に続く他の一団に及ばない、つまり文法的な関係がそこで途切れるとすると、そこで他から切り離されてしまう。こうしてその一団が文として形式上完結するに至る。

そして、この文という最大単位の認識、すなわち切れ目を覚える感覚は、同一言語を用いる者同士であれば、発信者ばかりでなく、受信者も社会的共有財産として持っているはずである。

現代日本語では、その点に何らの不自由も感じない。だが、古典語となると、文の切れ目という最も大切な認識を共有していないため、途端に理解不能に陥ってしまう。

鶯は文なとにもめてたきものに作り声よりはしめてさまかたちもさはか

ると、それだけで文節（右の―で区切ったまとまり）を構成することができるもの（―を施した語）を「自立語」、常に自立語について文節を構成する要素となるもの（＝を施した語）を「付属語」に区分する。さらに、これらの単語について、活用の有無、その単語を含む文節の機能、形態上の特徴などから、通常十種に分類している。本書は構文形式を中心とするため、従来の文法書で説く品詞論は設けない。

◆文の捉え方

上述のとおり、直覚的に文の切れ目を認識することが困難である古典文では、次に掲げるような文末の形態的特徴によって分析的に看取するしか方法はない。

①活用語の終止形（男ありけり。）
②活用語の命令形（これ、見よ。）
③係り結びの結び（母**なむ**藤原なりける。／ちぢに物**こそ**悲しけれ。）
④終助詞（いかで見ばや。／まろも同じ人ぞ。）

文として断止する場合は、この他にも、感動詞（あはれ。／あなや。）、体言止め（朝ぼらけ……吉野の里に降れる白雪。）、連体止め（み吉野の……入

りあてにうつくしき程よりは九重に鳴かぬそいとわろき人のさなむあると言ひしをさしもあらしと思ひしに十年はかりさふらひて聞きしにまことにさらに音せさりきさるは竹近き紅梅もいとよくかよひぬへきたよりなりかし

〈三巻本枕草子・鳥は―適宜漢字を宛てた―〉

古写本を一見すれば直ちに看取できるであろうが、古典文の文字列には、右例のように、現代用いる句読点やカギカッコ、さらには濁点などの補助符号は一切見られない。そもそもそういうものが存在しなかった。現行の活字本文に施された各種符号は、校注者などが本文解釈を行ったうえで、現行の表記規則に準じて適用したものである。従って、文の切れ目についても、感覚に頼るわけにいかないから、種々の文末形式から帰納して導き出された結果と考えてよい。要するに、帰納が経験的感覚に寄り添うことになるのである。

言語事象の分析は、何らかの形式上の単位に基づいて行われなければならない。そのため、「単語」「連語」「文節」「文の成分」「文」「文章」「段落」などの区分が段階的に設けられている。本書ではそれぞれに関わる事象を取り上げてあるが、特に本章では、そのなかで「文節」と「文の成分」を取り上げ、読解上の意義という視点から、それぞれの機能について詳細に解説したい。

りにし人の訪れもせぬ」。）などがある。

◆補助符号の発生

万葉仮名を用いていた時代は、漢字であるから、清濁の違いを書き分けることができた。しかし、草《そう》仮名・カタカナの時代に入るとその区別を失う。濁音符（＝濁点）を付さない表記法は、第二次大戦以前まで公文書を中心に続いていた。この濁音符の起源は、九世紀の訓点資料まで遡る。初期には、漢字の横に濁音であることを示す「濁」の三水《さんずい》（氵）だけを小さく付したり、「・」を付したりしたが、そのうち、アクセントを表示する声点の箇所に二つの丸点を用いる方法へと移った。それが単に清濁の区別を示すようになり、さらに右肩へと固定する。しかし、そうなるのはようやく江戸時代に入ってからだという。

また、カギカッコの起源は、おそらく合点であろう。謡曲や狂言などの台本に見られる山型の符号で、会話や引用の始まりを示した。閉じ目にも付す習慣が定着するのは、明治も後半に入ってからで、それまでは混在していた。例えば、二葉亭四迷『浮雲』（明治二十年刊行開始）では、カギカッコが始

【三】文節相互の関係によって文節の機能を捉える

1 文節という単位

「文節」は、文中にあって伝達内容と文法的機能とを併せ持つ最小の単位である。

その／沢に／かきつばた／いと／おもしろく／咲きたり。〈伊勢・九〉

◇その沢にかきつばたが大変見事に咲いている。

右のように区切った一つ一つのまとまりが文節に相当する。その内部は、実質的な意味内容を表す部分と文法的機能を示す部分とで構成される。例えば、右の「その」「沢に」「咲きたり」のうち、「そ」「沢」「咲き」が前者（自立語という）であり、「の」「に」「たり」が後者（付属語という）である。ただし、自立語のなかには、「かきつばた」「いと」のように文法的な関係構成を示す別の単語を表出しないものあるいはその必要がないもの、また「おもしろく」のように、同じ単語内で活用形を変えることによってその機能を示すものが存在する。このように文法的機能の表示にはいくつかの方法が認められるが、文節は実質概念を表すばかりでなく、こうした他の文節との断続関係をあらかじめ含

まりにしかないが、翌年の『あひびき』では閉じ目にも付してある。

◆文節の内部構造

現代語であれば、発音上の切れ目を意識しながら、感覚的に文節の単位を認識することが可能である。だが、上記のとおり、古典文ではそれがかなわない。従って、文節を構成する条件については、以下のような現代語の文節論を応用して把握することになろう。

①一文節には必ず一つの自立語がある。従って、付属語だけでは文節を作れない。

②一文節には、自立語は一つだけである。

③一文節中に付属語が複数連接していてもよい。

④次に自立語が現われる箇所、あるいは、付属語の連接が終る箇所が文節の切れ目である。

要するに、自立語・付属語の認定の仕方によって、どこまでを文節と認めるかが決まるといえる。

・いみじう／夢のやうなり。〈源氏・玉鬘〉

・蟻のごとくに／集まりて、……〈徒然・七四〉

みっつ文中ではたらく複合体であると理解されよう。

2 文節相互の関係

前項に掲げた「その沢に」の例で言えば、「その」と「沢に」、「いと」と「おもしろく」のように隣り合う文節同士が、互いに意味的・文法的に密接な関係を構成している場合、それらはいくつかの種類に分類することができる。文節相互の関係というと、広義には連文節まで含んだ関係を指し、しかも、この関係によって文が直接構成されると理解されてもいる。だが、本書では、こうした文節文論の立場とは考えを異にする。隣接する文節相互の関係のみを捉えることによって、あくまで品詞認定の基準として活用するに止めたい。だが、文節の機能を捉える視点は、そのまま後述する文の成分の機能的分類に移行することができるため、一項を設けて解説することとした。

① 主・述の関係

「日 暮れぬ。」と 急ぎ 立ちて、……〈源氏・玉鬘〉

◇「日が暮れてしまう。」とあわてて出立して、……

露こそ あはれなれ。〈徒然・二一〉

◇露こそが趣深い。

例えば、右の「やうなり」「ごとくなり」は、学校文法では助動詞と分類するため、「夢のやうなり」「蟻のごとくに」でそれぞれ一文節を構成すると理解することになる。

◆主格「の」「が」を用いた文

古典文で言い切りの文の主格を表す場合、通常は助詞を用いない。現代語でいう「雨が降る。」のような言い方はない。古典語の「の」「が」は、上記のとおり従属節の主格を表すか、体言に続く用法が通常であった。あえて「の」「が」を表示する場合には、文末が連体形でなければならないという制約があった（→第三章【四】⑪）。

・（あてなるものは）梅の花に雪**の**降りかかりたる。〈枕・あてなるもの〉

・「雀の子を犬君《いぬき》**が**逃がしつる。……」〈源氏・若紫〉

・ほととぎす深き峰より出でにけり外山のすそに声**の**落ちくる〈新古今・夏・二一八〉

さらに、以下のような特殊な意味を表す文に限られ、現象を描写する場合には用いていない。

1 断定

・その時見たる人の、近くまで侍りし

御つぼねは　桐壺なり。　〈源氏・桐壺〉

◇お部屋は、桐壺（＝淑景舎）だ。

老いたる〔人〕あり。若き〔人〕あり。　〈徒然・七四〉

◇年老いた人がいるし、若い人がいる。

無常の　来たる　ことは、水火の　攻むるよりも　速やかに、……　〈徒然・五九〉

◇死が訪れることは、洪水や火災が襲うのよりもす早くて、……

右の例文中の「ナニガ」を表す文節（——→）を主文節、「ドウスル・ドンナダ・ナンダ」を表す文節（⇐══）を述文節とする。主文節は、体言ばかりでなく、第4例「老いたる」「若き」が「老いたる人ガ」「若き人ガ」の意を表すように、準体言（＝活用語の連体形そのままで、体言に準じた資格を持つもの）で構成されることも多い（→第二章【二】②④）。また、第5例のように主格を表す助詞「の」（「が」も同様）によって構成された主・述の関係は、いわゆる従属節を作る用法が本来で、述語が文の切れ目となる完結した文を成す時には、特殊な意味を表す場合に限られる。

②　修飾・被修飾の関係

が、語りはべりしなり。　〈徒然・二二六〉

2　強調

・「むべこそ、親の、世になくは思ふらめ。」と、をかしく見たまふ。　〈源氏・空蟬〉

3　疑問

・風吹けば沖つ白波たつた山夜《よ》半《は》にや君がひとり越ゆらむ　〈伊勢・二三〉

・「狐の変化したるか。憎し。見あらはさむ。」　〈源氏・手習〉

4　反語

・「なんでふものの憑《つ》くべきぞ。」　〈宇治拾遺・三八〉

5　感動

・「この水の飽かず覚ゆるかな。」　〈更級〉

「が」は、通常の言い切り文の主格を表す用法が定着して現代語へ至るが、「の」は継承されず、現代に至っても依然この用法を持たない。ただ、芥川龍之介だけは唯一の例外で、独自の文体を創出していた。

・自殺しないものはしないのではない。自殺することのできないのである。　〈侏儒の言葉〉

・三世の苦痛を知るものは我々人間のあるばかりである。　〈同〉

修飾・被修飾の関係には、体言の内容を詳しく説明する文節と説明される体言を含む文節との関係（a）、格関係を補う文節とその格関係を要求する述語との関係（b）、述語の内容を詳しく説明する文節と説明される述語との関係（c）という三種類が含まれる。

a　連体修飾文節

後の　矢を　頼みて、初めの　矢に　なほざりの　心　あり。〈徒然・九二〉

◇残りの矢をあてにして、最初の矢にいいかげんな気持ちが起きる。

栗栖野《くるすの》と　いふ　所を　過ぎて、ある　山里に　たづね入る　こと　侍りしに、……〈同・一一〉

◇栗栖野という場所を通過して、ある山里に分け入って訪れることがございました折に、……

右例中のドンナを表す文節（〜）は、一般に、活用語の連体形（「たづね入る」）、「体言＋の」（「後の」「初めの」「なほざりの」）や「が」、連体詞（「ある」）などで構成され、隣接する体言の内容をさらに精細に説明する。これを連体修飾文節という。

b　補充文節

無論、通常の動作・状態を表す文にまで広く用いたわけではなく、右のような「〜のである」「〜ばかり（だけ）である」という形式で結ぶ文に限られている。

◆準体言を受ける「が」

連体修飾文節には、準体言を「が」で受ける形式がある。体言を受ける場合には「の」も「が」も用いられるが、準体言を受けるのは「が」だけである。

・（その遊女は）昔こはたといひけむ（人）が孫といふ。〈更級〉

これは、主格を表す文節あるいは文の成分を構成しても同様である。

・その時見たる人の、近くまで侍りしが、語りはべりしなり。〈徒然・二一六〉

なお、「昔こはたといひけむが」は三文節から成る連体修飾文節であり、これを連文節という（→[3]）。また、「その時〜侍りしが」は文の成分として主部を構成している（→【四】[2]①）。

◆連用修飾文節の二種

連用修飾文節は、上記のとおり二種に区分される。bは主に体言及び準体言に格助詞が付く形式（第1例）、ま

嵐に むせびし 松も、千年を 待たで 薪《たきぎ》に くだかれ、……〈徒然・三〇〉

◇嵐で寂しい音を立てた墓場の松も、千年の命を保つことなく薪として砕かれ、……

物 食ひ、酒 飲み、ののしりあへるに、……〈枕・すさまじきもの〉

◇食事を食べ、酒を飲み、大騒ぎをしあっているところに、……

右例中のナニヲ・ナニニに相当する文節（〜）は、体言＋格助詞（「嵐に」「千年を」「薪に」）、あるいは格助詞が表出されない形式（「物」「酒」）で構成され、隣接する動詞を中心とした文節と格関係によって結び付く。動詞の要求する格関係を補充する機能を持つため、補充文節と呼ぶ。

c　連用修飾文節

（雪は）いと 堅くて、多くなむ ありつる。〈枕・職の御曹司におはします頃、西の廂にて〉

◇（雪は）たいへん堅くて、（しかも）たくさんあった。

とかく なほしけれども、つひに まはらで いたづらに 立てりけり。〈徒然・五一〉

◇あれこれやり直したけれども、（水車は）とうとう回らないままで空しく立っ

たは非表出の形式（第2例）である。一方のcは主として形容詞・形容動詞の連用形や副詞で構成されている。文法的機能においても、bは下に来る動詞の性質によって必要な格関係を補う。たとえば「嵐に―むせぶ」「千年を―待つ」「薪に―砕かる」「物を―食ふ」「酒を―飲む」のように、それぞれの動詞の性質（自動・他動詞）や受身・使役表現によって要求される関係付けを補塡して完全な意味に至る。しかし、cには格関係が成立しない。下に来る動作がどのように行なわれるか（「とかく―なほす」「いたづらに―立つ」）、また状態がどの程度か（「いと―堅し」「多く―あり」）、さらにどんな述べ方に応じるか（「つひに―で」）を詳しく説明する要素となる。そこで、bを特に「補充文節」として区別した。

◆形容詞・形容動詞連用形に続く「あり」

連用修飾文節の第1例の「多くなむ」と「ありつる」とは、その「あり」が存在を意味する場合の理解であって、「多くなむありつる」で、多い状態という場合には⑤の補助・被補助の関係となる。

ていたのだった。

右例中のドノヨウニ・ドレホドを表す文節（〜〜→）は、副詞（「いと」「とかく」「つひに」）、形容詞・形容動詞の連用形（「多く」「いたづらに」）などで構成され、隣接する用言の表す意味と関係し、その内容をさらに精細に説明する。また打消・推量・仮定・願望などの一定の述べ方を導き出す。これを連用修飾文節という。

③ 接続・被接続の関係

折らば 落ちぬべき 萩の 露、……　〈源氏・帚木〉

◇（枝を）折ったら、落ちてしまいそうな萩の露、……

わが 背子《せこ》は 待てど 来まさず……　〈万葉・13・三二九四〉

◇私のいとしいあの方は、待ってもおいでにならない。……

「いと 興ある ことなり。さらば 行け。」　〈大鏡・道長伝〉

◇「たいへん面白いことだ。それでは、行け。」

右例中の「折らば」「待てど」（……→）は、仮定条件を表し、続く文節はそれに応じた結果を示す。このように順接や逆接、仮定や確定という条件を示す

◆接続文節
隣接する文節同士の関係のみを扱えば、上記のとおり接続詞による文節及び接続助詞でまとまる文節が接続文節ということになる。だが、「夜を寒み」「中垣こそあれ」のように、一定の表現形式によって、接続関係を構成する場合もある。当然これらは連文節または文の成分として処理することになろう。

◆接続詞
日本語には、本来接続詞は存在しなかった。文と文の接続関係を語によって表示する習慣がなかったからである。従って、接続詞とされる単語の多くは他の品詞から転成したもので、たとえば「かつ」「また」「すなはち」などは副詞から、「および」などは動詞から転じたものである。さらに、次のように複合語から転成したものもある。
①動詞＋助詞…さるは／あるは／ならびに
②副詞＋助詞…さて／しかも／もしは
③名詞＋助詞…ゆゑに／ときに
④その他…あるいは／さるほどに（動詞＋形式名詞＋助詞）

文節を接続文節と呼び、条件と結果によって結び付く相互の関係を接続・被接続の関係という。接続文節は、接続詞（「さらば」）で構成されるものと、接続助詞（「ば」「ど」など）でまとまるものが代表的である。

④　対等の関係

これや　この　行くも　帰るも　別れつつ　知るも　知らぬも　逢坂の関
〈後撰・雑一・一〇八九〉

◇これがまあ、この（東国へ）行く人も帰る人も別れると同時に、知っている人も知らない人も出会うという逢坂の関であるよ。

大路《おほち》の　さま、松　立てわたして　はなやかに　うれしげなるこそ、また　あはれなれ。
〈徒然・一九〉

◇大通りの様子、松明をずっと立てて、きらびやかで楽しそうであるのは、これまた赴き深い。

右例中の「行くも」と「帰るも」、「知るも」と「知らぬも」、「はなやかに」と「うれしげなるこそ」（——）は、前後が対等の資格で並んでいる。その両方の文節をともに対等文節と呼び、双方の関係を対等（並立）の関係という。

⑤　補助・被補助の関係

◆対等という術語

本章では、「対等」という術語にこだわることなく「並立」といっても、さらには「並列」といってもかまわないと思っている。もちろん「対等」には、双方に優劣の差がない意があって、そのような価値の高低がないことを認識して読んでいくことが望ましいと思っている。

◆補助形容詞「なし」

第1例「あらぬ」のような打消表現は、平安時代ではごく一般的な形式であった。鎌倉時代以降、次のように「なし」を用いる形式へと交替する。

・ふるさとも　恋しくも　なし。
〈平家・十・海道下〉

昔、若き 男、けしうは あらぬ 女を 思ひけり。 〈伊勢・四〇〉

◇昔、若い男が、みにくくはない女を恋い慕ったのだった。

誠に、ただ人には あらざりけるとぞ。 〈徒然・一八四〉

◇本当に、（松下禅尼は）凡人ではなかったという話だ。

起きも せず 寝も せで 夜を 明かしては 春の ものとて ながめ暮らしつ 〈古今・恋三・六一六〉

◇起きたりもせず、かといって寝たりもしないままで夜を明かして、昼は長雨を春のものだといって、物思いに耽りながら過ごしてきた。

この ついたちよりぞ、殿上 ゆるされて ある。 〈蜻蛉・応和三年〉

◇（兼家は）この年の元日から、昇殿を許されている。

男もすなる日記といふものを、女も して みんとて するなり。 〈土佐・序〉

◇男もつけると聞く日記というものを、女もつけてみようと思ってするのである。

たとえば、右の第1例中の「あらぬ」は、「存在しない」の意を表すわけで

◆「あり」の敬体

第1・2・4例に用いられる「あり」は、次のように敬体となる場合も多く見られる。

・聞きしにも 過ぎて 尊くこそ おはしけれ。 〈徒然・五二〉

・枕にこそは はべらめ。 〈枕・この草子〉

・火 たきて さうらひけるが、…… 〈徒然・一〇二〉

◆複合動詞後項型補助動詞と敬語補助動詞の取り扱い

「たづねおく（＝あらかじめ探しておく）」「咲きわたる（＝一面に咲く）」など、動詞の下に付いて複合動詞の形式をとり、しかも実質的な意味が希薄となっている動詞が認められる。この語群を複合動詞後項型補助動詞と呼ぶ。この上の動詞と密接に融合しているため、付いた動詞と合体して一語化したものとみなすこともできる。通常はそれでかまわないのだが、第5例のように「て」を挟んだり、係助詞や副助詞が介入して強調表現となったりする場合は、補助文節として独立すると捉えたい。例えば、次の第1例は複合動詞とするが、第2・3例は補助文節を構成

はない。「けしからぬ（＝みにくくない）」を強調するために係助詞「は」を介入させ、「けしく（う）はあらぬ（＝みにくくはない）」のように「あらぬ」を分出したものである。従って、この「あらぬ」は実質的な存在の意味を持たず、「～デナイ」という打消の判断を表すにすぎない。つまり、「けしうは」のみでは表しきれない意味を「あらぬ」が補助していると理解される。第3例「起きも」と「せず」との関係も同様で、並列の「も」を挟んで「せず」を分出した。その「せ」は、打消「ず」を接続するために「起き」を再活用したのである。このように、実質概念が希薄で文法的機能に徹した用言を含む文節を補助文節といい、「けしうは」や「起き」のように、その機能を補助してもらう文節を被補助文節という。この両者の関係は、これまでに述べ来たった①～③とは逆に位置するので、注意を要する。

　被補助文節が、形容詞・形容動詞（及びそれと同じ活用形式の助動詞）の連用形、打消の助動詞「ず」や断定の助動詞「なり」の連用形である場合には、補助文節として「あり」が関与し、動詞の連用形の場合には「す」が関与する。さらに、第4・5例の「あり」「みる」のように、実質的な意味が希薄になって形式と化した動詞が接続助詞「て」を介して補助文節に配される形式もある。

⑥　独立の関係

「あはれ、さも 寒き 年かな。……」　〈源氏・末摘花〉

◇ああ、何とも寒い年だなあ。

すると考えるのである。

・（月光が）残りなく **漏り来て**、……　〈源氏・夕顔〉

・（ねざめの月が）光 残さず **漏りてくる** 影だに 見えず ありしより……　〈蜻蛉・天徳元年～応和二年〉

・かりがねの **鳴きこそ わたれ** 秋のよなよな　〈古今・秋上・二一三〉

また、敬語補助動詞についても、奈良時代に遡れば、「（日月は）吾《あ》がためは **照りや たまはぬ**」〈万葉・5・八九二〉のように係助詞の介入を許していた。しかし、平安時代以降こうした言い方はまれであるため、敬語補助動詞はすべて助動詞と同様に付属語として取り扱い、補助文節として独立させない。

◆構成する文節と品詞分類

・述文節となる…動詞・形容詞・形容動詞（用言）
・主文節・補充文節となる…名詞（体言）
・連用修飾文節となる…副詞
・連体修飾文節となる…連体詞
・接続文節となる…接続詞
・独立文節となる…感動詞

「いな、さも あらず。」 〈竹取〉

◇「いや、そうでもない。」

「北殿こそ、聞きたまふや。」 〈源氏・夕顔〉

◇「北殿さん、聞いていらっしゃるか。」

右例中の感動・応答・呼び掛けを表す文節（——）は、上掲①〜⑤のような他の文節との文法的な関係を構成しない。無論、意味上の関連はあるのだが、文法機能の面では断絶している。それだけで一文を成しているともいえるため、他の文節からの独立性が強い。このような文節を独立文節と呼ぶ。

3 連文節と文の構造

文節相互の関係を追って行けば、隣接する文節同士が一団となり、さらに他の文節と関係しながら文へと至る過程が認められる。

折節の 移り変はるこそ、ものごとに あはれなれ。 〈徒然・九〉

◇季節が移り変わることは、何事にも趣深く感じる。

人の 心 すなほならねば、偽 なきにしも あらず。 〈徒然・八五〉

◆二項の向き合いという捉え方

連文節による文の捉え方が最終的に二項の向き合いに収斂《しゅうれん》してしまうのは、およそ次の理由による。

①文節が群化する過程をかかり・受けという二項の関係概念によって把握する。

②どの段階においても、必ず隣接する文節・連文節を結び付けるという方法に徹する。

◆必ず群化する関係

連体修飾・被修飾、対等、補助・被補助の三つの関係は、他の関係に先立って群化しておく必要がある。なぜなら、これらの関係をあらかじめ連文節としてまとめておかないと、他の関係を構成することができないからである。

◇人間の心は素直でないので、嘘がないわけでもない。

たとえば、右の第1例では、「折節の—移り変はるこそ」と「ものごとに—あはれなれ」とがそれぞれ一団を成し、さらにその二者が主・述の関係によって結び付く。また、第2例では、まず「人の—心」「なきにしも—あらず」が一団を成す。続いて「人の心—すなほならねば」「偽—なきにしもあらず」のように結合した後、さらに高次の「人の心すなほならねば—偽なきにしもあらず」という接続・被接続の関係にまで至る。こうして最小の二文節同士の結び付きから出発し、最終的に二項の向き合いとなるまで群化を続ける。連文節とは、このいずれの段階の一団をも指すため、極端に言えば、文も連文節となるのである。

右に示したような文節の群化する過程を向き合った矢印の結び付きによって表示する方法では、全く同じ要素からなる文でありながら、語順が変わると最終的な二項の関係が異なることになってしまう。

黒き　雲　にはかに　出できぬ。

◇黒い雲が突然出て来た。　〈土佐・一月十七日〉

にはかに　黒き　雲　出できぬ。

・ある　山里に　たづね入る　こと

・行くも　帰るも　別れつつ

・けしうは　あらぬ　女を　思ひけり

右に図示した三文例に見るとおり、連体修飾文節（「ある」）、対等文節（「行くも」）、補助文節（「あらぬ」）、被補助文節（「けしうは」）は、補助文節が述部内に位置する場合（↓【四】2②）を除いて、文中のどの位置にあっても、述文節（「たづね入る」「別れつつ」「思ひけり」）と直接関係を構成することができない。そのため、あらかじめ隣接する文節と群化した上で、さらに他の文節と結び付く資格を与えておく必要がある。

◆文の成分を捉える視点

通常、文を平叙文・疑問文・感動文・命令文などに分類する。これは結局文の完結の仕方に注目したものである。文末には文の性格を決定する要素が集積し、文末部分が他の成分の意味や機能を受け止めたうえで統括すると考えられるからである。本書では、この視点に従って、意味上にも文法機能上に

前者では「主・述の関係」だが、後者になると「修飾・被修飾の関係」となっている。ところが、文の完結の仕方に注目すると、語順はどうあれ、述語「出できぬ」に対する主語は「黒き雲」であり、連用修飾語は「にはかに」である事実に違いはない。連文節による群化では、文を構成する要素として重要な点が見落されてしまうことになろう。そこで、本書では、文節の群化によって文構造を把握するのではなく、述部を中心とした意味上のまとまりという視点から文の成分を設定する。

【四】文の成分に分けて文の構造を捉える

1 意味上のまとまりと文の成分

昔の門のまだ残りたるとて／大きなる柱／河の中に／四つ／立てり。〈更級〉

◇（栄えていた）昔の門の跡がまだ残っているというわけで、大きな柱が川の中に四本立っている。

文を構成する要素は、二つに分けられる。一つは自身の意味と機能を充足してくれる所を目指すもので、それ自身で完結するものではない。今一つはそれぞれの意味・機能を有する要素を統括し、文として完結するものである。今、

も文末部分と直接関係するまとまりを成分として区分したい。

前項に述べたとおり、連文節による文節の群化では文を直接構成する要素が抽出できない。例えば、上掲「昔の…立てり」の例で、いま一度説明すると、連文節で群化したとき、「昔の門のまだ残りたるとて」と「大きなる柱河の中に四つ立てり」とが修飾・被修飾の関係で最終的に向き合うことになる。それでは述部「立てり」に対して、ナニガ（「大きなる柱」）・ドコニ（「河の中に」）・イクツ（「四つ」）という、意味的にも文法的にも異なる関係をそれぞれ構成するはずの成分が見失われてしまう。群化の方法は、文構造の把握に難があるばかりでなく、正確な情報の把握にも役立たない。

◆文の成分とかかりうけ

文の成分は形態上の定義が困難である。上記の例文中にある「四つ」は単文節であるが、「昔の門のまだ残りたるとて」は四文節の群化した連文節であるという具合に、内部構造や長さといった客観的な基準で決められるわけではない。あくまで、意味の面でも述部の意味と合致し、文法的機能の面で

後者を特に「述部」と呼んでおこう。この述部にあらゆる要素をまとめる力が集積しているのだから、前者はここを目指すわけである。だから、述部を中心に据えて文構造を解明するのが筋道であるし、文を直接構成する要素も述部との関係から抽出するのが至当でもある。その方法を以下に紹介しよう。

例えば、右の例文中に／で示した切れ目は、それぞれ「昔の門のまだ残りたるとて↓立てり」、「大きなる柱↓立てり」、「河の中に↓立てり」、「四つ↓立てり」という具合に、すべて文末の「立てり」と直接関係することができる。この目指す要素と受ける述部との関係を視覚的に捉えやすくするため、次のような展開図を用意した。

昔の門のまだ残りたるとて（ドウイウワケデ）
大きなる柱（ナニガ）
河の中に（ドコニ）
四つ（イクツ）
　　　　立てり（ドウスル）〈述部〉

本書では、右のドウイウワケデ（機縁）、ナニガ（主格）、ドコニ（場所）など、一定の文法機能を備えた意味上のまとまりのそれぞれについて、文を直接構成する要素と認め、「文の成分」と呼ぶ。この成分は、述語・述部との関係から以下に紹介するような種類に分類できる。どのような意味と機能を持つ成分として述語・述部と関係するのかを把握すると同時に、文の構造を解明する

も述部の統括機能と照応することができる一団を成分の単位とする。そして、それこそが文を直接構成する要素だと認識するのである。

成分の機能は以上のとおり、意味上ばかりでなく、文法上の関係構成をも含んでいる。

従って、一般に用いている「かかりうけ」とは、意味上の対応と文法機能の照応とのいずれにも破綻のない関係を二つの成分の間に構成することを指す。いわゆる「係り結び」は、述部の形態上の曲調を導く法則なのであるから、本書でいう文の成分と述部との間、あるいは述部内に成立する関係であり、それ以外には原則として存在しない（→第三章【三】[2]）。

◆重文と展開図

主語・述語の関係を中心にして文構造を「単文」「複文」「重文」の三種に分類することがある。例えば【二】[2]①に掲げた「露こそあはれなれ」「御つぼねは桐壺なり」は、主語・述語の関係が一回限り成立した文であるから「単文」という。それが「男もすなる日記といふものを、女もしてみむとてするなり」となると、主語・述語の関

ことによって、文を単位とした読解のための一助としたい。

[2] 成分の種類

① 主部…文末の述部（ドウスル・ドンナダ・ナンダ）に対して、その主格（ナニガ）及び主題（ナニニツイテハ）となる事物を示す成分。

かぐや姫（主部）、いたく　泣きたまふ（述部）。 〈竹取〉

◇かぐや姫は、たいそうお泣きになる。

千鳥、いと　をかし。 〈枕・鳥は〉

◇千鳥は、たいそう趣がある

丹波に　出雲といふ所　あり。 〈徒然・二三六〉

◇丹波の国に出雲という所がある。

五月ばかりなどに山里にありく、いと　をかし。 〈枕・五月ばかりなどに〉

◇五月頃などに山里を巡るのは、大変風情を感じる。

万《よろづ》の事は、月見るにこそ　慰むものなれ。 〈徒然・二一一〉

◇すべてのことは、月を眺めることで気が晴れるものだ。

係が二回現れる。この関係を複数用いて成った文が「複文」であるが、同じ複数でも、「老いたるあり、若きあり」となると、主語・述語の関係で構成された文が対等に並べられている。このような文では、一方が他方に従属するという関係ではない。そのため、この種の文を展開図にするには、二つの述部を中心にそれぞれ目指す成分を分割する方法をとるしかない。これはもちろん、主語・述語の関係ばかりでなく、他にも次のような場合もありうる。要するに述語が並立関係にあることが前提と考えてよい。

・東西に　急ぎ、南北に　走《わし》る。 〈徒然・七四〉

・鎧よければ　裏かかず、あき間を射ねば　手も負はず。 〈平家・九・木曾最期〉

◆文節は「語」、成分は「部」

文の成分は、形態の面で明確な規定ができない。そのため、前項に見たとおり、一文節から成るものばかりでなく、複数の文節が群化したものから成るものも混在する。そこで、**【三】**において紹介した「主語」「補充語」「修飾語」などの「語」は文節を表す用語

《主題を表す「は」》

主部として掲げた右の例は、いずれも述部との格関係としてガを想定することができるものである。だが、第5例のように「は」を用いた形式によって主部となる場合には、特に注意しなければならない。「万の事は」は「万の事ガ―慰むものなれ」という関係を想定することが可能であるが、「は」の背後には、次例のようにヲやニなどの格関係が隠れていることもある。

犬は〔ヲ〕　狩り出でて、滝口などして　追ひつかはしつ。〈枕・上にさぶらふ御猫は〉

◇犬は探しだして、滝口の武士などを使って追放してしまった。

この野は〔ニ〕　盗人　あなり。〈伊勢・一二〉

◇この野には盗人がいるそうだ。

第1例の「犬」と「追ひつかはしつ」とは、ナニヲ―ドウスルという関係が想定される。また第2例の「この野」と「あなり」とは、ドコニ―ドウスルという関係が読み取れよう。つまり、「は」はこのようなガ・ヲ・ニなどの格関係を超越した次元ではたらき、何について述べるのか、その主題となる事物をとりたてて示すのがその任務である。そこで、主部とは異なる成分として「主

と位置付け、これと紛れないように区別しておきたい。

◆主題部の取り扱い

上掲第1例中の「犬は」は、「狩り出でて」だけでなく、文末「追ひつかはしつ」まで「犬は」に関わる動作を要求されている。「は」によって主題として提示されると、その物事に関わる内容でなければならず、それが文末まで支配される（実は文末を越えて支配力が及ぶのだが、それについては第三章【一】1を参照）。

従って、述部だけと直接関係するわけではない。主題部以下に展開される文全体と関係すると理解したほうが実態に即しているのである。しかし、本書で採用した展開図は、述部を中心として組み立てようという方式である。これに従えば、主題部という高次の概念を他の成分と同列に並べるには抵抗が生じよう。思い切って主題部を展開図の外へ出し、別途立てておく方法も考えられてよい。ただ、入門期にここまで要求することは、必ずしも適切とはいえまい。どの段階でとどめておくのがよいか、教室の実態に合わせて適宜判断しながら活用していきたい。

題部」を別途立てておくほうがよい（第三章【二】[1]）。

② **述部**…上から目指してくる各成分の文法的機能と意味を統括し、一文の述べ方を決める成分。

（主部）先帝、いとあはれに 思し召したりけり（述部）。〈大和・四五〉

◇先代の天皇は、（女を）ひどくかわいそうだとお思いになっていたのだった。

この楫《かぢ》取《と》りは、日もえはからぬ かたゐなりけり。〈土佐・二月四日〉

◇この船頭は、天気も予測できない乞食野郎であったのだった。

野分のまたの日こそ、いみじう あはれに をかしけれ。〈枕・野分のまたの日こそ〉

◇台風の翌日こそは、たいへん感慨深く風情がある。

往生は、一定と思へば一定、不定と思へば不定なり。〈徒然・三九〉

◇極楽往生は、必ず出来るものと思うと出来るし、分からないものと思うと分からないものだ。

「似てははべれど、これは ゆゆしげにこそ はべるめれ。」

◆補助文節の分出

第5例「ゆゆしげにこそはべるめれ」は、まず「ゆゆしげな（る）めり」（二文節）を強調するため「こそ」を介入させ、「ゆゆしげにこそ—あ（る）めれ」（二文節）のように補助文節を分出した後、「ある」を丁寧体「はべる」に転換した言い方である。このように、強調表現や敬語表現を構成する場合に、補助文節の力によってその機能を十全に果たすことがある。第7例は、「見えたり」を敬体にしたいため、「見えて—あり」と分出した「あり」を「さうらふ」へと転換した。また、第6例「おとづれもせず」は「おとづれず」に強調を表す「も」を挟んだため、「せず」が分出したもので、いずれの場合も、補助・被補助の関係が最優先にまとまり、述部を構成する。

◇「（翁丸という犬に）似てはおりますが、この犬はひどい有様のようです。」

〈枕・上にさぶらふ御猫は〉

わが待たぬ年は来ぬれど　冬草のかれにし人は　おとづれも　せず

〈古今・冬・三三八〉

◇私が待っていない新年は訪れたけれど、離れてしまったあの人は便りをよこしもしない。

「このけしき　尊く　見えて　さうらふ。……」

〈徒然・一五二〉

◇「この狛犬の（立っている）格好が尊く見えております。……」

述部は、ドウスル（動詞文）、ドンナダ（形容詞文）、ナンダ（名詞文）を構成する必須の要素としてはたらく成分である。先に述べたとおり、成分は形態上から規定することができない。これは述部についても同様で、右の第2例以降のように連文節から成ることもありうる。

日も　え　はからぬ　かたゐなりけり（連体修飾・被修飾の関係によるまとまり）

あはれに　をかしけれ（対等の関係によるまとまり）

◆「て」に付く「あり」「はべり」「さうらふ」

接続助詞「て」に付いている「あり」「はべり」「さうらふ」は、存続の意を表し、上記「見えてさうらふ」について判断してあるように、それら「あり」「はべり」「さうらふ」は、補助動詞と認定される。

一定と 思へば 一定、 不定と 思へば 不定なり（対等の関係によるまとまり）

ゆゆしげにこそ はべるめれ（補助・被補助の関係によるまとまり）

おとづれも せず／見えて さうらふ（同右）

③ **補充部**…述部の要求する格関係を補う成分。

親王《みこ》に（補充部） 馬の頭《かみ》、 大御酒《おほみき》（補充部）〔ヲ〕 参る。（述部）〈伊勢・八二〉

◇親王に馬の頭がお酒を差し上げる。

「これに、 ただ今覚えむ古きこと 〔ヲ〕 一つずつ 書け。」〈枕・清涼殿の丑寅のすみの〉

◇「これに、ちょうど今思い浮かぶ古い歌を一首ずつ書け。」

「寺に尊きわざすなる 〔ノ〕 〔ヲ〕 見せたてまつらむ。」〈更級〉

◇「寺で尊い行事をするそうであるのを見せてさしあげよう。」

④ **修飾部**…格関係を示さず、 述部の意味自体と関係する成分。

◆格関係の想定

第1例「大御酒」、第2例「ただ今覚えむ古きこと」、第3例「寺に尊きわざすなる」などのように、古典語では格関係を助詞によって表示しない場合が多い。そこで、それぞれの述部にふさわしい格を想定し、助詞が表示されている場合と同等に取り扱うこととする。

◆助詞の連接と成分の種類

述部以外の成分は、末尾にくる単語の文法的機能によって決定される。だが、異なる助詞が連接するなど、複数の機能が末尾に集中する場合、成分の種類を判定するに当たって、優先順位を設けておく。つまり、格関係と接続関係を最優先とし、副助詞や係助詞は成分の種類の判定に関わらないこととしたい。

かくて　翁　やうやう《修飾部》　豊かに《修飾部》　なりゆく《(述部)》。〈竹取〉

◇こうして翁はだんだん裕福になっていく。

帳のうちよりも出ださず、いつき養ふ。〈竹取〉

◇間仕切り布の中からも出さないで、大切に育てる。

大事を思ひ立たん人は《(主部)》、さりがたく、心にかからん事の本意を遂げずして、さながら　捨つべきなり。〈徒然・五九〉

◇（出家という）一大事を決心したりする人は、捨て去ることができず、気にかかったりすることの本来の目的を遂げないままで、そっくりそのまま捨てるのがよいのだ。

⑤　**接続部**…主として仮定や確定などの条件を順接または逆接の態様によって示す成分。

「死にければ《接続部》、陣の外に　引き捨てつ。」〈枕・上にさぶらふ御猫は〉

◇「（犬が）死んでしまったので、陣の外に引きずって捨ててしまった。」

折にふれば、何かは　あはれならざらん。〈徒然・二一〉

①副助詞・係助詞及びそれらが連接した場合、その背後にガが想定されれば主部、それ以外は補充部とする。

・香さへ［ガ］なつかし。山吹の花〈古今・春下・一二二〉

・「などか　異物も［ヲ］食べざらむ。……」〈枕・職の御曹司におはします頃〉

・風のみこそ［ガ］人に　心は　付くめれ。〈徒然・二一〉

②格助詞に副助詞が連接する場合、いずれが上に立っても格助詞を優先し、補充部とする。

・散りぬとも　香をだに　残せ。梅の花〈古今・春上・四八〉

・「世離れたる海づらなどに　はひかくれぬかし。……」〈源氏・帚木〉

③格助詞に係助詞が連接する場合も、格関係を優先し、補充部とする。

・すさのをのみことよりぞ　おこりける。〈古今・仮名序〉

④接続助詞に係助詞が連接する場合、接続関係を優先し、接続部とする。

・これをいみじと思へばこそ、しるしとどめて　世にも　伝へけめ。〈徒然・一八〉

　副助詞は広義の限定を始めとして、意味用法が多岐に亙る。また、係助詞

◇ふさわしい季節に接したなら、何が趣深くないことがあろうか、何事も感慨深いものだ。

「切りぬべき人なくは、たべ。切らん。」〈徒然・二三一〉

◇「（鯉を）切ってしまえそうな人がいないなら、（私に）下さい。切ろう。」

手をたたきののしれど、いらへする人も なし。〈紫日記〉

◇手を叩いて大声を出すけれど、返答をする人もいない。

「いと 興あることなり。さらば 行け。」〈大鏡・道長伝〉

◇「まったく面白いことだ。それでは行け。」

「力を尽くしたること 少なからず。しかるに、禄 いまだ 賜はらず。」〈竹取〉

◇「（蓬萊の玉の枝を造るのに）尽力したことは少なくない。それなのに、褒美をまだいただいていない。」

⑥ **独立部**…述部と全く文法上の関係を構成せず、独立した成分。

「あな《独立部》、たふとの気色や。」〈徒然・一五二〉

は成分の切れ目及び述部内に位置して係り結びを構成するため、他の助詞の機能とは次元を異にする（→第三章【三】）。これらをすべて分類していくと、成分の種類が広がりすぎ、却って収拾がつかない。従って、本書では、文の骨格となる情報を得るのに必要な最低限の区分に留めておくことにした。

◆文全体に関わる修飾成分

・「口惜しう、男子にて持たらぬこそ幸ひなかりけれ。」〈紫日記〉

右の「口惜しう」は、下に続く「男子」以下の文全体の内容に対する話し手の主観的な感想を述べたものである（→第三章【四】5）。だから、「口惜しう」は述部「幸ひなかりけれ」だけと関係するのではない。だが、展開図を作成する時には、便宜的に修飾部として他の成分と同列に並べておくこととする。

◆接続成分の取り扱い

接続部は、他の成分のように直接述部と関係するわけではない。例えば、第6例で言うと、「しかるに」は上の内容を受けて「禄いまだ賜はらず」全体を帰結として導くのであって、「賜

◇「ああ、尊い有様だよ。」

「翁丸（＝犬の名）、いづら。命婦のおとど（＝猫の名）くへ。」

〈枕・上にさぶらふ御猫は〉

◇「翁丸、どうしたの。命婦のおとどにかみつけ。」

「さる人や。」と問ひたまふ。「しか、をととしの春ぞ物したまへりし。」

〈源氏・夕顔〉

◇「そういう人がいたのか。」とお尋ねになる。「そのとおりで、一昨年の春にはいらっしゃった。」

散る花の忘れがたみの嶺の雲　そをだに　残せ　春の山風

〈新古今・春下・一四四〉

◇風によって散る桜の忘れ形見のように見える嶺の雲、それをだけでも残しておくれ、春の山風よ。

草の花はなでしこ。唐のはさらなり、大和のもいとめでたし。

〈枕・草の花は〉

◇草に咲く花はナデシコが最高だ。中国産のものはいうまでもないが、日本産のものもたいへんすばらしい。

はらず」だけを目指しているのではない。しかし、これも前項と同様に、便宜上、他の成分と同列に並べておくことする。

◆**接続成分の機能**

接続部は、上掲のように順接・逆接という接続の態様を示すばかりでなく、添加・選択・補足説明・話題転換などを表す場合もある。詳しくは、第三章【二】を参照。

◆**提示を表す独立成分**

提示とは、ある事柄を名詞または名詞句として放り出した成分である。それ自体で文法的な関係は示さない。第4例「そをだに」のように一旦指示語でそれを受け（省略される場合もある）、下に展開する形式をとる。なお、類例を追加しておこう。

・刑仙楽《けいせんらく》、西河《せいが》、蘇志摩《そしま》、……胡飲酒《こいんじゅ》、輪台《りんだい》、甘酔《かんすい》、これらを御覧ぜられけり。

〈著聞集・二三二〉

・いといみじう心細き御有様、ただこの御蔭に隠れて過ぐいたまへる年月、いとど荒れまさらむ程、〔コレラガ〕

独立部は、感動・呼びかけ・応答・提示・挿入などを表し、それだけで文として断止してもよい形式を持つ。だが、意味上の脈絡は切れずに、一文内の要素となる。

●文節・連文節による文の構造の捉え方

〈連文節を考えない場合〉

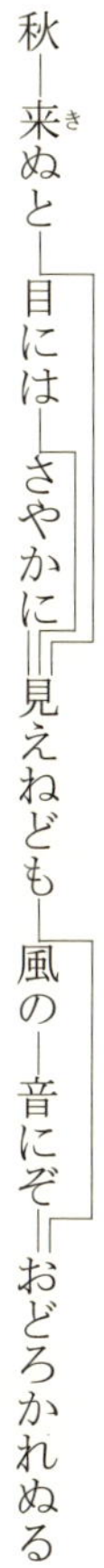

〈連文節を考えた場合〉

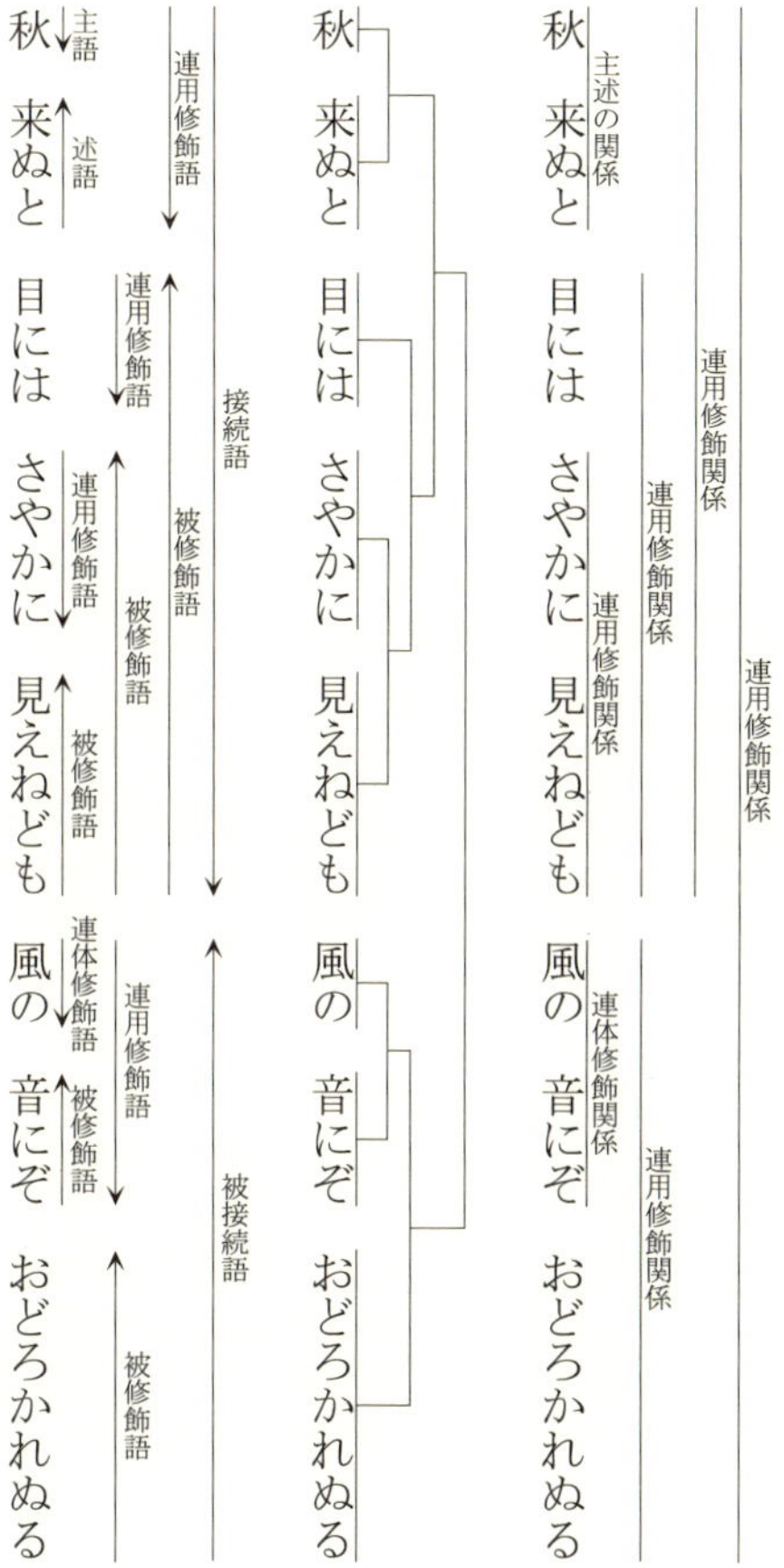

思しやられて、殿の内いとかすかなり。〈源氏・須磨〉

◆挿入を表す独立成分

第5例の「唐のはさらなり」は、下文の前提を示す。「さらなり」は形容動詞の終止形であるから、断止してよい形式である。つまり、文に相当するものを頭に置いて但し書きとした。他にも文脈を分断する形で割り込むものもあり、挿入される文の形態は多様である（→第三章【四】6）。

秋　来ぬと　目には　さやかに　見えねども　風の　音にぞ　おどろかれぬる

●文の成分による文の構造の捉え方

秋来ぬと目にはさやかに見えねども
風の音にぞ
おどろかれぬる

秋来ぬと目にはさやかに見えねども　風の音にぞ　おどろかれぬる

接続部　補充部　述語

第二章　表現の素朴な形式について学習する

【一】活用形が構成する表現について学ぶ

1　活用と活用形

用言（動詞・形容詞・形容動詞）及び助動詞は、それ自体の形を変えて、文中での機能を果たしたり、種々の表現を作るために様々な語を伴ったり、言い切りにして文を完結したりする。それらの場合に応じてとる語形は、規則的に変化し、体系的に整理することができる。「活用」とは、その変化する規則を指すとともに、変化の型をも示す。また、用言が文中や文末ではたらく語形を「活用形」という。

古典語では、動詞に九種（四段・上一段・上二段・下一段・下二段・ラ変・ナ変・サ変・カ変）、形容詞に二種（ク活用・シク活用）、形容動詞に二種（ナリ活用・タリ活用）の活用（型）と六種（未然形・連用形・終止形・連体形・已然形・命令形）の活用形に分類する。助動詞はこの分類を応用して、活用では動詞型・形容詞型・形容動詞型、これらに入らないものを特殊型とし、活用形は用言に準じて適用する。

活用は、種々の表現を構成するために依らねばならない必須の形態変化である。従って、表現の読解に直結する情報は、型の分類そのものにはなく、個々の活用形の有する機能と用法とにあるといえよう。そこで、まず各々の活用形

◆活用語尾

用言の場合、各活用形において、語形の変化する部分を「活用語尾」といい、変化しない部分を「語幹」という。例えば、動詞「咲く」では「さ」が語幹、「か・き・く・け」と変化する部分が活用語尾となる。しかし、「得（う）」「来（く）」「経（ふ）」「為（す）」など終止形が一音節の動詞では、語幹と活用語尾との区別はない。また、「見る」「着る」などは、未然形・連用形では「見」「着」となり、語幹と活用語尾が同一だが、終止形・連体形・已然形では「る」「れ」がはみ出して用いられる。これを第二語尾と呼ぶ。「起くる」「起くれ」「出づる」「出づれ」など、二段活用の連体形・已然形に見られる「る」「れ」も第二語尾である。

助動詞の場合には、語幹とか活用語尾とかの区別を設けない。語形そのものの変化と捉えている。

とそれが構成する表現との関係について整理しておく。

2 活用形の用法と表現

① 未然形の用法（単独の用法はない）

a 助動詞「る」「らる」「す」「さす」「しむ」が接続して、受身表現や使役表現などを構成する。

すべてをのこをば、女に**笑は**れぬやうにおほしたつべしとぞ。〈徒然・一〇七〉

◇一般に男子は、女に笑われないように育て上げなければならないという。

問ひつめられて、え答えずなりはべりつ。〈徒然・二四三〉

◇問い詰められて、答えることができないままになってしまいました。

妻《め》の女に預けて**養は**す。〈竹取〉

◇妻である女に（かぐや姫を）預けて養育させる。

思しいづる所ありて、**案内《あない》せ**させて入りたまひぬ。〈徒然・三二〉

◇お思い出しになる所があって、案内を請わせてお入りになった。

◆未然形という名称

活用形の名称は、一般にその機能の代表的なものに拠っている。未然形は、ある動作・状態がまだ確定していない、または想定内にあることを意味する語を下接し、打消・推量・意志・願望・仮定などの表現を構成する用法が中心となる。そのため、「ず」を付ける用法から、「未だ然らざる形」の意味である「未然形」と称した。

なお、活用形の名称を整備した江戸後期の国学者義門は「将然言」と呼んだ。「む」を付ける用法を中心として「将に然る形」と解したのである。

◆利害の受身と許容の使役

aの第1・2例ともに被害の感情を伴う受身表現とみられる。特に第1例のような自動詞を受身とした場合にはそうなりやすい。その一方で、利益の感情を伴う場合もある。

ありがたきもの。舅《しうと》にほめらるる婿《むこ》。また、姑《しうとめ》に思はるる嫁の君。〈枕・ありがたきもの〉

第4例のように、人を使って動作を行わせる場合には、人がそうするようしむける意となる。だが、第5例は神が船頭たちを使役して漕がせるのではなく、漕ぐことを許容する意味を表す。現代語にもある「子供がせがむので、公園で遊ばせた。」という言い方と変わらない。

また、「若菜ぞ今日をば知らせたる。」〈土佐・一月七日〉（＝七草の日）のように、物事の誘因を示す場合もある。

この幣《ぬさ》の散る方に、御舟すみやかに漕がしめたまへ。〈土佐・一月二十六日〉

◇この幣が散る方向に、御船をすぐさま漕がせてください。

b　助動詞「ず」が接続して、打消表現を構成する。

京には見えぬ鳥なれば、みな人見知らず。〈伊勢・九〉

◇都では見られない鳥なので、そこにいる誰も知らない。

c　助動詞「む」「むず」「まし」「じ」が接続して、推量表現・意志表現などを構成する。

「こよひはここにさぶらはむ。」〈伊勢・七八〉

◇「今夜はこちらにお控えもうしあげよう。」

「かのもとの国より、迎へに人々まうで来むず。……」〈竹取〉

◇「あのもといた月の国から、私を迎えに人々がやって来るだろう。……」

わが背子《せこ》と二人見ませばいくばくかこの降る雪のうれしからまし〈万葉・8・一六六二〉

◇わが夫と二人で見るのだったら、どんなにこの降る雪がうれしいことだったろうに。

法師ばかりうらやましからぬものはあらじ。〈徒然・一〉

◇法師ほどなりたくないものはあるまい。

d　助動詞「まほし」が接続して、願望表現を構成する。

「下りまほしうなりにたらむ。さらばはや。……」〈枕・宮にはじめてまゐりたるころ〉

◇「(自分の局に) 下がりたくなってしまっているだろう。それなら、早く。」

e　助詞「ば」「は」が接続して、仮定表現を構成する。

「国王のおほせごとを背かば、はや殺したまひてよかし。」〈竹取〉

◇国王の御命令に背いたならば、ただちに殺してしまって下さいよ。

恋しくは形見にせよとわが背子《せこ》が植ゑし秋萩花咲きにけり〈万葉・10・二一一三〉

◇恋しく思ったら、その時の形見に偲べとわが夫がかつて植えた秋萩の花が、

◆仮定表現を表す「は」

eの第2例「恋しく」のように、形容詞の未然形及び打消の助動詞「ず」の未然形には、「ば」ではなく「は」が接続して仮定表現を作る（→第三章【二】1）。

◆願望と誂え

dの「まほし」とgの第1例「ばや」は自己の願望を表す。一方、gの第2例「なむ」は他者に対してこうしてほしいと誂える気持ちを表す。望まれる動作「咲く」が話し手の行動ではないため、「願望」と区別し、「希求」と呼ばれる。

今咲いたのだった。

f　助詞「で」が接続して、打ち消した内容を下へ関係づける。

雨風やまず、神鳴りしづまらで、日頃になりぬ。〈源氏・明石〉

◇雨風がやまず、雷が鳴りやまないままで、数日になってしまった。

g　助詞「ばや」「なむ」が接続して、願望や誂えの表現を構成する。

「ほととぎすの声たづねに行かばや。」〈枕・五月の御精進のほど〉

◇ホトトギスの鳴き声を探しに行きたいものだ。

「いつしか梅咲かなむ。」〈更級〉

◇早く梅が咲いてほしい。

②　連用形の用法

a　対等の文節を構成したり、文を中止したりする。

夏虫、いとをかしうらうたげなり。〈枕・虫は〉

◇（蛾などの）夏虫は、たいへんおもしろく、かわいらしい。

◆複合動詞の打消表現

複合動詞の打消表現といってよい「鳴りしづまらで」は、その「で」が打ち消すのは「しづまる」だけである。訳出された「鳴りやまない…」もまた「ない」によって打ち消されているのは「やむ」だけである。

人に戯《たはぶ》れ、ものに争ひ、一度は恨み、一度は喜ぶ。〈徒然・七五〉

◇人と戯れ合っているかと思うと、物について争い、あるときは恨み、あるときは喜ぶ（というように定まらない）。

b　動詞が接続して複合動詞を構成したり、補助動詞が接続したりする。

にくきもの。……からすの集まりて飛びちがひ、さめき鳴きたる。〈枕・にくきもの〉

◇いやなもの。……烏が集まって乱れ飛び、さわさわ羽音を立てて鳴いているさま。

年の暮れはてて、人ごとに急ぎあへるころぞ、またなくあはれなる。〈徒然・一九〉

◇年がすっかり暮れて、誰も皆忙しそうにしている時分は、格別に感慨深い。

御子《みこ》をばとどめたてまつりて、忍びてぞ出でたまふ。〈源氏・桐壺〉

◇（更衣は）皇子を（宮中に）お残しもうしあげて、こっそりとお出になる。

c　係助詞・副助詞などが接続して、補助動詞「あり」「す」を分出する。↓

◆複合動詞後項型補助動詞

bの第2例に見られる「暮れはつ」「急ぎあふ」は、本来独立動詞であった「果つ」「合ふ」の表す意味が希薄になり、「はつ」は「すっかり～する」、「あふ」は「互いに～する」の意を上の動詞に添えるようになったものである。このように、動詞の下にあって文法的な働きのみに特化した動詞を「複合動詞後項型補助動詞」と呼ぶ。

◆複合動詞の結合度

前項の複合動詞後項型補助動詞のほか、「引きとむ」「とりつく」（「引き」「とり」が下を修飾する）「言ひ消つ」「聞き漏らす」（「消つ」「漏らす」が上を打ち消す）のような意味的関係で複合した場合には、語順を変えることができない。だが、動作を並立する型では「折りかざす」を「かざし折る」、「読み習ふ」を「習ひ読む」とも言う。また、「なほ少し出でて見だに送りたまへかし。」〈源氏・須磨〉「見たてまつりそめても」〈同・松風〉のように、動詞と動詞の間に助詞や補助動詞が介入することもできた。

第一章【三】②⑤

まいて、よき人などをさ申す者は、いみじうねたうさへあり。〈枕・文ことばなめき人こそ〉

◇ましてや、高貴な人などを無礼な言葉で申し上げる者は、たいそう腹立たしくさえ感じる。

庭なども蓬《よもぎ》に茂りなどこそせねども、……〈枕・女のひとりすむ所は〉

◇庭なども、蓬でぼうぼうに茂ったりなどはしないとしても、……

d　同じ動詞を重ねて連続性を表したり、「～に～」「～と～」「～し～ば」の形で強調表現を構成したりする。

行き行きて駿河《するが》の国に至りぬ。〈伊勢・九〉

◇ずんずん進んで行って駿河の国に着いた。

盗人《ぬすびと》泣きに泣きて、言ふこともなし。〈今昔・25・一一〉

◇盗賊は泣き続けて、言葉が出ない。

わが家にありとある人召し集めて、……〈竹取〉

◆複合動詞の意味的関係

複合動詞の前後を構成する動詞相互の意味的関係には、様々なものがある。例えば、「消え残る」「散り残る」は「消えないで残る」「散らないで残る」の意であるし、「咲き残る」「枯れ残る」となると、「咲いたまま残る」「枯れたまま残る」の意となる。

また、「月待ち出でて、出でたまふ。」〈源氏・須磨〉では、「月の出るのを待って」の意を表し、現代語と逆の言い方をする。

◆「ただ～に～」

dの第2例「～に～」は、副詞「ただ」を伴って、「ただ冷えに冷え入りて」〈源氏・夕顔〉という形でも用いられる。この場合、「ただ冷え」がひとまとまりとなり、「ただ、冷え」ではない。これは、「ただ行きに守のゐたりける前に行きて」〈同・東屋〉のように、「～に」の下に語句を介入する事実から明らかである。

◇自分の家にいる人全部を呼び集めて、……

植ゑし植ゑば秋なき時や咲かざらむ花こそ散らめ根さへ枯れめや 〈大和・一六三〉

◇（この菊を）しっかり植えたなら、秋がない時には咲かないかもしれない。しかし花は散るであろうが、根まで枯れるだろうか、いやそんなことはなかろう。

e

下に続く用言の状態や結果を修飾する。

いつしかと心もとながらせたまひて、**急ぎ**参らせて御覧ずるに、珍らかなるちごの御かたちなり。 〈源氏・桐壺〉

◇（帝は）早く早くと待ち遠しがりなさって、早速参上させてご覧になると、めったにないほどすばらしい赤ん坊のお顔立ちである。

あしう開くれば、障子《さうじ》なども、**こほめかしう**ほとめくこそしるけれ。 〈枕・にくきもの〉

◇下手に開けると必ず、障子（＝襖）などもゴトゴトとがたつくのは（誰か忍んで入ったことが）明らかだ。

家をいと**おもしろく**造りて住みたまひけり。 〈伊勢・八一〉

◆「〜し〜ば」

副助詞「し」は、dの第4例のように、平安時代以降「〜し〜ば」の形以外、「しぞ」「しこそ」「しも」の形でしか用いられない。

◆結果を表す修飾

eに示した「状態」は、下に来る動作がどのように行われたかを説明する。一方、第3・4例に掲げた用法は、動作がどうなるように行われたかという結果をあらかじめ示す。第3例は、造った結果が「（いと）おもしろく」であり、第4例は、軽率な考えを起こすと、その結果「人笑へ」になるというのである。

これは現代語でも同様で、「シチューをおいしく煮る。」と言えば、煮る動作がおいしい状態にあるわけではない。おいしいという結果をもたらすように煮るのである。

◇（左大臣は）家を大変風流に造って住んでいらっしゃったのだった。

なかなか**人笑へ**に軽々しき心使ふな、など宣ひおきしを、……〈源氏・総角〉

◇なまじ人の物笑いになるように軽率な考えを起こすな、などと（父八の宮が）ご遺言なさったのだから……

f　下に続く用言の程度を修飾する。

五月ばかりなどに山里にありく、**いと**をかし。〈枕・五月ばかりなどに〉

◇五月ごろなどに山里を巡るのは、たいそう風情を感じる。

かたはらいたきもの。……思ふ人の**いたく**酔《ゑ》ひて、同じことしたる。〈枕・かたはらいたきもの〉

◇いたたまれないもの。……好意を抱く人がひどく酔って、何度も同じことをしているさま。

g　下に続く用言の成立する時間や場所を修飾する。

まだ**夜深う**出でたまふ。〈源氏・若紫〉

◆程度修飾の形容詞

fの第1例中にある「いと」は、もともと程度の甚だしいさまをいう副詞だが、第2例の「いたく」は、本来「苦しい」「つらい」の意を表し、そこから転じて、苦しく思われるほどひどいという意を派生した。このように、状態を表す形容詞から程度修飾に転じたものには、「ゆゆし」「ありがたし」「かぎりなし」「いふかひなし」「たぐひなし」などがある。

これらは、語自体に程度の意が含まれているが、「**世になく**清らなる男《をのこ》皇子《みこ》さへ生まれたまひぬ。」〈源氏・桐壺〉では、「この世にないほど美しい」となり、「世になく」の形で程度を修飾する。

◆「遅く」の意味用法

・大納言の**遅く**参りたまひければ、使を以て遅き由を関白殿より度々遣はしけるに、……〈今昔・24・三三〉

この「遅く」は決して遅刻して参上

◇まだ夜が深い時分に（左大臣邸から）お出になる。

松風**こだかく**吹きおろし、……　〈同・初音〉

◇松を吹く風が木の高い所から吹き下ろし、……

h　下に「思ふ」「覚ゆ」「見る」「見ゆ」「聞く」「聞こゆ」などの知覚動詞が続いて、その知覚した内容を表す。→第三章【四】4

まき人、いと**うれしく**思ひて、衣《きぬ》を脱ぎて取らせて去りぬ。　〈宇治拾遺・一六五〉

◇まき人は、大変うれしいと思って、上着を脱いで（夢占いの女に）与えて行ってしまった。

馬のあがりさわぐなどもいと**怖ろしう**見ゆれば、引き入られてよくも見えず。　〈枕・正月一日は〉

◇馬が立ち上がり大声をあげるさまなどもひどく怖いと目に映るので、部屋に引っ込まないではいられなくて（白馬の節会を）たいして見られない。

花散里の**心細げに**思して、常に聞こえたまふもことわりにて、……　〈源氏・須磨〉

したというのではない。時間が過ぎてもなかなかやって来ないという意味を表す。

◆**「花散里の心細げに思して」**

hの第3例「心細げに」は、形容動詞「心細げなり」の連用形。「げ」を伴った語形から知られるとおり、第三者から見て心細い様子だと判断される意を表す。従って、ここは花散里邸に住む女御が自分のことを心細いと思ったのではない。源氏から見て、花散里邸での暮らしぶりがいかにも心細い様子だと思ったというのである。

◇花散里邸がいかにも心細い様子だと（源氏が）お思いになって、常に安否をお尋ねもうしあげなさるのも当然のことで、……

i　下に続く内容に対する話し手の主観的な評価などの判断をあらかじめ示す。
→第三章【四】5

ただ文字一つに、**あやしう**、あてにもいやしうもなるは、いかなるにかあらむ。〈枕・ふと心おとりとかするものは〉

◇たった言葉一つで、不思議なことに、上品にも下品にもなるのは、どういうわけであろうか。

「われ、**幸ひに**、君と同宿せり。……」〈今昔・24・一四〉

◇（悪い夢を見たが）「私は、幸運にも、（陰陽師の）あなたと同宿している。……」

j　「な…そ」の形式に挟まれて、禁止表現を構成する。→第四章【一】15

「人にな**語りたまひ**そ。必ず笑はれなむ。」〈枕・故殿の御服のころ〉

◇「人にお話しにならないで。きっと笑われてしまうだろう。」

◆**禁止表現の二種**

jの第1例は、まだ行われていない人に語る行為を予防するために禁止する。それに対して第2例は、眼前で人を起こしている行為を阻止するために用いられた禁止である。

◆**「な…そ」に挟まれる活用形**

jに挙げたとおり、通常「な…そ」には動詞の連用形が挟まれる。しかし、カ変とサ変のみ未然形が用いられ、「なこそ」「なせそ」のようになる。

また、「人な**いたくわびさせたてまつらせたまひ**そ。」〈竹取〉のように、かなり長い語句が挟まっても、「そ」の直前は連用形を保つ。

「や、な起こしたてまつりそ。」　〈宇治拾遺・一二〉

◇おいおい、起こしてあげないでくれ。

k　助動詞「つ」「ぬ」「たり」が接続して、動作の完了・存続する局面を表す。

「年ごろ思ひつること、果たしはべりぬ。……」　〈徒然・五二〉

◇「長年思ってきたことを、果たしました。……」

うつくしきもの。瓜にかきたるちごの顔。　〈枕・うつくしきもの〉

◇愛らしいもの。瓜に描いた赤ん坊の顔。

l　助動詞「き」「けり」「けむ」が接続して、回想表現や回想的推量表現を構成する。→第四章【二】2

さやうの人の祭り見しさま、いとめづらかなりき。　〈徒然・一三七〉

◇そのような無風流の人が葵祭りを見物した様子は、まったく珍奇であった。

坊の傍らに大きなる榎《え》の木のありければ、人、「榎の木の僧正」とぞ言ひける。　〈徒然・四五〉

◇僧坊の横に大きな榎があったので、人は（その僧を）「榎の僧正」と呼んだ

◆集中する「たり」、確認する「ぬ」

眼前に展開する事柄や行為に集中して叙述する時、「たり」が連続する。

・御台に、箸の台ばかり据ゑたり。…（白い瓜を）十ばかり盛りたり。…（すしアユを）三十ばかり盛りたり。大きなるかなまり具したり。みな御盤に据ゑたり。〈宇治拾遺・九四〉

また、展開する行為などを確認しながら叙述する時、「ぬ」を多用する。

・（干瓜を）五つ六つばかり参りぬ。次に（アユを）…五つ六つばかり、やすらかに参りぬ。…御物みな失せぬ。〈同右〉

右の例は、さながら実況中継の感がある。

◆「つ」「ぬ」の接続する動詞

「つ」は他動詞・意志動詞・主体動作動詞に付き、「ぬ」は自動詞・無意志動詞・主体変化動詞に付くといわれる。また、受身形には「ぬ」が付くともいう。しかし、それぞれに例外があって、截然と割り切れるわけではない。

動作・状態の展開に連れて、おおむね、「つ」は完成の局面を表し、「ぬ」は変化の実現する局面を表すという。

のだった。

父、「空よりや降りけん、土よりやわきけん。」と言ひて、笑ふ。〈徒然・二四三〉

◇父は、「(最初の仏は)空から降ってきたのではないだろうか、土から湧いて出たのではないだろうか。」と言って、笑う。

m　助動詞「たし」が接続して、願望表現を構成する。→第四章【一】11

「敵《かたき》にあうてこそ死にたけれ。悪所に落ちては死にたからず。」〈平家・九・老馬〉

◇「敵と一戦交えてから死にたい。難所に落ちて死にたくはない。」

n　助詞「て」「して」「つつ」「ながら」に接続して、種々の接続関係を表す。→第三章【二】

春暮れて後、夏になり、夏果てて、秋の来るにはあらず。〈徒然・一五五〉

◇春が終って後に、夏になり、夏が過ぎ去ってから、秋が訪れるのではない。

大方の振る舞ひ・心遣ひも、愚かにして慎めるは、得の本《もと》なり。

◆口語的な「たし」

助動詞「たし」は平安末期に成立し、同じ意味・用法を持つ「まほし」に対する俗語として用いられていた。鎌倉時代以降、「まほし」に代わって多用されるようになり、現代語「たい」につながっていく。

◆状態を修飾する「て」

・例ならず仰せ言などもなくて日頃になれば、心ぼそくてうちながむるほどに、長女《をさめ》(=女官長)文を持て来たり。〈枕・殿などのおはしまさで後〉

右の「心ぼそくて」は、「不安な状態で」の意を表し、「うちながむる」を修飾する。形容詞の連用形に「て」の付いた形式は、このように状態を表すことがある。接続というより、状態修飾と理解されよう。→第三章【二】

2　また、「衣《きぬ》すすけためり。白くて着よ。」〈枕・職の御曹司におはします頃、西の廂にて〉では、「きれいな状態で」の意となるが、このように、現代語にはない言い方があった。

〈徒然・一八七〉

◇一般の行いや心構えについても、無器用で慎重であるのは、成功の本である。

石井に寄りて、手に**結び**つつ飲みて、……　〈更級〉

◇湧水に近寄って、手で何度も掬い上げては飲んで、……

食ひながら、文をも読みけり。　〈徒然・六〇〉

◇（里芋を）食べながら、書物を読んだのだった。

o　格助詞「に」が接続して、動作の目的を表す。

あづまの方に住むべき国**求め**にとて行きけり。　〈伊勢・九〉

◇関東の方に住むつもりの国を探しにと思って行ったのだった。

③　終止形の用法

a　文としてのまとまりを与え、そこで言い切る。

夕べに寝《い》ねて、朝《あした》に**起く**。　〈徒然・七四〉

◇夕方に寝て、朝に起きる。

◆「ながら」の取り扱い

「ながら」は、本来「神ながら」のように「本性のままで」の意を表す接尾語であった。それが多様な接続を見せるようになる。

①動詞の連用形
②名詞
③形容詞の語幹や連体形

これらを接続助詞とするか接尾語とするかについても諸説ある。例えば、逆接と捉えられる場合を接続助詞とし、他をすべて接尾語とする説、右の②を接尾語とし、他を接続助詞とする説、①のみを接続助詞とし、他は接尾語とする説などである。

そのこととなきに人の来《きた》りて、のどかに物語して帰りぬる、いとよし。〈徒然・一七〇〉

◇これという用事がないのに客が来て、のんびりと話をして帰ってしまうのは、実に結構だ。

b　助動詞「べし」「まじ」が接続して、推定表現などを構成する。→第四章【一】6②

家の造りやうは、夏をむねとすべし。〈徒然・五五〉

◇家の造作は、夏を中心とするのがよい。

それも、ただ雀などのやうにつねにある鳥ならば、さも覚ゆまじ。〈枕・鳥は〉

◇それも、（鶯が）単に雀などのように年中いる鳥ならば、（声が聞こえなくても）そんなに残念にも思われないはずだ。

c　①　助動詞「らむ」が接続して、推量表現などを構成する。→第四章【一】6

◆**「べし」等の接続**

b・c・dに掲げた助動詞は、ラ変型の活用語では連体形に接続する。

古く「べし」は、上一段動詞には「**見**べし」「**似**べし」のように連用形に接続した。鎌倉時代以降になると、「**答へ**べし」「**尋ね**べし」のようにエ段音から接続する例も見られるようになる。同様に、「まじ」にも「**代へ**まじ」のような例があった。

また、「まじ」は「じ」からの類推によって、「**知ら**まじ」のように未然形に接続する例も生じた。

風吹けば沖つ白波たつた山夜半《よは》にや君が一人越ゆらむ　〈伊勢・二三〉

◇風が吹くと沖の白波が立つ、その立つという名の立田山を、夜中にあなたが一人で越えているのではなかろうか。

d　助動詞「らし」「めり」「なり」が接続して、推定表現などを構成する。→第四章【二】6②

藻刈舟《もかりぶね》沖漕《こ》ぎ来《く》らし妹《いも》が島形見の浦に鶴かける見ゆ　〈万葉・7・一二一八〉

◇藻を刈る小船が沖を漕いでくるらしい。妹が島の形見の浦に鶴が飛んでくるのが見える。

山かげの暗がりたる所を見れば、蛍はおどろくまで照らすめり。　〈蜻蛉・天禄二年六月〉

◇山蔭の暗くなった所を見れば、蛍は目を見張る程まで照らしているように見える。

人々あまた声して来なり。　〈宇治拾遺・一六五〉

◇人々が数多く声を立ててやって来るように聞こえる。

e　助詞「とも」が接続して、仮定表現を構成する。→第三章【二】1②

◆「らし」の衰退

助動詞「らし」は、万葉集時代に全盛を迎えた後、平安時代以降、和歌に限定される。それも次第に「らむ」へ移行し、「らし」は衰退した。従って、現代語の「らしい」へと直結するわけではない。

◆平安時代に流行した「めり」

助動詞「めり」は平安時代に発達し、盛行したが、鎌倉時代に入ると急速に衰退した。

「めり」は自分の行為には用いず、疑問文中にも用いられない。

◆「なり」の識別

終止形接続の「なり」と連体形接続の「なり」は、おおむね以下の基準によって識別される。

①未然形「なら」…「ならく」の場合以外推定伝聞にならない。

②連用形「なり」…「なりき」は伝聞、「なりつ」は推定。「なりけり」「なりけむ」は断定。

③終止形「なり」…「なりとも」は断定、「なりや」「なりな」は推定伝聞。

④連体形「なる」…「なるべし」のように助動詞が下接したら断定。

あはれ、死ぬとも思しいづべきことのなきなむ、いと悲しかりける。〈蜻蛉・康保三年三月〉

◇ああ、死んだとしても（あなたが）お思い出しになってくれそうなことがないのが、ひどく悲しいのだったよ。

f　助詞「ばかり」が接続して、程度を表す。

前栽《せんざい》の露こぼるばかり濡れかかりたるも、いとをかし。〈枕・九月ばかり〉

◇庭先の植木の露がこぼれるほど濡れているのも、たいへん趣深い。

g　助詞「や」が接続して、疑問表現や反語表現を構成する。→第三章【三】、第四章【一】8 9

名にし負はばいざ言問はむ都鳥わが思ふ人はありやなしやと〈伊勢・九〉

◇都という名を持っているならば、（都の事情を知っているだろうから）では質問しよう、都鳥よ。私のいとしく思う人は元気で暮らしているかそうでないかと。

h　助詞「な」が接続して、禁止表現を構成する。→第四章【一】15

⑤已然形「なれ」…係助詞「こそ」の結びは推定伝聞。

⑥撥音便形の下にある「なり」は推定伝聞。

◆「とも」の接続

接続助詞「とも」は、「唐の物は、薬のほかはなくとも、事欠くまじ。」〈徒然・一二〇〉のように、形容詞には未然形に接続する。

◆「ばかり」の接続と意味

平安時代では、「ばかり」が終止形に接続した場合には程度や範囲、連体形に接続した場合は限定を表すことが多い。なお、体言に接続した場合は文脈から判断する。

◆文末助詞「や」の種類

gのように文末に用いられて、疑問や反語を表す場合（「か」も同じ）、本書では終助詞とする。→第四章【一】

8 d・e　9 b

「あやまち**すな**。心して下りよ。」〈徒然・一〇九〉

◇「失敗するな。注意して（木から）下りろ。」

④ 連体形の用法

a 連体修飾文節を構成する。

近き火などに**逃ぐる**人は、「しばし」とや言ふ。〈徒然・五九〉

◇間近の火事などから逃げる人は、「ちょっと待って」と言うのか、いや言うはずがない。

b 準体句を構成する。↓第三章【四】2

命あるものを見るに、人ばかり**久しき**〔モノ〕はなし。〈徒然・七〉

◇生命を持つものを見るのに、人間ほど長いものはない。

高欄《かうらん》のもとに、青き瓶《かめ》の**大きなる**〔瓶〕を据ゑて、……〈枕・清涼殿の丑寅のすみの〉

◇てすりの下に、青い瓶で大きな瓶を置いて、……

c 事情説明・感動・余情を含んだ表現を構成して文を終止する。↓第三章

◆連体修飾される語との関係

aの「近き火」「逃ぐる人」はそれぞれ「火ガ近き」「人ガ逃ぐる」のように、修飾される語が修飾する語の主語となる関係として捉えることができる。だが、修飾する語とされる語との関係は単純でない。例えば「雨うち降りたるつとめてなどは」〈枕・木の花は〉では、雨の降った日の次の朝」となるし、「人のほめなどしたる由言ふも」〈同・かたはらいたきもの〉では、「人のほめなどしたる」は「由」の具体的内容を示すため、「という」などを補って理解したい関係となる。↓第三章【四】4

◆準体法と同格

bの第2例の準体法「大きなる」は、「青き瓶の」に示された「瓶」の意を含み込む「大きなる瓶」の意を表す。このような構文形式を「同格の構文」と呼ぶ。↓第三章【四】3

【四】

「御前《おまへ》より宰相の君して忍びて賜はせたり**つる**。」と言ひて、……　〈枕・殿などのおはしまさで後〉

◇「(実は)中宮様から宰相の君を通じてこっそりと(手紙を)下さったのです。」と言って、……

けふ別れ明日はあふみと思へども夜やふけぬらむ袖の**露けき**　〈古今・離別・三六九〉

◇今日別れて明日は近江のあたり、いずれは逢える身だと思うけれども、夜が更けてしまったからではなかろうか、夜露と涙で袖が湿っぽいことだよ。

d　係助詞「ぞ」「なむ」に応じて、文を強調終止する。→第三章【三】

九重《ここのへ》のうちに鳴かぬ**ぞ**いと**わろき**。　〈枕・鳥は〉

◇(鶯は)宮中で鳴かないことがはなはだよくない。

「思ふこともなし。物**なむ**心ぼそく**おぼゆる**。」　〈竹取〉

◇「心配することもない。なんとなくものさびしく感じられるよ。」

◆「の」「が」に応じる連体止め

cの第1例のように、主格を表す助詞「の」(「が」も同じ)に応じる述語が文を終止する場合、連体形を用いるのが普通であった。→第三章【四】[1]

◆係助詞の「ぞ」と「なむ」と

係助詞「ぞ」と「なむ」とは、強意・強調を表し、文末の活用語が連体形で結ばれる点で共通する。ただ、「ぞ」が地の文に用いられるのに対して、「なむ」は会話文のなかに多く用いられる。そうではあるが『伊勢物語』『大和物語』など、歌物語では、地の文相当のところにも「なむ」が用いられている。それは、その作品が目の前で語り手によって語られていることによるものかと解されている。

e 疑問詞や係助詞「や」「か」に応じて、疑問表現を構成して文を終止する。

→第三章【三】、第四章【一】9

「など、いと久しう見えざりつる。」と問へば、……〈枕・職の御曹司におはします頃〉

◇「どうして、ひどく長いこと姿を見せなかったの。」と尋ねると、……

若き人々出で来て、「男やある。」「いづくにか住む。」など口々問ふに、……〈同右〉

◇若い女房たちが出て来て、「夫がいるか。」「どこに住んでいるのか。」などと口々に尋ねると、……

f 助動詞「なり」、助詞「ぞ」が接続して、断定表現を構成する。

下より萌《きざ》しつはるに堪へずして落つるなり。〈徒然・一五五〉

◇（木の葉が落ちるのも）新芽が出来てくるのに堪えられなくて落ちるのである。

「なんでふ、物の憑《つ》くべきぞ。……」〈宇治拾遺・三八〉

◇「どうして、悪霊が取り憑くはずがあるのだ。（憑くわけがないではないか）

◆体言に付く接続助詞

「に」「を」が体言に付いて、明らかな接続関係を表す場合がある。

・富士の山を見れば、五月のつごもりに、雪いと白う降れり。〈伊勢・九〉

・白露の色は一つをいかにして秋の木の葉をちぢに染むらむ〈古今・秋下・二五七〉

……」

g　接続助詞「が」「に」「を」「より」「ものから」「ものの」「ものを」などが接続して、種々の接続関係を構成する。→第三章【二】

「昔より多くの白拍子《しらびやうし》ありしが、かかる舞はいまだ見ず。……」　〈平家・一・祇王〉

◇「昔から多くの白拍子の舞い手がいたけれど、このような舞は今まで見たことがない。……」

「いと寒きに、御衣《おほんぞ》一つ貸したまへ。」　〈大和・一六八〉

◇「ひどく寒いから、上着を一枚貸してください。」

八重桜は奈良の都にのみありけるを、この頃ぞ世に多くなりはべるなる。　〈徒然・一三九〉

◇八重桜は奈良の古都にだけあったのに、近頃は世間に多く見られるようです。

また、時の間の煙《けぶり》ともなりなんとぞ、うち見るより思はるる。　〈徒然・一〇〉

いずれも「なるに」「なるを」の意として逆接の関係を構成していると読み取れる。

◆終助詞「もの」

・天飛ぶや鳥にもがもや都まで送りまをして飛び帰るもの　〈万葉・5・八七六〉

奈良時代には、文末に用いて逆接的な詠嘆を表す終助詞「もの」がすでに成立していた。これは形式名詞「もの」が助詞化したのであるが、「ものから」「ものの」「ものを」は、この終助詞「もの」から派生したのではなく、形式名詞「もの」に「から」「の」「を」が付いて一体化した後、助詞となったものであろう。

なお、「もの」系の助詞は逆接専用であったが、鎌倉時代以降、「ものから」だけは、「から」に引かれて順接に用いられるようにもなる。

◆即時を表す表現形式

gの第4例「より」は、上の動作から間を置かず次の動作が直ちに行われる意を表す。同様に、「連体形＋すなはち」の形も、「より」と同様に「〜やいなや」の意として用いられる。

◇また、一瞬のうちに（火事で）煙とでもなって消えてしまうだろうと、一目見るとすぐに思われる。

痛ましうするものから、下戸《げこ》ならぬこそをのこはよけれ。〈徒然・一〉

◇（酒を勧められて）難儀そうに辞退するものの、下戸でないのが男はよい。

君来むといひし夜ごとに過ぎぬれば頼まぬものの恋ひつつぞ寝《ぬ》る　〈伊勢・二三〉

◇あなたがやって来ようといった夜がすべて（約束を果たしてくれず）過ぎてしまうので、あてにしないとはいうものの、恋しく思いながら寝ています。

都出でて君にあはむと来しものを来しかひもなく別れぬるかな　〈土佐・十二月二十六日〉

◇京都を出発してあなたに会おうとやって来たのに、来たかいもなく今こうして別れてしまうことだなあ。

h　助詞「ばかり」が接続して限定を表したり、助詞「まで」が接続して程度を表したりする。

ただわが身一つにとりて、昔と今とをなぞらふるばかりなり。〈方丈記〉

・里にても、まづ明くるすなはち、これ（＝雪山）を大事にて見せにやる。〈枕・職の御曹司におはします頃〉

この「すなはち」は、連体修飾語を受けるところから名詞と解されるが、形式名詞として上の内容をまとめ上げ、下へは接続語として機能する。

また、連体形のみでも即時の表現となる場合がある。

・「……」と書きはつる、絶え入りたまひぬ。〈竹取〉

さらに「～や遅き」「～程こそあれ（程こそありけれ）」なども即時を表す形式として知られている。

◆「ばかり」と「まで」

「ばかり」は要素間に序列のある集合からその事態が最も起こりやすいものを取り出して示し、「まで」は同様の集合からその事態が最も起こりにくいものを取り出して示すといわれる。上記の例でいえば、昔と今とを比較することは容易で、起こりやすい。一方、皇子の異才に対して、恐ろしいと感じることは、めったに起こるものでない。なお、「まで」には時間的・空間的

◇ただ自分自身一つを取り上げて、昔と今とを比較するだけである。

世に知らず、敏《さと》う賢くおはすれば、あまりに恐ろしきまで御覧ず。〈源氏・桐壺〉

◇（皇子は）世間に類がなく、頭が切れ利口でいらっしゃったので、あまりに恐ろしい程だとご覧になる。

i　終助詞「か」が接続して、疑問表現を構成する。→第四章【一】9

「子安の貝取りたるか。」と問はせたまふ。〈竹取〉

◇「子安貝を取ったのか。」とお尋ねになる。

j　終助詞「かな」が接続して、感動表現を構成する。→第四章【一】10

「この水のあかず覚ゆるかな。」〈更級〉

◇この水が（いくら飲んでも）飲み足りないと思われるなあ。

k　終助詞「ぞ」が接続して、断定表現を構成する。

夏の蟬の春秋を知らぬもあるぞかし。〈徒然・七〉

な限度を示す用法がある。これは、「まで」の限定要素が、起こりやすいものから起こりにくいものまでの全要素を含むことになるため、どこからどこまでといった限度を示す用法を派生したと説明される。

◆詠嘆「かも」の用法

jの終助詞「かな」は、専ら平安時代以降に用いられた形で、奈良時代には、次のように「かも」を用いていた。

・石《いは》ばしる垂水《たるみ》の上の早蕨《さわらび》の萌え出づる春になりにけるかも〈万葉・8・一四二二〉

ただ、『かも』の詠嘆する対象は眼前に実現している事態であり、過去の事態には「はも」「を」、未来の事態には「な」「よ」、反実仮想の事態には「を」をそれぞれ使い分けたようである。

◆不定語に応じる「ぞ」

kの終助詞「ぞ」は、話し手の断定する気持ちを話し相手にはたらきかけて確認する表現を構成する。特に、fの第2例のように不定語を伴った文型では、詰問に近い問いかけを表し、反語表現となることが多い。

◇夏の蟬が春や秋を知らない（で死ぬ）という（命の短い）ものもあるのだよ。

⑤ **已然形の用法**

a 係助詞「こそ」に応じて、文を強調終止する。

「肴《さかな》こそ**なけれ**。……」〈徒然・二一五〉

◇「酒の肴はないのだよ。……」

もののあはれは秋こそ**まされ**。〈徒然・一九〉

◇風物それぞれの感慨深さは、秋こそが優れている。

b 係助詞「こそ」に応じて、逆接の表現を構成する。↓第三章【四】6

中垣こそ**あれ**、一つ家のやうなれば、望みて預かれるなり。〈土佐・二月十六日〉

◇中隔ての垣根はあるけれど、一つの家のようなので、自ら進んで預っているのである。

c 助動詞「り」が接続して、完了や存続を表す。

◆逆接を表す「ば」

・わがやどの萩の下葉は秋風もいまだ吹かね**ば**かくぞもみてる〈万葉・8・一六二八〉

この例のように、奈良時代に「〜ねば」の形で逆接を表した。平安時代以降、「〜ねば」という打消でなく、通常の已然形に接続した「ば」にこの用法が見られるが、「〜のに」という確定条件というより、「〜だが」に当る偶然条件に近い。

◆已然形という名称

bやdに見られるように、已然形は「確定条件」を構成することが多い。つまり、既に確定した事実を前提とするため、「已（すで）に然る形」という意味から「已然形」と呼ばれる。

◆奈良時代の已然形単独用法

・家離《さか》りいます吾妹《わぎも》をとどめかね山隠しつ**れ**心どもなし〈万葉・3・四七四〉

奈良時代では、右のように已然形単独で順接や逆接の確定条件を表した。また、「已然形＋や・こそ」の形式でも同様の意を表した。

道**知れ**る人もなくて、惑ひ行きけり。〈伊勢・九〉

◇道を知っている人もいない状態で、道に迷いながら進んだのだった。

d　接続助詞「ば」「ど」「ども」が接続して、種々の接続関係を表す。

怪しくて**見れ**ば、伴大納言なり。〈宇治拾遺・一一四〉

◇不思議に思って（そちらを）見ると、伴大納言である。

わび歌など書きて**おこすれ**ども、かひなしと**思へ**ど、霜月しはすの降り凍《こほ》り、水無月の照りはたたくにも障《さは》らず来たり。〈竹取〉

◇（かぐや姫への）思いの募る和歌などを書いてよこしても、無駄だと思うのに、十一月・十二月の雪が降って凍りついたり、六月の太陽が照りつけたりする時期にも関係なく（貴公子たちは）やって来る。

⑥　命令形の用法

a　文末に位置して、命令表現や禁止表現を構成する。→第四章【一】13 14

「衣冠より馬・車にいたるまで、有るに従ひて**用ゐよ**。美麗を求むること**なかれ**。」〈徒然・二〉

◆助動詞「り」の接続

助動詞「り」はもともと、四段・サ変動詞の連用形にラ変動詞「あり」が付いた形、例えば「咲きあり」「しあり」が音転して「咲けり」「せり」となったものから「り」を一語として取り出し、助動詞と認定したものである。万葉仮名では「咲けり」の「け」に命令形と同じ仮名が用いられ、「咲けど」などの已然形に用いる「け」の仮名と区別されていた。そこで「り」を命令形接続と短絡する説も出た。だが、平安時代以降、この仮名の区別が失われたため、命令形接続とする根拠がない。命令表現に助動詞が付くというありえない誤解を避けるためにも、平安時代以降については、已然形接続と解しておきたい。

◇衣冠をはじめ馬・車に至るまで、有り合わせで使え。ぜいたくな装飾を望むことがあってはならない。

b　放任表現を構成する。↓第四章【一】13

思ふには忍ぶることぞ負けにける逢ふにしかへばさもあらばあれ〈伊勢・六五〉

◇恋い慕う気持ちにはそれを我慢することが負けてしまったのだった。あなたに逢えることに代えるのならば、（私の命などは）どうなってもかまうもんか。

【二】陳述副詞の構成する表現について学ぶ

1　陳述副詞

断定・打消・疑問・願望・仮定など、文を構成する途上や主に文が完結するときにはたらく特定の表現形式と固定的に呼応する副詞を「陳述副詞」あるいは「呼応副詞」「叙述副詞」などと呼ぶ。つまり、この副詞は、文をどんな意味として伝達したいかという話し手の述べる姿勢を予告し、誘導する役割を果たす。ここでは特定の表現を中心に、それらを構成する陳述副詞にどのようなものがあるか整理したい。

2 陳述副詞が構成する表現

① 打消及び打消推量の表現を構成するもの

a　え…動詞未然形＋ず・で・じ／え…動詞終止形＋まじ

里遠きは、え告げやらず。〈枕・職の御曹司におはします頃〉

◇里が遠い侍には、命令を送ることができない。

人え聞きつけで、参らぬに、……〈源氏・夕顔〉

◇（手を叩いて呼ぶのを）誰も聞きつけられないで、参上しないので、……

ただし、この玉たはやすくえ取らじを、いはむや、竜《たつ》の頸《くび》の玉はいかが取らむ。〈竹取〉

◇しかし、その玉をたやすく取ることができないだろうのに、まして、竜の頸の玉はどうして取られようか（取れるはずがない）。

「今宵はえ参るまじ。」〈枕・すさまじきもの〉

◇「今夜は伺うことができそうもない。」

◆「え」に応じる反語

「え」は、ア行下二段動詞「得《う》」の連用形から転じた副詞といわれ、通常、打消を含んだ表現と呼応して不可能を表す。だが、奈良時代には反語表現「〜めや」と呼応する例もあった。

・旅寝えせめや長きこの夜を〈万葉・12・三一六六〉

反語表現に含意される打消と「え」が呼応し、不可能を表すに至ったと解されよう。

◆形容詞・形容動詞と「え」

平安時代以降、形容詞・形容動詞にも「え…打消」が用いられた。

・世の中に、え久しかるまじき心地のせしかば、……〈宇津保・国譲中〉

・中宮の御悩みにより、え心静かならぬ旅の恨みを返す返す宣ふに、……〈在明の別〉

これらは、「とうてい…でいることができない」という意を表す。さらにこの形式は、不可能から全否定へと転化する。例えば「え知らず」は「まったく知らない」の意を表した。

◆「え…打消」の作る慣用連語

えさらず…避けられない・やむをえな

b

よも…動詞未然形＋じ

あひ戦はむとすとも、かの国の人来なば、たけき心使ふ人よもあらじ。〈竹取〉

◇応戦しようとしたとしても、あの月の国の人が来てしまったら、勇猛な心をふるう人もまさかあるまい。

c

をさをさ…動詞未然形＋ず／をさをさ…動詞終止形＋まじ

今年となりては、起き上がることも、をさをさしたまはねば、……〈源氏・柏木〉

◇今年に入ってからは、起き上がることも、ほとんどなさらないので、……

さて、冬枯れのけしきこそ秋にはをさをさ劣るまじけれ。〈徒然・一九〉

◇ところで、冬枯れの風景は、秋にはそれほど劣らないはずだ。

d

つゆ…未然形＋ず・じ／つゆ…主文節＋なし

知らぬ人の中にうち臥して、つゆまどろまれず。〈更級〉

い

・えさらぬ馬道《めだう》の戸を鎖《さ》しこめ、……〈源氏・桐壺〉

えならず…並みでない・真似できない

・唐の大和のめづらしくえならぬ調度ども並べ置き、……〈徒然・一〇〉

えもいはず…言い表せない（ほどすばらしい・ひどい）

・花もえもいはぬ匂ひを散らしたり。〈源氏・胡蝶〉

◆副詞「つゆ」と名詞「露」

副詞「つゆ」は、名詞「露」が副詞化したものである。その副詞「つゆ」は後続する活用語が打消の助動詞「ず」を伴っている場合には、直ちに副詞「つゆ」と判断されるが、いま一つの

◇見知らぬ人の中で横になったので、少しも眠ることができない。

人の心には**つゆ**をかしからじと思ふこそ、またをかしけれ。〈枕・九月ばかり〉

◇（私だけが風情を感じても）他の人の考えではちっとも面白くないだろうと想像することは、また面白い。

木の葉に埋もるる懸樋《かけひ》のしづくならでは、**つゆ**おとなふものなし。〈徒然・一一〉

◇木の葉に埋もれた懸樋のしずくの音以外には、まったく音を立てるものがない。

e　さらに…未然形＋ず・じ／さらに…動詞終止形＋まじ／さらに…主文節＋なし

暇《いとま》**さらに**許させたまはず。〈源氏・桐壺〉

◇（帝は更衣に対して里下がりなどの）お暇を決して許可なさらない。

宮は**さらに**渡らじと思し宣ふを、人々いみじう聞こえ、……〈源氏・夕霧〉

◇落葉の宮は（一条の邸へ）決して移るまいとお思いにもなり、おっしゃる

後続する表現に「なし」があるという場合には、その「なし」が主文節に付いているかどうかをよく確認することである。次の「つゆ」は、名詞「露」であり、「化野《あだしの》のつゆ消ゆる時なく…」〈徒然・七〉の「つゆ」は「消ゆる」の主語「露」であり、「化野の露消ゆる」が「時」の連体修飾語となっていて、続く「なく」と「つゆ」とは結び付かない関係にある。

◆「さらに」の通常の副詞用法

「さらに」は形容動詞「さらなり」と同源で、「その上」「改めて」などの意を表す副詞用法も一方にある。

・「さらに、夜さりこの寮《つかさ》にまうで来《こ》。」〈竹取〉

右の例は「改めて」の意となる。

◆「なし」と呼応する場合

「え」「つゆ」「さらに」が「なし」と呼応する場合は、「なでふことなし」「(言ふべき) 方なし」「(思ふ) ほどもなし」のように、定型句であることが多い。通常は「あらず」と呼応する。

ので、女房たちはたいそう言葉を尽くしてお勧めもうしあげ、……

「おとなしく見なしては、外へもさらに行くまじ。……」〈源氏・紅葉賀〉

◇「(あなたが)大人っぽいと見られるようになったら、よそへ決して出かけるつもりはない。……」

身の後の名、残りてさらに益なし。〈徒然・三八〉

◇死んでから後の名声は、残ってもまったく益がない。

f　いさ…知らず

人はいさ心も知らずふるさとは花ぞ昔の香に匂ひける〈古今・春上・四二〉

◇あなたのほうはさて本心は分からない。だが、昔馴染みのここでは、梅の花が昔と同じ香りで咲き匂っていたのだった。

② 禁止表現を構成するもの→第四章【一】16

a　な…動詞連用形＋そ

「月な見たまひそ。……」〈竹取〉

◇「月をご覧なさいますな。……」

◆「いさ」と「不知」

万葉仮名では、「いさ」に「不知」を宛てた例が見られる。「いさ」が「知らず」を含み込んだ言い方であったことを示すとともに、相手の質問が不明である時、答えを逡巡する時などに、軽く受け流すニュアンスがこの用字からも伝わってくる。

◆「な…連用形」「…そ」の形式

奈良時代には「そ」を伴わず、「な…連用形」でも同じ意味を表した。

・な思ひと君は言へども……〈万葉・2・一四〇〉

また、院政期以降になると、「な」を用いず「…そ」の形で禁止を表すようにもなった。

・「何事なりとも隠しそ。」〈今昔・29・二八〉

◆「な…そ」に挟まる要素

「な」は「散りなまがひそ」〈万葉・9・一七四七〉のように複合動詞の間に挟まる例もある。また、次のように

b　ゆめ・ゆめゆめ…動詞終止形＋な・べからず

「ここはけしきある所ななり。**ゆめ**寝《い》ぬ**な**。」〈更級〉

◇「ここは怪しげな気配のある所であるようだ。決して寝るな。」

「たとひ我討たれたりと聞きたまふとも、様など変へたまふことは**ゆめゆめ**あるべからず。」〈平家・七・維盛都落〉

◇「たとえ私が討たれたとお聞きになっても、恰好をお変えになる（＝尼におなりになる）ことは、絶対にあってはならない。」

③ **推量表現を構成するもの**→第四章【一】6

a　いかに…形容詞・形容動詞未然形＋む

「このころの山の紅葉は**いかに**をかしからむ。……」〈和泉式部日記〉

◇「この時期の山の紅葉はどんなに風情があることだろう。……」

b　いかばかり…終止形＋らむ／いかばかり…連用形＋けむ

いかばかりあはれと思ふらむ。〈堤中納言・このついで〉

「な…そ」でかなり長い語句を挟むこともある。

・「人**な**いたくわびさせたてまつらせたまひ**そ**。」〈竹取〉

◆「ゆめ」「ゆめゆめ」と呼応する表現

「ゆめ」「ゆめゆめ」は、打消表現と呼応して「まったく」「少しも」の意を表すこともある。

・落窪の君と**ゆめ**知らず。〈落窪・三〉

・「**ゆめゆめ**疎略《そらく》を存ずまじう候ふ。……」〈平家・七・忠度都落〉

また、院政期以降「ゆめゆめ」には、次のように命令表現を構成する用法も見られる。

・「**ゆめゆめ**かくて居たまひたれ。」〈今昔・16・三三〉

右の例でも、「どこにも行くな」という禁止の気持ちが背景にある。

◆「いかに」「いかばかり」の程度強調表現

「いかに」は形容動詞「いかなり」の連用形から転じた副詞で、本来「どのように」という不明の状態を表す。また、「いかばかり」は「どのくらい」の意で、不明の程度を推測する場合に

◇（その男女は）どれほど恋しいと思っているであろう。

いかばかり心のうち涼しかり**けむ**。〈徒然・一八〉

◇どんなに心の中がさっぱりとしていたことだろう。

④ **疑問表現を構成するもの**→第四章【一】9

a いかが…未然形＋む／…連用形＋けむ／…終止形＋らむ《疑いの表現》

いかが…推量以外の連体形《問いの表現》

世の中**いかが**あら**む**と思へる気色の、心苦しうあはれにおぼえたまへば、……〈源氏・賢木〉

◇源氏との仲がこれからどうなるのだろうかと考えている（紫の姫君の）様子が、気の毒で何ともかわいいとお感じになるので、……

昔、男、京を**いかが**思ひ**けむ**、東山《ひんがしやま》に住まむと思ひ入りて、……〈伊勢・五九〉

◇昔、ある男が、都をどのように思ったのだろうか、東山に住もうと考えて分け入って、……

「**いかが**さうらふ**らん**。頭をば見さうらはず。」〈徒然・九〇〉

用いた。それらが、③ａｂのように推量表現と共に用いられると、推測できないほど甚だしい程度を強調する言い方となる。

◆「疑いの表現」と「問いの表現」

一般に「疑問」と呼ばれる表現は、叙述内容に対する話し手の疑いの気持ちを表すものと、叙述内容について話し相手に問いかけ、原則として答えを要求するものとがある。前者は内容に対する判断の一種であり、話し相手の存在は必要条件でない。だが、後者はたとえ自問であったとしても、話し相手が必要不可欠の条件となる。古典語ではこの二者の区別が形式の面で明確に示される。推量（「む」「らむ」「けむ」「まし」）が文末にあれば、疑いの表現であり、なければ問いの表現である。→第四章【一】9

◆「いかが」とその慣用表現

「いかが」は「いかにか」から転じて一語化した副詞であり、もとからその中に係助詞「か」が含まれている。従って、「いかがか」のような形は存在しない。

また、古典語では「いかがせむ」で

◇（行き通う人は在俗の人か、法師かと問われて）「どうでございましょうか。頭については見ておりません。」

「杯の底を捨つることは、**いかが**心得たる。」と、ある人の尋ねさせたまひしに、……　〈徒然・一五八〉

◇「杯の底の酒を捨てることは、どう理解しているのか。」と、ある方がお尋ねになったので、……

「ただ今行方なく飛び失せなば、**いかが**思ふべき。」と問ふに、……　〈更級〉

◇「たった今（私が）行方も分からず飛んでいなくなってしまったら、どう思うつもりですか」と問う時に、……

b　いかで・いかでか…未然形＋む／…連用形＋けむ／…終止形＋らむ《疑いの表現》

いかで…推量以外の連体形＋ぞ《問いの表現》

いかでか…推量以外の連体形《問いの表現》

『かれはいとかやうに際離《きは》れたる清らはなかりしものを。**いかでか**からむ。……』　〈源氏・横笛〉

疑いや反語、「いかがはせむ」で反語を表す慣用表現がしばしば用いられる。さらに、次の例のように、「いかが」の結びを省略することも多い。

・みな人、別当入道の包丁を見ばやと思へども、たやすくうち出でんもいかがとためらひけるを、……　〈徒然・二三一〉

右は、「あらむ」を省略したもので、ためらう気持ちを表す。このニュアンスの「いかが」は現代に通じる。

◆「いかで…む」の意味

bの第1例に見る「いかで…む」の形式は、ほとんど反語表現や意志表現を構成する。「む」に上接する動詞が動作性を表す場合、意志表現になりやすい。また、疑いの表現は、例のように「いかでかからむ」あるいは「いかで…ならむ」という形式になるようである。

◆「いかでか」の構成する表現

「いかでか」は、疑問表現となる例は少なく、多くは反語表現と解される。

◇『あれ（＝柏木）はそれほどこのように際立った美しさはなかったのに、（この若君は）どうしてこう美しいのだろう。……』

いかでさ思ひまうけたるやうに宣ひけむ。〈枕・故殿の御服のころ〉

◇（頭中将は）どうしてそのようにあらかじめ用意しておいたように（うまく）おっしゃったのだろう。

心細げなる有様、いかで過ぐすらんといと心苦し。〈徒然・一〇四〉

◇頼りなさそうな様子は、どのように日々を過ごしているのだろうと、とても気の毒だ。

いかでかは鳥の鳴くらむ人知れず思ふ心はまだ夜深きに〈伊勢・五三〉

◇どうして夜明けの鶏が鳴くのだろうか。人に知られずあなたを思う私の心では、まだ深夜なのに。

「いみじく思へるなる仲忠が面伏せなることは、いかで啓したるぞ。……」〈枕・さて、その左衛門の陣などに〉

◇「（あなたが）たいそうひいきに思っているそうである仲忠に不面目になることを、どうして（私中宮に）申し上げたのだ。……」

「かかる道はいかでかいまする。」と言ふを見れば、見し人なりけり。

◇「こんな山道をどうして通っていらっしゃるのか。」と言うのを見ると、見知った人であったのだった。　〈伊勢・九〉

c　など・などて…未然形＋む／…連用形＋けむ／…終止形＋らむ《疑いの表現》

など・なぞ・などて…推量以外の連体形（＋ぞ）《問いの表現》

御前《おまへ》にも、「など、かく物狂ほしからむ。」と笑はせたまふ。　〈枕・僧都の御乳母のままなど〉

◇中宮様におかれても、「どうして、こう気違いじみているのだろう。」と言ってお笑いになる。

山の井、などさしも浅きためしになりはじめけむ。　〈枕・井は〉

◇山の井戸は、どうしてそんなにも浅いものの代表になりはじめたのだろうか。

『かく数ならぬ身を、見も放たでなどかくしも思ふらむ。』　〈源氏・帚木〉

◇『こんな人の数でもない身分なのに、見限りもしないでどうしてこんなにも大事に思っているのだろう。』

◆「などか」「などてか」の形式

「など」「などて」に係助詞「か」の付いた「などか」「などてか」ももちろん疑問表現を構成する。しかし、問いの表現として「など・などて…ぞ」の形式は見られるが、「などか」「などてか」となると、通常「ぞ」を伴わない。また、「など」「などて」だけで反語表現を構成することは少なく、「などか」「などてか」のように「か」を添える形式が普通である。

◆疑問詞に応じる終止形

係助詞「か」を伴わない疑問詞に応じる文末は、通常連体形であるが、次のように終止形で結ぶ例も和歌には見られる。「いく夜」の「いく」があるのに、その文末が「ぬる」でなく「ぬ」となっている。

・淡路島通ふ千鳥の鳴く声にいく夜寝ざめぬ須磨の関守　〈金葉集・冬・二七〇〉

などて、この月頃まうでで過ぐしつらむと、まづ心《しん》も起こる。

〈枕・正月に寺にこもりたるは〉

◇どうして、この数カ月（清水寺を）参詣しないままで過ごしてしまっているのだろうと、何はさておき信心も起きる。

「などいらへもせぬ。」と言へば、「涙のこぼるるに、目も見えず、物も言はれず。」と言ふ。

〈伊勢・六二〉

◇「どうして返事もしないのか。」と言うと、「涙がこぼれるので、目が見えず、物も言えない。」と言う。

「なぞ、かう暑きに、この格子は下ろされたる。」と問へば、……

〈源氏・空蟬〉

◇「どうして、こう暑いのに、この格子は下ろされているのか。」と尋ねると、……

その前に立つる車はいみじう制するを、「などて立つまじき。」とてしひて立つれば、……

〈枕・よろづのことよりも〉

◇自分の前に駐車する車はきつく制止するのに、「どうして止めてはいけないのか。」と言ってわざと駐車すると、……

このをのこ出で入りしありくを、奥の方なる女ども、「などかくしありか

るるぞ。」と問ふなれば、……　〈更級〉

◇この男が出たり入ったりして歩き回るので、奥の部屋にいる女たちが、「なぜそのように歩き回っていらっしゃるのだ。」と尋ねる声が聞こえるので、……

「局にひとりはなどてあるぞ。ここに寝よ。」と、御匣殿《みくしげどの》の召したれば、参りぬ。

〈枕・かへる年の二月二十日よ日〉

◇「部屋に一人でなぜいるのだ。こちらで寝なさい。」と、御匣殿がお呼びになったので、伺った。

d

なに…終止形＋らむ《疑いの表現》

なにか…推量以外の連体形《問いの表現》

花にあかでなに帰るらむをみなへし多かる野辺に寝なましものを

〈古今・秋・上・二三八〉

◇花を十分に賞美しないままでどうして帰るのだろう。女郎花が多く咲いたこの野に寝てしまいたいくらいなのに。

あしひきの山も近きをほととぎす月たつまでになにか来鳴かぬ

〈万葉・17・四〇〇七〉

◇山も間近なのに、ホトトギスよ、四月が始まるまでにどうしてやって来て鳴かないのか。

◆「なに」「なにか」「なにかは」

副詞「なに」が「どうして」の意を表す疑いの表現は、dの第1例のように和歌にしばしば用いられるものである。

また、「なにか」「なにかは」は、会話文中で相手の言うことを否定する場合に感動詞的に使われることが多い。

・「いとかしこうなりたまへり。」など言ふいらへに、「なにかは。いと異《こと》様《やう》にほろびてはべるなれば。」など言ふも、いとしたり顔なり。

〈枕・したり顔なるもの〉

◆「疑問詞…命令形」の形式

・「我をいかにせよとて、捨てては昇りたまふぞ。……」

〈竹取〉

⑤ 反語表現を構成するもの→第四章【一】8

a いかが…未然形＋む／…終止形＋べき

涙のこぼるる様を見たまふは、いかがあはれの浅からむ。〈源氏・葵〉

◇涙がこぼれる（葵の上の）有様を御覧になるのは、どうして情愛の浅いことがあろうか、いや、そんなことはない。

おのれと枯るるだにこそあるを、名残なくいかが取り捨つべき。〈徒然・一三八〉

◇（葵が）自然と枯れるのだって惜しいと思うのに、（葵祭りが終ったからといって）跡形もなくどうして捨ててしまってよいものか、いや、よいはずがない。

b いかで・いかでか…未然形＋む／…終止形＋らむ・べき

「いかで月を見ではあらむ。」とて、なほ月出づれば、出でゐつつなげき思へり。〈竹取〉

◇「どうして月を見ないで過ごせようか、いや、とても過ごせない。」と言って、依然として、月が出るといつも、出て座りながら溜息をついて物思いをしている。

右のような文型の場合、「いかにせよ」で文が完結するわけではない。「いかに」は引用の「とて」を飛び越えて文末にある問いかけの「ぞ」まで関係する。

◆感動文を作る「いかが…連体形」

・「いとほしくも口惜しくも、（私は）いかが思ひ乱るる。……」〈源氏・若菜下〉

通常、「いかが」は不明の状態を表す。それが右のような程度表現に転じると「どんなに…か」という一種の感動文を構成する。

◆「いかで／などか…まし」の形式

「いかで」や「などか」などは、反実仮想表現（→第四章【二】5）とともに用いられ、反語表現を構成することもある。

・朽ちもせぬこの河柱残らずは昔の跡をいかで知らまし〈更級〉

・『親などに知られたてまつり、世の人めきたるさまにて、かやうなる御心ばへならましかば、などかはいと似げなくもあらまし。……』〈源氏・蛍〉

反実仮想自体、反意を前提とした表

「**いかで**帰らむとすらむ。こなたざまは、ただ遅れじと思ひつるに、人目も知らず走られつるを、……」〈枕・五月の御精進のほど〉

◇「どうして帰ろうなんて思おうか、いまさら帰れないよ。こちらへ向かう時は、ひたすら遅れないようにと思ったので、人目も憚らず自然足が動いたのだが、……」

「**いかでか**まからむ。暗うて。」〈源氏・夕顔〉

◇「どうして行かせていただけましょうか、とても行かれません。暗くて。」

「よき容貌《かたち》にもあらず。**いかでか**見ゆべき。」〈竹取〉

◇「きれいな顔でもない。どうして（帝の使者に）対面できようか、こちらはそのつもりもない。」

c

などか・などてか…未然形＋む

されども、おのづから正直の人、**などか**なからん。〈徒然・八五〉

◇そうではあるが、生まれ付き正直な人が、どうしていないことがあろうか、いや必ずいるだろう。

「知らずと言ひてむには、**などてか**負くるにならざらむ。」

現であるから、疑問詞はそこを目指して用いることによって、文の趣旨である反語を表そうとしたものである。

◆疑問詞と不定語

④⑤に掲げたように、疑問表現や反語表現を導く副詞で、不明の内容を表す語類を「疑問詞」という。一方、同じ語でも疑問や反語に関わらない用法となれば、単に不定である意しか表さないので、「不定語」と呼ばれる。

・さびしさに宿を立ち出でてながむれば**いづく**も同じ秋の夕暮れ〈後拾遺集・秋上・三三三〉

この「いづく」は名詞である。

・**いかなる**こともがなと、たばかりたまはんずらん。〈住吉〉

「いかなる」は形容動詞「いかなり」の連体形である。「どんなことでもあったらなあ」という言い方によって、「何か適当な方法があってほしい」という気持ちを表す。

◇「(なぞなぞの答えが)解らないと言ってしまったりしたら、どうして負けにならないことがあろうか、必ず負けですよ。」

〈枕・殿などのおはしまさで後〉

d　なにか…未然形＋む／…終止形＋べき

「なにかめでたからむ。いとにくくゆゆしき者にこそあなれ。」

〈枕・小白河といふ所は〉

◇「どうして立派なことがあろうか、とんでもない。ひどく不愉快で気味の悪い奴だ。」

「鳶《とび》のゐたらんは、なにかは苦しかるべき。……」

〈徒然・一〇〉

◇「鳶が(屋根に)とまっていたりするのは、どうして不都合なはずがあろうか、全くかまわないに違いない。……」

⑥　願望表現を構成するもの→第四章【一】11

a　いかで…動詞未然形＋む・じ・ばや／…連用形＋てしがな・にしがな／…もがな

右近は心のうちに、この人をいかで尋ねきこえむと申しわたりつるに、か

◆「いかで」に応じる「む」

「いかで」が願望表現を構成する場合、それに導かれる助動詞「む」は意志というより、自己の希望を表すと捉えたい。

◆「てしがな」「にしがな」

「てしがな」は、完了の助動詞「つ」の連用形「て」に願望を表す終助詞「しか」が付いた「てしか」にさらに

つがつかくて見たてまつれば、……〈源氏・玉鬘〉

◇右近は心の中で、この方（＝玉鬘の姫君）をなんとかお探しもうしあげたいと、（仏に）ずっとお願いもうしあげてきたが、やっとのことでこうしてお目にかかるので、……

「今はいかで、さなむ行きたりしとだに、人に多く聞かせじ。」〈枕・五月の御精進のほど〉

◇今からはもう、どうしても、そのようにホトトギスを聞きに行っていたということだって、他の人に聞かせたくない。

「まろはいかで死なばや。」〈源氏・浮舟〉

◇「私はどうしても死にたい。」

いかでこのかぐや姫を得てしがな、見てしがなと、音に聞きめでて惑ふ。〈竹取〉

◇なんとかしてこのかぐや姫を手に入れたいものだ、見たいものだと、噂に聞いては感じ入って心を乱す。

いかでこの人に思ひ知りけりとも見えにしがなと、常にこそおぼゆれ。〈枕・よろづのことよりも〉

◇なんとか（自分のことを思いやってくれた）この人にお気持ちが通じまし

終助詞「な」が付いて一語化したものである。また、「にしがな」も同様に完了の助動詞「ぬ」の連用形「に」以下「てしがな」と同じ語が付いて成立した。

右の「てしか」は、奈良時代から見えるのに対して、「にしか」「にしがな」及びaの第3例にある「ばや」は平安時代以降になって生まれた言い方である。

また、「てしかな」に相当する言い方に奈良時代では「てしかも」の形もあった。

・なかなかに人とあらずは酒壺になりにてしかも酒に染みなむ〈万葉・3・三四三〉

◆「ばや」

「ばや」は、もともと仮定条件の表す接続助詞「ば」に係助詞「や」が付いたもので、結びを省略して文末に特定して用いられるようになったものとされる。

たとでも分かってもらいたいものだと、いつも思われる。

男も女も、いかでとく京へもがなと思ふ心あれば、……〈土佐・一月十一日〉

◇男も女も、何とかして早く都へ帰りたいものだと思う気持ちがあるので、……

⑦ **仮定表現を構成するもの**↓第三章【二】1

a たとひ・よし……とも・ども

「**たとひ**耳鼻こそ切れ失すとも、命ばかりはなどか生きざらん。……」〈徒然・五三〉

◇「たとえ耳や鼻が切れてなくなっても、命だけはどうして生き延びないことがあろうか。……」

人は**よし**思ひやむとも玉かづら影に見えつつ忘らえぬかも〈万葉・2・一四九〉

◇他の人は、仮に忘れてしまっても、私は面影が目に浮んで忘れられないことだなあ。

人に勝れりと思へる人は、**たとひ**言葉に出でてこそ言はねども、内心にそ

◆ **「たとひ／よし…とも」に続く表現**

副詞「たとひ」「よし」が接続助詞「とも」「ども」を伴って構成された逆接仮定条件に続く主節には、aに掲げた例のように、反語や不可能などの否定的な表現が多くなる。

こばくのとがあり。〈徒然・一六七〉

◇人より勝っていると思っている人は、たとえ言葉に出しては言わないとしても、内心にいくらかの罪がある。

b

もし…未然形＋ば・むに・むは

もし賢女あらば、それもものうとくすさまじかりなん。〈徒然・一〇七〉

◇かりに学識豊かな女がいたら、それもかえって女らしさに欠け、きっとがっかりするだろう。

「**もし**命しひてとまらば、病にことつけて形をも変へてむ。」〈源氏・総角〉

◇（ここまで死なずに）もし命が意に反して留まったなら、病気にかこつけて尼にでもなってしまおう。

「**もし**たまさかに出づべき日あらば、告げよ。迎へはせむ。」〈蜻蛉・天禄二年六月〉

◇「もし万が一にも（山から）出る予定の日があったら、教えてくれ。迎えを出そう。」

もし人来《きた》りて、わが命明日は必ず失はるべしと告げ知らせたらんに、今日の暮るるあひだ、何事をか頼み、何事をか営まん。〈徒然・一〇八〉

◆「もし」の構成する表現

副詞「もし」は、まれに已然形接続の「ば」や逆接仮定条件を表す「とも」を導くことがある。

・事理もとより二つならず。外相《げさう》**もし**背かざれば、内証《ないしよう》必ず熟す。〈徒然・一五七〉

・**もし**死なずはありとも、限りと思ふなり。〈蜻蛉・康保三年三月〉

前者の例は漢文訓読体に見られる言い方である。

また、「もし」は仮定表現と呼応するほかにも、次のような疑問表現とも一緒に用いられることが多い。

・**もし**狐などの変化《へんぐゑ》にやとおぼゆれど、……〈源氏・蓬生〉

・**もし**いささかの隙《ひま》もやと、この頃は繁うほのめきたまふなりけり。〈源氏・少女〉

・「**もし**この御中に、いろをし坊と申すぼろやおはします。」と尋ねければ、……〈徒然・一一五〉

◇もし人がやって来て、自分の命は明日必ずなくなるに違いないと告げ知らせたりしたら、今日の日が暮れる間、何事をあてにし、何事を行うことができようか、いや、何もあてにはならないし、出来はしないだろう。

「**もし**一人も留め**られんは**、なかなか罪業《ざいごふ》たるべうさうらふ。」〈平家・三・赦文〉

◇「もし一人でも（島に）お留めになったら、かえって罪作りであるに違いございません。」

⑧ 比況表現を構成するもの

a たとへば…連体形＋がごとし・…体言＋のごとし

たとへば、碁をうつ人、一手もいたづらにせず、人に先立ちて、小を捨て、大につく**がごとし**。〈徒然・一八八〉

◇（一日一時の中でも、益になることを選び、他は全て捨てて、最も重要な目的のためだけに努力することは）例えて言うなら、碁をうつ人が、一手も無駄にせず、相手より先手を取って、小さい所を捨てて、大きい所に付くようなものだ。

なかんづくに延暦・園城《をんじやう》両寺は、……**たとへば**鳥の左右の翼**のごとし**。〈平家・四・山門牒状〉

◆一単語の動詞「来《きた》る」

b第4例「もし人来《きた》りて、…」の「来《きた》る」は、複合動詞「来至《きいた》る」が熟合したものである。「来りて」は、「来たりて」と表記することも認められてはいるが、その「来たり」と「来」と「たり」とに受けとめられることがあってはならない。複合動詞「来至る」の後項「至る」がラ行四段活用であるので、当然この一単語「来《きた》る」も、ラ行四段活用動詞である。

◆「たとへば」の用法

⑧aに挙げた「たとへば…がごとし・のごとし」は、主に漢文訓読体の文章に用いられた形式である。

また、『平家物語』などの軍記物語では、「たとえば」が比況表現ばかりでなく、次のように具体例を導き出す場合にも接続詞的に用いられた。

・かの維義《これよし》は、恐ろしき物の末なり。**たとへば**、豊後《ぶんご》の国の片山里に、昔女ありけり。〈平家・八・緒環〉

◆動詞性を保つ「たとへば」

・その山はここに**たとへば**、比叡《ひえ》の山を二十《はたち》ばかり重ね上げたらむ程して、……〈伊勢・九〉

◇とりわけ延暦・園城の両寺は、……例えて言えば、鳥の左右の翼のようなものだ。

b

ひとへに…体言＋のごとし／…体言＋に同じ

絵描き花付けたる侍ども出で入りて、**ひとへに**院宮のごとくにてぞありける。　〈平家・四・厳島御幸〉

◇絵を描いたり糸花を付けたりした家人たちが出入りして、（清盛邸は）まるで上皇か宮様の御所のようであったのだった。

猛《たけ》き者もつひには滅びぬ。**ひとへに**風の前の塵《ちり》に同じ。　〈平家・一・祇園精舎〉

◇勇猛な者も結局は滅びてしまう。（その運命は）まるで風の前にある塵芥に等しい。

c

いはば…連体形＋がごとし／…体言＋に異ならず

いはば、旅人の一夜の宿を作り、老いたる蚕《こ》の繭《まゆ》を営むがごとし。　〈方丈記〉

◇言うならば、旅人が一夜の寝ぐらを作り、年老いた蚕が繭を作るようなものだ。

右の「たとへば」は、「ここに」という修飾語を受けている。平安時代の「たとへば」には、このように動詞「たとふ」の性質を保っている例が見られる。

◆「いはば」の使用層

「いはば」は漢文訓読にも見られず、和文においても『古今和歌集』の仮名序のほかは、『源氏物語』等の物語や日記類、『今昔物語集』には、用例を見ない。中世の和文の流れを汲む論説的文体に見られるだけである。そのはたらきは、説明や比喩に先立って予告する副詞と見ることができる。

その主とすみかと無常を争ふさま、**いはば**朝顔の露に異ならず。〈方丈記〉

◇（一つの家の）主人と家屋とがはかなさを競う有様は、例えて言うと、朝顔とその露の関係と違いがない。

3 副詞と特定の表現形式

前項で紹介した「さらに」は、通常「その上」「新たに」の意を表すが、打消表現を伴うと、「少しも」「決して」の意を表すようになる。このように通常の副詞用法を持ちつつ、特定の表現とともに用いられると、固定的な意味を表す語類がある。ここでは、そのいくつかを紹介し、一定の表現形式と緊密に結び付く副詞の表す意味を整理したい。

a　よに…打消表現《決して》

夜をこめて鶏《とり》のそらねははかるとも**よに**逢坂の関は許さじ

〈枕・頭の弁の、職に参りたまひて〉

◇（函谷関では）まだ夜の明け切らないうちに、鶏の声を真似て（関所の番人を）だませたとしても、決してこの逢坂の関は許さないだろう。

b　いと…は・も・しも…打消表現／いたく…打消表現／いたく…禁止表現

◆「いと…ず」

bに掲げた「いと」の構成する形式は極端さを打ち消す意味を表す。例え

《それほど・たいして》→第四章

雪のいと高うはあらで、うすらかに降りたるなどは、いとこそをかしけれ。
〈枕・雪のいと高うはあらで〉

◇雪がそれほど高くはなくて、うっすらと降ったさまなどは、大変風情がある。

すべて、いとも知らぬ道の物語したる、かたはらいたく、聞きにくし。
〈徒然・五七〉

◇何でも、たいして知らない専門の話をしていることは、いたたまれないし、聞くに堪えない。

いみじうねぶたしと思ふに、いとしもおぼえぬ人の、おし起こしてせめて物言ふこそ、いみじうすさまじけれ。
〈枕・すさまじきもの〉

◇ひどく眠たいと思うのに、それほど親しくもない人が、（私を）ゆり起してわざわざ物を言いかけることは、非常に思いやりのないことだ。

内のさまはいたくすさまじからず。
〈徒然・一〇四〉

◇（女の家の）中の様子は、たいして殺風景ではない。

ば、第1例でいうと、「（雪が）非常に高いというわけではない」という、余地を残した否定である。そこから結果的に「それほど高くない」と訳出されることになる。この意味となるには「は」「も」「しも」の介在が必須で、もしそれがなければ、次のように本来の程度表現にしかならない。

・泣きたまへる気色、いと尽きせずなまめきたり。
〈源氏・須磨〉

右は、「ひどく言い尽くせないくらい」の意である。

◆評価を表す「いと」

「いと」は通常程度を表す副詞であるが、目前の事態に対する話し手の評価を表す用法もある。→第三章【四】

5

・「いと、こはずちなき世かな。」
〈枕・内裏は〉

右は、舞姫の試演を見たいと思った女房たちが、自分の制止を振り切って常寧殿へと押し入る様子を蔵人が嘆いた言葉である。「まったく困ったことに、これは無体なことだなあ。」とでも言うのだろう。

山高み人もすさめぬ桜花**いたく**なわびそわれ見はやさむ 〈古今・春上・五〇〉

◇山が高いので、誰も来てもてはやさない桜花よ、それほど気を落すなよ。私が見て誉めてやろう。

c 必ず…打消表現《かならずしも》

使は**必ず**よき人ならず、受領《ずりやう》などなるは、目もとまらずにくげなるも、藤の花に隠れたるほどはをかし。〈枕・賀茂の臨時の祭〉

◇（賀茂の祭りの）使は必ずしも高貴な人でなく、受領などである場合は、目もくれず嫌な感じである者でも、藤の花に隠れている間は風情がある。

d かまへて…意志表現・願望表現《なんとかして・ぜひとも》

「おのれ、**かまへて**かの御ことをとどめはべらむ。」〈大鏡・時平〉

◇「私が、何とかしてあの（左大臣時平の）ご無体を押し止めましょう。」

e ただ…命令表現《かまわないから・ともかく》

「**ただ**力を立てて引きたまへ。」〈徒然・五三〉

◆**「かならず…む」**

cのように、「かならず」は打消表現と呼応すると「必ずしも」の意を表す。一方意志を表す助動詞「む」と呼応すると、「どんなことがあっても」「きっと」の意となり、強い決意を表すことになる。

・**必ず**参りはべらむ。〈大鏡・花山〉

◆**「かまへて…命令・禁止表現」**

「かまへて」はdの他に不適切・命令・禁止を表す形式とともに用いると、「決して」「きっと」の意を表す。dとともに鎌倉時代以降に多く用いられた。

・（万葉調の歌を）しばしは**かまへて**あそばすまじきにてさうらふ。〈毎月抄〉

◆**「ただ」「はやく」「はやう」**

これらの副詞がe・fとして紹介したような形式で固定的に用いられる例は、院政期以降の説話に集中して見られる。

◇「かまわないから、力を入れてお引きなさい。」

「鬼神《きしん》はよこしまなし。とがむべからず。**ただ**掘り捨つべし。」　〈徒然・二〇七〉

◇「神には邪心がない。咎めるはずがない。かまわないから（蛇を）全部掘って捨てるがよい。」

『さもあれ、**ただ**走り出でて舞ひてん、死なばさてありなん』と思ひとりて、……　〈宇治拾遺・三〉

◇『ままよ、かまわないから（鬼たちの前に）走り出て舞ってしまおう、死んだらそれまでのことだ』と腹を決めて、……

f　はやく・はやう…断定表現・回想表現《じつは・なんと・はたして》

「行基菩薩《ぎやうきぼさつ》は、**はやく**文殊《もんじゅ》の化身なり。」といふことを知りぬ。　〈今昔・11・七〉

◇「行基菩薩は、実は文殊菩薩が姿を変えたものだ。」ということを知った。

この芋をむきつつ、すき切りに切れば、**はやく**芋を煮るなりけりと見るに、食ふべき心地もせず。　〈宇治拾遺・一八〉

◆**「はやう…けり」**

fに挙げたとおり、「はやく」「はやう」が回想の助動詞「けり」と呼応して用いられる形式がある。この「けり」は時制と関係がない。いわゆる「気付きの回想」と呼ばれる用法で、「もともと」「元来」の意を表す「はやく」「はやう」と結び付くことによって、ある事実がもともとそういうものであったと気付く意を相乗的に表すようになったと考えられる。

◇（若い男十数人で）この芋を剝《む》いては、薄切りに切るので、はたして芋粥を煮るのだったよと思って見ると、食べられそうな気もしない。

「あなうたてうたて、とくとくおはせ。」と扇を開いて招きけり。**はやう**関白《くわんぱく》殿の物へおはしますなりけり。 〈宇治拾遺・一九〇〉

◇（花見に誘われた後徳大寺の左大臣の車だと思い）「ああいやだいやだ、早く早くいらっしゃい。」と扇を開いて手招きをした。（ところがその車は）実は関白兼実がどこかへお出かけになるのだった。

第三章　複雑な文の構造を整理する

【一】主題部・補充部・修飾部の別を確認する

1 主題部と補充部をもつ文

鷺《さぎ》は、いとみめも見苦し。〈枕・鳥は〉

◇鷺は、ひどく外見もみっともない。

この文の形式は、現代語でも普通に用いる「キリンは首が長い。」と全く同じものである。すなわち、「キリンは」は「キリンについて言えば」という意味で、この文が何について述べられるのかという、その主題となるべき事柄を提示する成分と解される。そして、以下に続く「首が長い」が、それの状態を具体的に解説する構造となっている。これと同様に、右の「鷺は」が「鷺について言えば」という意味の主題を表し、「いとみめも見苦し」がその有様を叙述している。

このように、一文の主題となる事柄を取り立てて提示する成分を「主題部」と呼んでおく。また、「みめも」は何が「見苦し」であるのか、その対象を示し、文法的に相応な格を補う成分である。これは取り立てを役割とする主題部とは機能が異なるため、区別して「補充部」と呼んでおきたい。

「主題部」「補充部」ともに単独で文の成分として用いられるが、ここではこ

◆主題部の支配力

ｂの第４例によって、主題部が文及び文章においてどれほどの支配力を有するか見ておきたい。

・鷺は、文などにもめでたきものに作り、声よりはじめて、さまかたちも、さばかりあてにうつくしきほどよりは、九重《ここのへ》の内に鳴かぬぞいとわろき。

右の傍線部「作り」「あてにうつくしき」「鳴かぬ」「わろき」は、全て主題部に示された「鷺は」に関わる動作・状態である。主題部は、文末までその内容に沿って述べられることを要求することが見て取れる。つまり、これほどの支配力を持っているのである。

さらに主題部は、一文の主題を表すばかりでない。文章全体の中心課題として提示されても、その役割を十分に果たす。右の文に続く文章を参考までに掲げよう。

の二成分が同じ文中に盛りこまれる文型を取り上げ、古典文でしばしば見られるこの種の表現類型を整理しておく（→2①）。（以下、主題部――、補充部〰〰）

a 主題部□、補充部□・こそ、（修飾部）述部（□は助詞「は」「が」が表出されていない形）

除目《ぢもく》の頃など□、内裏《うち》わたり□、いと をかし。〈枕・正月一日は〉

◇除目の時期などは、宮中の周辺が、たいへん興味深い。

大路《おほち》のさま□、松立てわたして、はなやかに、うれしげなるこそ、またあはれなれ。〈徒然・一九〉

◇大通りの様子は、門松をずっと立てて、はなやかで、楽しそうであるのが、また感慨深い。

b 主題部は、補充部□・の・そこ・ぞ・なむ・も、（修飾部）述部

鳥は、異所《ことどころ》のものなれど、鸚鵡《あうむ》□ いと あはれなり。〈枕・鳥は〉

◇鳥は、外国のものであるが、鸚鵡がたいへん感動的だ。

「おのれは、侍従大納言殿の御女の、かくなりたるなり。……」〈更級〉

・人の「さなむある。」と言ひしを、さもあらじと思ひしに、十年《ととせ》ばかりさぶらひて聞きしに、〔鶯ハ〕まことにさらに音せざりき。さるは、〔鶯ハ〕竹近き紅梅も、いとよくかよひぬべきたよりなりかし。〔鶯ハ〕まかでて聞けば、あやしき家の見どころもなき梅の木などにはかしがましきまでぞ鳴く。〔鶯ハ〕夜鳴かぬもいぎたなき心地すれども、今はいかがせむ。〈枕・鳥は〉

冒頭の文に提示された「鶯は」が、句点を越えて以下の文章全体を支配していることが明らかに知られよう。言い換えれば、「鶯は」以下の文章は、論題である「鶯は」に応じる叙述内容でなければならないということである。このような性質によって、「は」は係助詞とされる。→第三章【三】

◆「は」の裏に隠れる格関係

係助詞「は」は、格助詞「が」「を」「に」などとは全く別の機能を持つ。「には」「をば」「よりは」のように格助詞と重なる言い方があるのはそのためである。なお、次の例から「は」が格関係とは全く異なる次元で機能していることを確認したい。

◇「私は、侍従大納言殿のお嬢様が、こう（猫に）なっているのです。……」

人は、かたち・ありさまのすぐれたらんこそ、あらまほしかるべけれ。〈徒然・一〉

◇人間は、容貌・風体が優れていたりするのが、理想的であるに違いない。

鶯は、……九重の内に鳴かぬぞ　いと　わろき。〈枕・鳥は〉

◇鶯は、……皇居の中で鳴かないのがひどく気に入らない。

このこやくしといひける人は、丈なむ　いと　短かかりける。〈大和・一三八〉

◇この「こやくし」と言った人は、背丈がひどく低かったのだった。

夕暮れは、火の燃え立つも　見ゆ。〈更級〉

◇夕暮れは、（富士山の山頂から）火の燃え上がるのも見える。

c

主題部も、補充部□・こそ、（修飾部）述部

手慣れし具足なども、心もなくて変はらず久しき、いと　悲し。〈徒然・二九〉

・「歌詠みて、盃はさせ。」〈伊勢・八二〉

・「この野は盗人あなり。」〈伊勢・一二〉

前者は「を」後者は「に」がそれぞれ動詞と結び付く格関係を「は」の背後で構成している。しかし、必ず何らかの格関係が構成されているというわけではない。

・冬ながら空より花の散りくるは雲のあなたは春にやあるらむ〈古今・冬・三三〇〉

右の例では、どのような格助詞も想定できない。このような用法からも、「は」が格関係から独立していることが分かろう。

◆「は」と情報伝達

「は」で提示された主題は、すでに知られているという前提に立った情報が提供される。それに対して、「は」以下に述べられる解説部分は、それまで知られていない情報が話題の焦点として伝達される。例えば、bの第6例で言うと、昼間は山頂から煙が立ち上るのが見え、対比的に夕暮れには何が見えるのか伝えたいために、まず前提として「夕暮れは」を提示し、それに

◇使い慣れた道具類についても、（道具には人間のような）情けもないので、（主人が死んでも）変わらずにいつまでもあることが、ひどく悲しい。

万《よろづ》の事も、始め終はりこそをかしけれ。〈徒然・一三七〉

◇（花や月ばかりでなく）すべての物事についても、始めと終わりが風情を感じさせる。

『枕草子』に頻出する、「春はあけぼの。」などの「何は何」という形式は、右の文型の述部を省略したものと考えられる。

雪は、檜皮葺《ひはだぶき》、いとめでたし。時雨《しぐれ》・あられは、板屋〔ガ〕〔メデタシ〕。
〈枕・雪は〉

◇雪は、檜皮葺の屋根に積もったものが、大変すばらしい。時雨やあられは、板葺きの屋根（がすばらしい）。

桜は、花びら大きに、葉の色濃きが、枝細くて咲きたる〔ノガ〕〔メデタシ〕。
〈枕・木の花は〉

◇桜は、花びらが大きくて、葉の緑が濃いもので、枝が細くて咲いた花（がすばらしい）。

[2] 補充部と修飾部との区別

ついて知りたい情報である「火の燃え立つも見ゆ」を提供したと捉えられる。

◆補充部に補う体言

上掲「桜は」の例では、「花びら〜咲きたる」という補充部に〔ノガ〕を想定し、述部「メデタシ」とつなげた。では、この「ノ」は具体的に何を示すかというと、おそらく「モノ」であろう。桜のなかで「花びら〜咲きたる」という特徴を備えた特定の種類を指すと理解される。古典語の準体法は体言を表出せず含みこんだ形で示されるため、ひどく読解しにくい。その解法の一例を【四】[2]に示したので、併せて参照してもらいたい。

第一章【三】で紹介した修飾部は、述部内の用言と関係する性質の違いによって、「補充部」と「修飾部」とに区分して捉えることが可能である。動詞の性質（自動詞・他動詞など）や受身・使役表現などで、ナニガ・ナニニ・ナニヲなどの格関係を補う成分が「補充部」である。一方、イツ・ドノヨウニ・ドレホドなどの意を表して、述部の内容をさらに詳細に説明する成分が「修飾部」である。「補充部」の形態は格関係によればよいが、修飾部のそれは多様で、意味上の判断が必要となる。

a　補充部（体言及び準体句に格助詞「が」「の」「を」「に」などが接続した成分、また、それらの格助詞が非表出の成分）

「雀の子を　犬君《いぬき》が　逃がしつる。……」〈源氏・若紫〉

◇「雀のヒナを犬君（＝人名）が逃がしてしまったのよ。……」

その里に、いとなまめいたる女はらから〔ガ〕住みけり。〈伊勢・一〉

◇その里に、たいへん美しい姉妹が住んでいたのだった。

古き宝蔵の絵に、卑しき人の、子生みたる所にこしき落としたるを書きたり。〈徒然・六一〉

◇古い宝蔵の絵に、身分の低い人が子を生んでいる所に（安産のまじないに）

◆補充と修飾の機能

・『〔桜ガ〕いととく咲きにけるかな。……』〈枕・関白殿、二月二十一日に〉

・「法華経五の巻をとく習へ。」〈更級〉

・つとめて、いととく局《つぼね》に下りたれば、……〈枕・頭中将の〉

右の傍線部「咲く」「習ふ」「下る」は、それぞれ「桜が」「法華経五の巻を」「局に」とナニガ・ナニヲ・ドコニ—ドウスルという関係を構成する。ナニガ以下の補充成分は、それぞれの動詞が文構成上で要求する格関係を補う役割を担う。動詞はその性質によって相応の格関係を必要とする。格助詞だからといって、「桜が咲く」を「桜を咲く」というように互換することはできない。

一方の修飾成分「とく」では、動詞が要求する格関係とは関わりなく、「咲く」「習ふ」「下る」をそれぞれ修飾することができている。要するに、修飾成分は用言の表す動作・作用・状態という意味内容そのものに直接働きかけ、その内容のありかたを詳しく説明する機能を持つと考えられている。

セイロを落している図を書いてある。

桂川〔ヲ〕月のあかきにぞ 渡る。 〈土佐・二月十六日〉

◇桂川を、月の明るい時分に渡る。

十月十余日までも、御帳《みちやう》〔ヲ〕出でさせたまはず。 〈紫日記〉

◇十月十日過ぎまでも、（帝は）几帳の中からお出にならない。

よくせざらんほどは、なまじひに 人に 知られじ。 〈徒然・一五〇〉

◇（習い事が）上手に出来なかったりするうちは、うっかり人に知られないようにしよう。

淡路の島は 夕されば 雲居〔ニ〕隠りぬ 〈万葉・15・三六四九〉

◇淡路島は、夕方になるときまって、雲に隠れてしまう。

b 修飾部（副詞、形容詞・形容動詞の連用形、その他種々の形態で右以外の連用修飾を行う成分）

「さやは《修飾部》 けにくく 仰せごとを はえなう もてなすべき。」 〈枕・清涼殿の丑寅のすみの〉

◆評価を表す修飾部

・「論なく元の国にこそ行くらめ。」 〈更級〉

右の「論なく」は「行くらめ」だけを修飾するのではない。「元の国に行く」こと全体に対する話し手の評価を表す（→【四】5）。

このように、一定の評価を表す語をあらかじめ示し、その対象となる事柄を下に導く成分を「誘導成分」と呼ぶこともある。

◇「そのように、そっけなくご質問に対して腰を折るように扱ってよいものか、いや、お尋ねを無にしてはならない。」

稀有《けう》にして助かりたるさまにて、はふはふ家に入りにけり。〈徒然・八九〉

◇奇蹟的に助かった様子で、這いつくばって家に入ったのだった。

その夜さり、暑くわりなき闇にて、何ともおぼえず、せばくおぼつかなくて明かしつ。〈枕・故殿の御服のころ〉

◇方違えのその夜は、暑くどうにもならない闇夜で何も分からず、窮屈で不安なままで明かしてしまった。

【二】接続部が構成する条件について学ぶ

接続部を他の成分と区別する形態上の特徴は、接続助詞及び、接続詞が中心になることはすでに紹介した（→第一章【四】②⑤）。読解の面で言えば、接続詞は文章の理解に関わるものであるので、別に取り扱うこととし（→第六章【三】③）、ここでは、一文の論理的理解を深めるために、接続助詞によって構成される接続部を順接・逆接・仮定・確定等のはたらきから分類し、それに応じた形態を掲げて整理しておこう。

◆順接と逆接

二つの句が何らかの因果関係によって構成されている場合、その前件から後件へ順当に導かれているような接続の様態を「順接」といい、前件から順当でない結果が後件に導かれると「逆接」という。

◆仮定と確定

述べられた事柄がまだ起きていない事態なのか、すでに起こった事態であるかによって、前件のあり方が変わってくる。前者を条件句として後件と因果関係を構成すれば仮定となり、後者は確定となる。

◆接続助詞の機能

	条件接続 仮定条件	条件接続 確定条件	単純接続
順接	ば・は（未然形接続）・ては・では	ば（已然形接続）・て・して・で・に・を	て・して・で・つつ・ながら・が・を
逆接	と・とも・て・して・ても	ど・ども・ものの・ものから・ものを・が・に・を・ながら	

1 条件接続

接続助詞を挟んで、後の事柄（＝後件）が成立するのに、前の事柄（＝前件）との間に何らかの因果関係（＝条件）が認められる接続形式をいう。その条件に「仮定」と「確定」とがあり、接続の様態に「順接（順態接続）」と「逆接（逆態接続）」とがある。

① 仮定（順接）……種々の順接仮定条件を表す。

ば（動詞、形容動詞、助動詞の未然形に接続）

さかりにならば、かたちも限りなくよく、髪もいみじく長くなりなむ。〈更級〉

◇女盛りになったなら、容貌もこの上なく綺麗に、髪も大変長くきっとなるだろう。

は（形容詞、形容詞型活用の助動詞、助動詞「ず」の未然形に接続）

今日来ずは明日は雪とぞ降りなまし消えずはありとも花と見ましや〈伊勢・一七〉

◇今日やって来なかったら、（桜の花は）明日は雪と降って散ってしまっただろうに。雪のように消えてはいないとしても、散ったものを花と見ることができるだろうか。

◆種々の仮定条件

①に掲げた仮定条件は、前件の提示内容によって、おおよそ次の四種に分けて考えることができる。

①未定の事柄の実現を仮に設定する（未来仮説）…第1例
②既定の事実に反する事柄を仮に設定する（反実仮説）…第2・3例
③既定の事実を一条件として仮に設定し直す（既定仮説）…第4例
④事柄の未定・既定を問わず、後件の成立する条件として仮に設定する（一般仮説）…第5例

◆接続助詞「は」

第2・3例に挙げた「ずは」「なくは」は、「ずば」「なくば」のように「ば」と濁らない。そこで、従来形容詞の連用形及び打消の助動詞「ず」の連用形に係助詞「は」が付いた形式とされることが多かった。しかし、上の例は「まし」と呼応した反実仮説の表現であり、「ずは」「なくは」は仮定条件句を構成しているに違いない。加えて、「は」が係助詞であるなら、「こそ」と連接する場合、「こそは」となるはずだが、「ずは」「なくは」では「ずは

鶯の谷より出づる声なくは春来ることをたれか知らまし
〈古今・春上・一四〉

◇鶯の谷から鳴き出す声がなかったら、春が来ることをだれが知ることができただろうか。

ては（連用形に接続）

片手には大殿の頭の中将、かたち、用意、ひとにはことなるを、立ち並びては、なほ花のかたはらの深山木《みやまぎ》なり。
〈源氏・紅葉賀〉

◇（舞の）相手方には左大臣の子である頭の中将だが、容貌・心遣いは、他の人とは違って素晴らしいものの、源氏と立ち並んでしまったら、やはり花のそばに置いた深山木だ。

では（未然形に接続）

心は縁にひかれて移るものなれば、しづかならでは、道は行じがたし。
〈徒然・五八〉

◇心は環境に影響されて変わるものだから、静かでなかったら、仏道は修行しにくい。

② **仮定（逆接）**……種々の逆接仮定条件を表す。

と（終止形に接続）

あらしのみ吹くめる宿に花すすき穂に出でたりとかひやなからむ

こそ」「なくはこそ」となる。一方、動詞の未然形には「ばこそ」が付く。ここから、仮定条件を表す接続助詞は、動詞に「ば」、形容詞や「ず」に「は」というように分担して接続したと考えてよい。

なお、同じ「ずは」でも第2例中の「消えずはありとも」は、「消えずとも」に係助詞「は」が介入して、補助文節「ありとも」を分出した表現である。

・消えずは　ありとも

従って、「ず」は連用形、「は」は係助詞であることは明白で、仮定条件となる「ずは」とは異なる。また、次例中の「ずは」も連用形「ず」＋係助詞「は」である。

・なかなかに人とあらずは酒壺になりにてしかも酒に染みなむ
〈万葉・3・三四六〉

なお、先の理由により、仮定条件を表す「は」を本書では接続助詞として扱う。近世以降この「は」が濁り、「なくば」「ずば」となる。

◆**「已然形＋ば」による仮定**

漢文訓読からの影響により、「已然形＋ば」の形式によって仮定条件となる言い方が鎌倉時代以降目立つように

〈蜻蛉・天徳元年七月〉

◇嵐が吹き荒れるばかりであるような宿なので、花すすきが穂に出たとしても（訪れる人もなく）無駄ではなかろうか。あなたに来て下さいと言ってもかいのないことですよ。

とも（動詞・助動詞の終止形、形容詞の未然形に接続）

あかず惜しと思はば、千年《ちとせ》を過ぐす**とも**、一夜の夢の心地こそせめ。〈徒然・七〉

◇不満足でもったいないと思ったなら、千年を過ごすとしても、まるで一夜の夢のような気がするだろう。

て（連用形に接続）

「花の名は人めき**て**、かうあやしき垣根になむ、咲きはべりける。」〈源氏・夕顔〉

◇「花の名前は一人前としても、こんなにみすぼらしい垣根に咲いているのでございました。」

して（形容詞形容動詞及びそれに準じた活用型の助動詞の連用形、助動詞「ず」の連用形に接続）

格子どもも、人はなく**して**開きぬ。〈竹取〉

◇多くの格子も、人はいなくても開いてしまう。

なる。

・外相《げさう》もし背かざれば、内証《ないしよう》必ず熟す。〈徒然・一五七〉

右の「已然形＋ば」による仮定の表現は、現在も漢文訓読に見られ、それも打消の場合に顕著である。

◆動詞の連体形に付いてしまう「とも」

動詞には終止形に付くことを原則とする「とも」だが、連体形に付いてしまっている用例も見られる。『徒然草』の「高名の木登り」に見られる話題の用例である。

・「かばかりになりては、飛び降る**るとも**、降りなん。」〈徒然・一〇九〉

ても（連用形に接続）

いつはり**ても**賢を学ばんを、賢といふべし。〈徒然・八五〉

◇嘘であっても、賢人を真似したりするのを、賢人と言わねばならない。

③ **確定（順接）**……偶然的条件、原因・理由提示、恒常的条件を表す。

ば（已然形に接続）

それを見れ**ば**、三寸ばかりなる人、いとうつくしうてゐたり。〈竹取〉

◇それ（＝竹の中）を見ると、三寸ほどの人が、大変かわいらしい様子で座っている。

四日、風吹け**ば**、え出で立たず。〈土佐・一月四日〉

◇四日、風が吹くので、港を出航することができない。

疑ひながらも、念仏すれ**ば**往生す。〈徒然・三九〉

◇疑いながらも、念仏を唱えると必ず、極楽往生する。

て（連用形に接続）

十日、さはることあり**て**のぼらず。〈土佐・二月十日〉

◇十日、差し支えることがあるので、川をさかのぼらない。

◆偶然的条件と恒常的条件

③の第1例「それを見れば」は、たまたま与えられた機会を表す条件であり、それによって一回限りの結果を示す後件が成立する。このような条件を「偶然的条件」という。それに対して、第3例「念仏すれば」は、その条件の下では常に同じ結果が成立することを表す。このような条件を「恒常的条件」という。逆接確定条件を表す「ど」「ども」にも、この恒常的条件となる場合がある。

して（形容詞形容動詞及びそれに準じた活用型の助動詞の連用形、助動詞「ず」の連用形に接続）

「これは鈍くして、あやまちあるべし。」とて、乗らざりけり。〈徒然・一八五〉

◇（引き出すときに、馬が脚を伸ばして敷居に蹴り当てると）「これは動作が鈍いから、事故があるに違いない。」と言って、（その馬に）乗らなかったのだった。

で（未然形に接続）

薬も食はず、やがて起きも上がらで、病み伏せり。〈竹取〉

◇（不死の）薬も飲まず、そのまま起き上がりもしないままで、病んで寝ている。

に（連体形に接続）

かぐや姫あやしがりて見るに、鉢の中に文あり。〈竹取〉

◇かぐや姫が変だと思って見ると、鉢の中に手紙がある。

「法蔵《ほふざう》のやぶれてはべるに、修理《すり》してたまはらん。」〈十訓抄・7・九〉

◇「経蔵が壊れておりますので、修理していただきたい。」

◆「で」の意味

「で」は単に偶然的条件として「ないで」「ずに」の意を表すばかりでなく、上記の例のように本来あるべき状態に置かれていないという不本意な気持ちを含む場合がある。

を（連体形に接続）

「いかにすべきわざにか、とも問ひ合はすべき人だになき**を**、忍びては参りたまひなむや。……」〈源氏・桐壺〉

◇「どのように処理したらよい事態なのか、とも問い合わせることができる人すらいないので、人目に隠れて参内して下さらないだろうか。……」

④　確定（逆接）……種々の逆接確定条件を表す。

ど（已然形に接続）

花もみな咲きぬれ**ど**、音もせず。〈更級〉

◇梅の花も全部咲いたけれど、（継母は）手紙もよこさない。

ども（已然形に接続）

金《こがね》はすぐれたれ**ども**、鉄《くろがね》の益《やく》多きにしかざるがごとし。〈徒然・一二二〉

◇黄金は優れているけれども、鉄の利用価値の多いことに及ばないのと同じだ。

ものの（連体形に接続）

あはれと思しぬべき人のけはひなれば、つれなくねたき**ものの**、忘れがたきに思す。〈源氏・夕顔〉

◇ああいとしいとお思いになってしまいそうな女（＝空蟬）の有様なので、

◆「ど」「ども」

「ど」と「ども」は、ほぼ同じ機能を持つが、和歌や和文では「ど」が用いられることが多く、「ども」は主として漢文訓読文体で用いられた。また、鎌倉時代以降は和漢混交文で「ども」が主流となる。

◆「とも」と「ども」

	機能	接続	意味
とも	逆接仮定	終止形（形容詞型は未然形）	タトエ～テモ
ども	逆接確定	已然形	～ケレドモ・～ノニ

◆修辞的確定

「ど」「ども」には、仮定的な事柄を条件とする用法がある。

・よからね**ど**、むげに書かぬこそわろけれ。〈源氏・若紫〉

・人に勝れりと思へる人は、たとひ言葉に出でて言はね**ども**、内心にそこばくの咎あり。〈徒然・一六七〉

右は「たとえ…でも」「たとえ…ても」の意を表す。本来なら仮定条件を表す形式を用いるところに確定条件を用いることによって、確実な結果を強

冷淡で憎らしいのに、忘れることができない女だとお思いになる。

ものから（連体形に接続）

いつはりと思ふ**ものから**今さらにたがまことをか我は頼まむ 〈古今・恋四・七一三〉

◇（あなたの言葉は）嘘だと思っているものの、いまさら誰の真実を私はあてにできようか、嘘でも頼りにするしかないのです。

ものを（連体形に接続）

「また、「翁丸《おきなまろ》か。」とだに言へば、喜びてまうで来つる**ものを**、呼べど寄り来ず。……」 〈枕・上にさぶらふ御猫は〉

◇「また、「翁丸か。」とだけでも言葉に出ると、きまって喜んでやって来たのに、（この犬は）呼んでも寄って来ない。……」

が（連体形に接続）

なびく気色もなかりし**が**、さすが情けに弱る心にや、つひにはなびきたまひけり。 〈平家・六・小督〉

◇（小督は少将に）言いなりになるそぶりもなかったけれど、そうは言っても情にもろい性質なのではなかろうか、結局はお従いになったのだった。

調したいという意図であろう。

◆「ものの」「ものから」の成立

→第二章【二】62ページ脚注

◆「が」「に」「を」の識別

接続助詞「が」「に」「を」は、元来準体句に付いた格助詞から発達したものである。従って、連体形に接続する「が」「に」「を」が格助詞であるか、接続助詞であるかの識別は、まず格助詞の資格を有するかどうかがポイントとなる。以下にその一般的な識別法を整理しておこう。

①「が」「に」「を」が体言に接続→原則として格助詞。

②「が」「に」「を」が連体形に接続

a 連体形の下に「コト・トキ・ヒト・モノ・サマ・トコロ」などを想定することができ（準体法）、それがかかる用言と「〜ガ・ニ・ヲ―ドウスル」などの格関係を構成する→格助詞

・いと清げなる僧の、黄なる地の袈裟《けさ》着たる［ヒト］が来て、……〈更級〉

・山のなからばかりの木の下のわづかなる［トコロ］に、葵のただ三筋《みすぢ》ばかりあるを、……〈更級〉

に（連体形に接続）

十月つごもりなる**に**、紅葉散らで盛りなり。〈更級〉

◇十月の月末であるのに、紅葉が散らないままで盛りである。

を（連体形に接続）

八重桜は、奈良の都にのみありける**を**、このごろぞ世に多くなりはべるなる。〈徒然・一三九〉

◇八重桜は、奈良の古都にだけあったのだが、近頃では世間に多く見られるように思われます。

ながら（動詞・動詞型活用の助動詞の連用形に接続）

法師は、あまた所食はれ**ながら**、ことゆゑなかりけり。〈徒然・二一八〉

◇法師は、（狐に）多くの箇所を噛まれたものの、無事であった。

2 単純接続

前件の及ぼす因果関係などの影響とは関わりなく後件が成立する接続形式。前件と後件は、推移・列挙・添加・反復・前置きなどの意味的関係によって結び付く。

① 推移・継起

・雪の降りける〔サマ〕を見て詠める。〈古今・冬・三三七詞書〉

b　右のような処理ができない場合→接続助詞

右の他に「が」「に」「を」を挟んだ上下の文の主述関係が異なる主語によって構成されていれば、接続助詞とみなしてよい。

なお、接続助詞「が」は、「に」「を」に比べて発達が遅れ、院政期頃からしだいに現れる。

◆句を受ける「に」

接続助詞「に」には、文に相当する句をそっくり受け止めて下に続ける用法が、鎌倉時代以降見られるようになる。

・今は人も、さとこそ知りぬらめに、かくつれなくては、いかがやむべき。〈とはずがたり〉

右の「に」は、「～こそ～らめ」という完結した文を受けている。

◆「ながら」の取り扱い

→第二章【二】2② n の脚注

◆接続関係以外の「て」の用法

接続助詞「て」の用法は多岐にわたる。上に掲げた接続関係を示す以外に

て（連用形に接続）

古き墳《つか》は　すかれて田となりぬ。〈徒然・三〇〉

◇古い墓は鋤でくずされて田となってしまう。

② 列挙・並列

て（連用形に接続）

六月の頃、あやしき家に、夕顔の白く見えて、蚊遣火《かやりび》ふすぶるもあはれなり。〈徒然・一九〉

◇六月の頃、みすぼらしい家に、夕顔の花が白く見えて、しかも蚊遣火がくすぶるさまも趣深い。

して（形容詞・形容動詞型の活用語及び助動詞「ず」の連用形に接続）

ゆく河の流れは　絶えずして、しかも、もとの水にあらず。〈方丈記〉

◇進みゆく川の流れは絶えないで、その上、元の水ではない。

で（未然形に接続）

あれも戦はで、心地ただ痴《し》れに痴れて、まもり合へり。〈竹取〉

◇激しく戦うこともしないままで、気持ちがひどくぼんやりして、互いに顔を見合わせている。

も、以下のような用法がある。

①状態・程度を表す→第二章【二】2

②の脚注

・丈六の仏九体、いとたふとくて並びおはします。―状態―〈徒然・二五〉

・わが世の外になりゆくならひこそ、なき人の別れよりもまさりて悲しきものなれ。―程度―〈徒然・二六〉

②手段・方法を表す

・また手にむすびてぞ水も飲みける。〈徒然・一八〉

③知覚内容を表す

・この世の人には違ひておぼさるるに、……―「この世の人とは違っていると」の意。〈源氏・夕顔〉

④補助文節の分出

・男もすなる日記といふものを、女もして　みむとてするなり。〈土佐・序〉

右のうち、④以外は「て」でまとまる句が文の成分となることがある。その場合、右のような意味・用法から、①～③を修飾語・修飾部として処理することとしたい。

◆「して」「で」の成立

接続助詞「して」はサ変動詞「す」の連用形「し」に接続助詞「て」が付いて一語化したものである。本来サ変

③ 添加

旅の空を思ひやる心地、いとあはれなるに、人の心もいとたのもしげには見えずなむありける。〈蜻蛉・天暦八年十月〉

◇（父の）旅にある身の上を想像する気持ちが、ひどく胸が締めつけられるうえに、あの人（＝兼家）の心もさほど頼もしい様子には見えないのであった。

④ 反復・並行

つつ（動詞型活用語の連用形に接続）

野山にまじりて竹を取り**つつ**、よろづのことに使ひけり。〈竹取〉

◇野山に分け入って竹を取っては、様々な用途に使ったのだった。

白き鳥の、嘴《はし》と脚と赤き、鴫《しぎ》の大きさなる、水の上に遊び**つつ**、魚《いを》を食ふ。〈伊勢・九〉

◇白い鳥で、くちばしと脚とが赤い鳥で、鴫の大きさである鳥が、川の表面で飛び回りながら、魚を取って食べている。

ながら（動詞型活用語の連用形に接続）

談義の座にても、大きなる鉢にうづたかく盛りて、膝元に置きつつ、食ひ**ながら**文をも読みけり。〈徒然・六〇〉

動詞「す」が要素として含まれているため、動詞には付かず、上記のとおり形容詞・形容動詞・打消の助動詞「ず」・断定の助動詞「なり」「たり」の連用形に付く。しかし、形容詞・ナリ活用形容動詞、断定の助動詞「なり」には、「て」が付くことが多い。一方のタリ活用形容動詞・断定の助動詞「たり」には「して」しか付かない。

　奈良時代では、「ずて」「ずして」の形が多く見られたが、平安時代以降、これらと同じ機能を示す接続助詞「で」が用いられることが多くなった。この「で」は、打消の助動詞「ず」に接続助詞「て」の付いた「ずて」から「で」となったものといわれている。

◆反復を表す「つつ」

　上記第1例は、翁一人の動作が繰り返される場合に「つつ」が用いられ、第2例は同種の鳥がそれぞれ同じ動作を繰り返したことを「つつ」が表している。

◆文末の「つつ」「ものを」

・君がため春の野に出でて若菜つむわが衣手に雪は降り**つつ**　〈古今・春上・二一〉

◇仏典の講義の席に置いても、（芋頭を）大きな鉢にうず高く盛って、膝元に置いては、食べながら仏典をも読んだのだった。

⑤ 前置き

が（連体形に接続）

木曾は、越後《えちご》の国府《こふ》にありけるが、これを聞いて五万余騎で馳せ向かふ。〈平家・七・火打合戦〉

◇木曾義仲は、越後の国の国府にいたのだが、これ（＝平家の進軍）を聞いて五万余騎を率いて走り向かう。

を（連体形に接続）

孫晨《そんしん》は、冬の月に衾《ふすま》なくて、藁一束《わたひとつかね》ありけるを、夕べにはこれに臥し、朝《あした》にはをさめけり。〈徒然・一八〉

◇孫晨は、冬の季節には布団がなくて、藁が一束あったのだが、夕方にはこれに寝て、朝には片付けたのだった。

【三】係り結びと文の成分について整理する

1 係り結びの法則

・「あはれいみじうゆるぎありきつる**ものを**。……」〈枕・上にさぶらふ御猫は〉

右のように、和歌で「つつ」を第五句の末に用いて言い切る場合、その動作の継続を詠嘆的に表現したものとなる。また、「ものを」も文末に用いると、逆接として続くはずの後件を省略して、余情を含んだ表現となる。このような文末標示となった場合の「つつ」「ものを」は終助詞と考えてよい。

◆接尾語の「ながら」

「露ながら（＝露のついたまま）」や「一年ながら（＝一年中）」のように、体言に付く「ながら」の多くは接尾語と解した。また、「さながら（＝そのまま）」のように副詞に付いたものも接尾語とする（→第二章【一】2②nの脚注）。

◆終止形で結ぶ係り結び

係り結びの法則を実例から帰納し、体系化した本居宣長は、終止形を要求する「は・も」や「徒《ただ》（＝係助詞のない格）」をも係り結びを構成する要素と認定した。すでに【一】1で述べたとおり、主題を提示する「は」は、文

一般に平叙文は終止形で文を終止するのが普通であるが、係助詞「ぞ」「なむ」「や」「か」及び疑問詞（「など」「いかで」「なに」などの疑問・反語を導く語）を用いて、強調や疑問の表現を構成する場合、文末を連体形で結び、「こそ」を用いた強調表現では已然形で結ぶという文末の曲調を生み出す。これを「係り結びの法則」と呼ぶ。命令文や感動文では、命令形や感動を表す終助詞などの語句によって文の性質が決定される。この係り結びもまたそれと同様に文の性格を決定する役割を担う。通常、文末の曲調をもたらすものだけを係り結びとするが、主題を提示する「は」「も」も終止形で結ぶ係り結びとしたい。次に係り結びと文の意味との関わりを整理しておこう。

題述文……………は・も……………終止形で結ぶ
強調文……………ぞ・なむ……………連体形で結ぶ
強調文……………こそ……………已然形で結ぶ
疑問文・反語文……や・疑問詞（＋か）…連体形で結ぶ

2　係り結びと文の成分

この係り結びの法則は、いわゆる従属句の中では適用されない。つまり、結びは必ず文末の述部である。そして、係り結びを構成したときの係助詞は、文中のどこにでも用いられるわけではない。以下に掲げるとおり、各成分の切れ目、あるいは述部内のいずれかで係りの機能を発揮する。なお、述部内に係助詞が介入して係り結びを構成した場合、その前後は補助・被補助の関係となる。

末までの内容を支配するため、本書では「も」とともに広い意味での係り結びに編入した。

◆結びの消失

・桐の木の花、……葉の広ごりざまぞ、うたてこちたけれど、こと木どもと等しういふべきにあらず。〈枕・木の花は〉

右例は係助詞「ぞ」に応じて文末が訪れるはずの活用語「こちたし」が連体形で結ばれず、「こちたけれど」のように下に続いている。このような場合、結びの形式が失われるため、「結びの消失」「結びの流れ」などと呼ばれる。

◆係り結びの起源

「ぞ」（奈良時代には「そ」）「や」「か」による係り結びは、本来これらの助詞を文末に用いた文が倒置されて成立したという。

また、「こそ」による係り結びは、主題を取り立てて強調するために投入されて成立したとされる。第二章【一】2⑤で紹介したとおり、奈良時代には已然形単独で条件句を構成することができた。その文の主題を取り立てるこ

① 主題部・主部に下接

《題述文》

鳥は、こと所の物なれど、鸚鵡《あうむ》、いと あはれなり。〈枕・鳥は〉

◇鳥については、異国の物であるけれど、鸚鵡が、大変趣深い。

人に物を取らせたるも、ついでなくて「これ奉らん。」と言ひたる、まことの志なり。〈徒然・二三一〉

◇人に物を与えたときについても、わざわざでなくて「これを差し上げましょう。」と言ったのが、本当の思いやりである。

《強調文》

和歌こそ なほ をかしきものなれ。〈徒然・一四〉

◇和歌こそは何といってもやっぱり風情のあるものだ。

ただ 人に見えけむぞ ねたき。〈枕・この草子〉

◇ただもう、（この草子を）他人に見られたりしたことが悔しい。

《疑問文・反語文》

嘆けとて 月やは 物を 思はする 〈千載・恋五・九二九〉

とによって已然形までを統括したのが始まりであろうという。事実、平安時代以降も「こそ」による係り結びはそれで完結せず、逆接として下に続く用法を保っている。

◆**「ぞ」は地の文、「なむ」「こそ」は会話文**

『源氏物語』では、「ぞ」の大部分が地の文で用いられている。「なむ」が和歌に見られないことはいうまでもないが、ほとんどが会話文中に集中する。「こそ」もそれに準じて、会話文や心内文に多い。

◆**「や」と「か」の違い**

「や」は単独で係り結びを構成することができるのに対して、「か」は疑問詞とともに用いられなければ係り結びを構成することができない。上に整理した疑問文・反語文中に「疑問詞（＋か）」としたのはそのためである。疑問詞はそれ自体で疑問表現を作ることができる。↓第二章【二】②④

◆**題述文**

すでに述べたとおり、「鳥は」は、

◇嘆けと言って、月が私に物思いをさせるのか、いやそうではない（恋のせいなのだ）。

徳大寺にも　いかなるゆゑか　侍りけん。　〈徒然・一〇〉

◇徳大寺殿でもどんな理由があったのでしょうか。

②　補充部、修飾部に下接

《強調文》

丹波守の北の方をば、宮、殿などのわたりには、匡衡衛門《まさひらゑもん》とぞ　言ひはべる。　〈紫日記〉

（補充部）（述部）

◇丹波守の北の方（＝赤染衛門）を、中宮（＝彰子）、殿（＝道長）などのあたりでは、匡衡衛門と言っております。

年ごとの桜の花盛りには、その宮へなむ　おはしましける。　〈伊勢・八二〉

◇毎年の桜の花盛りには、その（水無瀬）の邸へお越しになったのだった。

まかでて聞けば、あやしき家の見所もなき梅の木などには、かしかましきまでぞ　鳴く。　〈枕・鳥は〉

（修飾部）

◇（宮中から）出かけさせていただいて聞くと、卑しい身分の者の家の見所もない梅の木などには、（鶯は）やかましいほど鳴く。

文末の「あはれなり」までを支配する主題を提示する（→【一】①）。従って、それ以下は、その主題に対する解説となる。このようにある主題を設定してそれについて述べる文を「題述文」という。一方、「その里に、いとなまめいたる女はらから住みけり。」〈伊勢・一〉のように事態の叙述に留まり、ある主題について述べていない文を「無題文」という。

さらにこの文の構造は、「鸚鵡〔ガ〕」という補充部をも有する。これは述部「あはれなり」の対象を補充する成分と解される。なお、第2例は、提題の助詞「も」を用いた同じ構造の文である。

◆主語・主部と補充成分

①の《強調文》第2例の「人に見えけむ〔コトガ〕」は準体法で、「ねたき」の対象を示す。従って、対象を補充する成分と考えねばなるまいが、主部として一括しておく（→【一】①）。

「片手も　けしうはあらず**こそ**　見えつれ。……」　〈源氏・紅葉賀〉

◇「（舞の）相手方もそう悪くはないと見えた。……」

《疑問文・反語文》

近き火などに逃ぐる人は、「しばし。」《補充部》と**や**　言ふ《述部》。　〈徒然・五九〉

◇近所の火事などで逃げる人は、「ちょっと待って。」と言うのか、いや、言うはずがない。

「いかなる所に**か**　この木は　候ひけむ。……」　〈竹取〉

◇「どんな場所にこの木はあったのでしょうか。……」

おのづから正直の人、**などか**　なからん。　〈徒然・八五〉

◇もともと正直な人がどうしていないことがあろうか、いや、必ずいるだろう。

③　接続部に下接

《強調文》

散れば**こそ**《接続部》　いとど　桜は　めでたけれ《述部》　〈伊勢・八二〉

◇散るからこそ、桜はいよいよ素晴らしいのだ。

◆知覚内容を表す修飾部

②の強調文に挙げた第4例「けしうはあらずこそ」は、述部「見えつれ」の具体的な内容を表す。従って、読解の技術としては「けしうはあらずとこそ」のように、「終止形＋と」の形式に変形して解すればよい（→【四】4）。だが、連用形である限り、修飾部として処理しておきたい。

◆「已然形＋や・こそ」

・ほととぎす声聞く小野の秋風に萩咲きぬれ**や**声のともしき　〈万葉・8・一四六八〉

・ありさりて後も逢はむと思へ**こそ**露の命も継ぎつつ渡れ　〈万葉・17・三九三三〉

右のように、奈良時代には已然形単独で条件句を構成することができた（→第二章【二】2⑤）。従って、疑問文や強調文も直接係助詞を下接して作ることになる。

平安時代以降、接続助詞「ば」を伴う形式に移って行くが、和歌では「已然形＋や」が残り、文末に位置するようになる（→第五章【二】3）。

・思ふとも恋ふとも逢はむものなれ**や**結ふ手もたゆく解くる下紐

『あらためてのどかに思ひならばなむ、あひ見るべき。』〈源氏・帚木〉

◇『（あなたが）浮気心を改めて落ち着いた気分になったなら、一緒になるつもりです。』

《疑問文・反語文》

草の葉にかかれる露の身なればや心動くに涙落つらむ〈大和・一二三〉

◇私は、草の葉にかかっている露のようなはかない身の上だから、あなたへの恋心が動くことで涙が落ちてしまうのではなかろうか。

いかならむ巌《いはほ》のなかに住まばかは世の憂きことの聞こえこざらむ〈古今・雑下・九五二〉

◇どのような大岩の中に住んだならば、世間の嫌な事が耳に入らないであろうか、いや、そんな場所はどこにもあるまい。〈古今・恋一・五〇七〉

右の「や」は係助詞としての機能は認められない。反語文を作る終助詞である。

一方の接続部に下接する「こそ」は、「もとより勧進帳もあらばこそ。」〈謡曲・安宅〉で知られるとおり、後世まで慣用句の中に生き残った。

④　述部内

《強調文》

吉野の花・左近の桜、みな一重《ひとへ》にてこそあれ。〈徒然・一三九〉

◇（名高い）吉野の花、左近の桜は、すべて一重である。

「今日は、いと便なくなむはべるべき。」〈源氏・若紫〉

◇「今日は、大変不都合であるに違いありません。」

いはで 心に 思ひ**こそ** すれ 〈古今・恋一・五三七〉

◇口に出さないで、心で恋しく思ってはいる。

その後、物の具脱ぎ捨てて、東国の方へ 落ち**ぞ** 行く。〈平家・九・木曾最期〉

◇その後、武具を脱ぎ捨てて、関東の方へ逃げて行く。

《疑問文・反語文》

「こなたは あらはに**や** はべらむ。」〈源氏・若紫〉

述部

◇「こちらは丸見えではないでしょうか。」

ほととぎす声も聞こえず 山びこは ほかに鳴く音を こたへ**や**は せぬ 〈古今・夏・一六一〉

◇ホトトギスは声すら聞こえない。やまびこは、余所で鳴くホトトギスの声をこちらへ反響させたりしないのか、させてくれればよいのに。

春霞たつを見すてて行く雁は 花なき里に 住み**や** ならへる 〈古今・春上・三一〉

◆複合動詞に介入する係助詞

④強調文の第4例「落ちぞ行く」は複合動詞「落ち行く」の間に「ぞ」が介入し、全体を強調した言い方である。→第二章【二】[2]②

・さかしらする親ありて、「思ひ**もぞ**つく。」とて、この女をほかへ追ひやらむとす。〈伊勢・四〇〉

右の例も複合動詞「思ひつく」（執着するの意）に「もぞ」が介入したもので、「思ひ」が「つく」という主語・述語の関係ではないので注意を要する。

なお、この「もぞ」の意味・用法については、第四章【二】[12]を参照。

◇春霞が立つのを見捨てて帰って行く雁は、梅の花のない里に住み慣れているのか。

【四】古典語特有の文の構造について学ぶ

この節では、古典語にしばしば見られる特有の構造と形式を示す文型を取り上げ、その解法を示したい。

1　格助詞非表出の構文

《ガ・ヲ・ニ・ノの非表出》

海〔ガ〕荒ければ、舟〔ヲ〕出ださず。　〈土佐・一月十八日〉

◇海が荒いので、船を（港から）出さない。

淡路の島は夕されば雲居〔ニ〕隠りぬ　〈万葉・15・三六四九〉

◇淡路島は、夕方になるときまって、雲に隠れてしまう。

世を捨てたる人の、よろづにするすみなる〔ノ〕が、なべてほだし〔ガ〕多かる人の、よろづにへつらひ、望み〔ガ〕深き〔ノ〕を見て、無下に思ひくたす〔ノ〕は、僻事《ひがこと》なり。　〈徒然・一四二〉

◇俗世を捨てた出家者で、あらゆる面で無一物であるの（＝者）が、すべて

◆格助詞の非表出

当然そこにあるべきものを意図的に表出しないことを「省略」という。ここで紹介する構文形式は省略ではない。古典語の格関係は、初めから語としての標示を必須としない要素であるから、「非表出」としておく。そこを現代語の論理に従って、成分間が相互にどのような関係に立つか想定しながら読解したい。

◆「ニ」格の非表出

主格の「ガ」や対格の「ヲ」は表出されないのが普通だといってもよいが、「ニ」格の非表出は珍しい。まして「ヨリ」「カラ」などを強いて想定しなければならない場合はないといってよい。

◆準体助詞「ノ」の非表出

連体形による準体法には、物・人・所・様・時などの体言の意が含まれている。このような場でそれらの意味を一括して標示できる準体助詞「の」は古典語にはない。従って、上記の例に見られるとおり、準体法には、必ず何らかの体言なり「ノ」なりを想定することになる。

（出家に）障害が多い（一般の）者が、万事に（人間関係で）こびへつらい、欲望が深いのを見て、無闇に軽蔑するのは、間違いである。

「亡き人の本意《ほい》〔ニ〕違《たが》はむ〔ノ〕が、あはれなること。」〈源氏・蓬生〉

◇「亡くなった父の生前の意思に背いたりするのが、申し訳ないことだ。」

人まにはみそかに参りつつ額《ぬか》をつきし薬師仏の立ちたまへる〔ノ〕を見捨てたてまつる〔ノ〕〔ガ〕悲しくて、人知れずうち泣かれぬ。〈更級〉

◇人のない隙には（何度も）お参りして額を付けて祈った薬師仏が立っていらっしゃるのを（旅立ちのために）お見捨てもうしあげるのが悲しいので、人目に着かない所で涙がこぼれてしまった。

《副助詞・係助詞に隠れた格関係》

世になく清らなる玉の男御子《をのこみこ》さへ〔ガ〕生まれたまひぬ。〈源氏・桐壺〉

◇この世にないくらい美しい宝石のような男のお子様までもがお生まれになった。

なほ頼め梅の立ち枝は〔ヲ〕契りおかぬ思ひのほかの人も〔ガ〕訪《と》ふなり〈更級〉

◇やはりもっと当てにして待っていなさい。（古歌にあるとおり）梅の長く伸びた枝の所は、約束もしていない予想外の人も訪れるということだから。

この「ノ」は、第5例のように、さらに非表出の格関係と組み合わせなければならない場合もしばしばある。

◆係助詞・副助詞と格助詞

【一】1で主題を提示する「は」の背後には種々の格関係が別の機能として働いていることを解説した。これは係助詞・副助詞を通じて一般に言えることである。係助詞や副助詞がその語に応じて種々の取り立てを表すのに対して、格助詞は事柄と動作・状態との文法的関係を標示する。従って、係助詞や副助詞は格関係とは全く異なる役割を果たし、格助詞を代行しているわけではない。

◆不自由な「の」「が」

古典文で主格を表す格助詞「の」「が」を表出する場合は、従属節内に用いられるのが通常であった。

・坊の傍らに、大きなる榎《え》の木**の**ありければ、……〈徒然・四五〉

・雁などの連ねたる**が**、いと小さく見ゆるは、いとをかし。〈枕・春はあけぼの〉

現代語のような「雨が降る。」という言い切りの文で「の」「が」を標示

月・花はさらなり、風のみこそ〔ガ〕人に心は〔ヲ〕付くめれ。〈徒然・二一〉

◇（秋の）月・（春の）桜花は言うまでもないが、風ばかりこそが人に懐旧の心を催させるように思う。

折節《をりふし》の移り変はるこそ〔ノ〕〔ガ〕、ものごとにあはれなれ。〈徒然・一九〉

◇季節の移り変わることこそが、その物事それぞれにしみじみした趣がある。

[2] 準体法の構文

準体法とは、連体形によってまとまる句が、本来修飾するはずの名詞を表出せず、それ自体に含み込んだ言い方である。形態は連体形のままでありながら、名詞に準じた文法的機能を持つところに特徴がある。その含み込んだ名詞は、基本的に文脈から推定せねばならないため、固定的でない。ここでは、比較的汎用性の高い形式的な名詞を想定する方法を紹介しよう。

≪コト・モノ・ヒト・サマ・トキ・トコロの想定≫

大路《おほち》見たる〔コト〕こそ〔ガ〕、祭り〔ヲ〕見たる〔コト〕にてはあれ。〈徒然・一三七〉

◇（祭り見物の人々が行き交う）大通りを見たことこそが、葵祭りを見たこ

する必要があれば、文末は必ず連体形を用いて「連体止め」とした（→[10]）。

・ほととぎす深き峰より出でにけり外山のすそに声の落ち来る〈新古今・夏・二一八〉

・雀の子を犬君《いぬき》が逃がしつる。〈源氏・若紫〉

それ以外、終止する文の主格を示す時には、次に示すような断定・強調・疑問・反語・感動などを表す文に限られ、単なる現象を描写する文には表出されない（→第一章【三】[2]①）。

◆準体法の解釈

・藤の花は、しなひ長く、色濃く咲きたる〔？〕〔ガ〕、いとめでたし。〈枕・木の花は〉

右の準体法にはモノもサマも想定できる。モノの場合には、「しなひ長く」以下の特徴を備えた藤の特定の種類を指すことになり、サマの場合には、他の花にない、藤の花の持つ固有の咲き方を指すことになろう。だが、前文を見ると、「木の花は、濃きも薄きも紅梅。桜は、花びらおほきに、葉の色濃きが、枝細くて咲きたる。」とある。ここから類推すると、特定の種類を指すと知られ、モノが適当だと判断され

となのである。

命あるものを見るに、人ばかり久しき〔モノ〕は〔ガ〕なし。〈徒然・七〉

◇生命のあるものを見るのに、人間ほど長いものはない。

老いたる〔ヒト〕〔ガ〕あり、若き〔ヒト〕〔ガ〕あり。〈徒然・七四〉

◇年老いた人もいるし、若い人もいる。

馬のあがり騒ぐ〔サマ〕なども〔ガ〕、いと怖ろしう見ゆれば、……〈枕・正月一日は〉

◇（白馬《あおうま》の節会《せちえ》で）馬がのび上がって大声を立てるさまなども、ひどく怖いと見えるので、……

桂川〔ヲ〕、月の明き〔トキ〕にぞ渡る。〈土佐・十六日〉

◇桂川を、月の明るい時分に渡る。

草葉も水もいと青く見えわたりたる〔トコロ〕に、上は〔ガ〕つれなくて、草〔ガ〕生ひ茂りたる〔トコロ〕を、長々とただざまに行けば、……〈枕・五月ばかりなどに〉

◇草の葉も水も大変青々とはるかに見える所で、表面は何でもない状態で草

る。このように準体法は不分明な表現形式で、厳密な解釈が施しがたい。

◆準体法と文の成分

準体法が下の述語・述部と関係する場合、名詞に準じた格関係が必要となる。従って、準体法による一団が文の成分を構成すると、次のように主部と補充部になる。

・人のむすめのかしづく〔ヒト〕〔ガ〕、「いかでこの男に物言はむ。」と思ひけり。〈伊勢・四五〉

・「物語の多くさぶらふなる〔モノ〕〔ヲ〕、あるかぎり見せたまへ。」〈更級〉

が生い茂っているところを、長々とまっすぐに進むと、……

《格助詞非表出との組み合わせ》

かれこれ、知る〔**ヒト**〕知らぬ〔**ヒト**〕〔**ガ**〕、送りす。〈土佐・十二月二十一日〉

◇あの人やこの人、知っている人も知らない人も、私の出発を見送ってくれる。

色々に乱れ咲きたりし花の、形も〔ガ〕なく散りたる〔**トキ**〕に、冬の末まで、頭《かしら》のいと白くおほどれたる〔**コト**〕も〔ヲ〕知らず、昔〔ヲ〕思ひ出で顔に風になびきてかひろぎ立てる〔**サマ**〕〔ガ〕、人にこそいみじう似たれ。〈枕・草の花は〉

◇（秋に）様々な色に咲き乱れていた花が、跡形もなく散っている時に、（ススキが）冬の末まで、頭がひどく白く乱れ拡がっていることも知らないで、（もてはやされた）昔を思い出すような顔で風になびいて揺れ動きながら立っている恰好は、人間に非常によく似ている。

◆非表出と省略とは別

非表出とは、そこにそういう意味はあっても、そこに言語によって言い表さない、ということである。注釈書の類が時に、そのようなところを省略といっていることがあるが、不適切である。省略は、そこに一定の表現があるのに、その表現を慣行的に省いた場合にいう呼称である。

3　同格の構文

前項で紹介した準体法の特殊な形態で、あらかじめ文中に示された物事に限定して説明を追加する構文形式である。従って、想定される名詞は文中または文脈から明確に特定されるため、構造自体は把握しやすい。以下に主な三種の形式を挙げ、その解法を示そう。

《名詞Aの、…準体法〔A〕、…》

ある荒夷《あらえびす》の、恐ろしげなる〔荒夷〕が、かたへに会ひて、……　〈徒然・一四二〉

◇ある荒武者で、いかにも怖そうな顔をした者が、隣に座って……

白き鳥の、嘴《はし》と脚と赤き〔鳥〕〔の〕、鴫《しぎ》の大きさなる〔鳥〕〔ガ〕、水の上に遊びつつ、魚を食ふ。　〈伊勢・九〉

◇白い鳥で、嘴と脚とが赤い鳥で、鴫くらいの大きさである鳥が、川の表面に飛び回りながら、魚を捕って食べている。

《名詞Aは、…準体法〔A〕が、…準体法〔A〕／〔推定A〕……準体法〔A〕が、…準体法〔A〕》

継母なりし人は、宮仕へせし〔人〕が、下りし〔人〕なれば、思ひしにあらぬ事どもなどありて、……　〈更級〉

◇継母であった人は、かつて宮仕えをした人で、地方に下った人なので、（田

◆同格「の」の文法的性格

第1例で言うと、「ある荒夷の」と「恐ろしげなる」とは、主語・述語の関係と捉えられる。だが、必ずしもそうでない関係もある。

・白き扇の、墨ぐろに真名の手習ひしたる〔扇〕をさし出でて、……　〈堤中納言・虫めづる姫君〉

この「白き扇の」とそれ以下とはナニ―ドウスルという修飾・被修飾の関係となってしまう。この「の」は主格ではない。「名詞＋の」と下の準体法とが対等の資格を持って述語と関係することを示す。それで「同格」と呼ばれるのだが、このような「の」の性格から、格助詞にしても、連体格とする考え方もあり、果てには指定の助動詞とする説さえある。

◆「が」の性質

二番目の文型では、「の」の代りに「が」がその役割を果たす。なぜこの位置に「が」が用いられるかと言うと、いかなる機能の「の」も名詞にしか付くことができず、連体形を直接受けることができなかったからである。

舎の生活では）予想外の事態がいくつもあって、……

描くべきやうくはしく仰せられて、公茂《きんもち》が仕うまつれる〔絵〕が、いといみじき〔絵〕を奉らせたまへり。〈源氏・絵合〉

◇（斎宮が伊勢に下った時の儀式を絵に）描くはずの構想を（朱雀院が）こまごまとご指示なさって、（絵師の）公茂が描いてさしあげた絵で、大変優れた絵を（梅壺に）差し上げなさった。

《名詞A□（「の」非表出）、…準体法〔A〕、…》

辺りを離れぬ君達□、夜を明かし、日を暮らす〔君達〕〔ガ〕多かり。〈竹取〉

◇（かぐや姫の家の）周辺から離れない貴公子方で、夜を明かしたり、一日を過ごしたりする方々が、数多い。

死にける良岑《よしみね》の弁がひとつご□、花園といふ〔ひとつご〕〔の〕、殿上童《てんじやうわらは》に使ひける〔ひとつご〕〔の〕、年十歳ばかりなる〔ひとつご〕〔ガ〕、かたち清らに心賢し。〈宇津保・楼上上〉

・（遊女は）昔こはたといひけむ〔人〕が孫といふ。〈更級〉

右の連体格では、準体法のまま「孫」を修飾するため、「の」の代替として「が」を用いたものである。

◆文脈から名詞を特定する型

二番目の文型では、文中に名詞が提示されないことがある。第２例はそれまでに至る文脈から絵に関わる話題であることが知られるため、名詞「絵」を特定した。

◆「の」「が」を用いない同格

三番目の文型を見れば分かるとおり、名詞と準体法を並べれば、同格の構文を作ることができる。焦点となる事物をまず掲げ、それを詳しく説明する付随情報を発想した順に添加する行文によるだけで、同格と理解されたのであろう。

◇死んだ良岑の弁の残した一人っ子で、花園という子で、殿上童として使っていた子で、年齢が十歳ほどである子が、顔かたちが美しく利発である。

4 知覚内容を表す構文

形容詞・形容動詞あるいはそれに準じた活用型の助動詞、及び打消の助動詞「ず」の連用形は、「思ふ」「おぼゆ」「見る」「見ゆ」などの知覚活動を表す動詞を修飾する形式をとった場合、多くその知覚内容を表す（↓第二章【二】2②h）。具体的な解法としては、連用形を「終止形＋と」という直接引用形式へ変換して理解したい。

《形容詞・形容動詞の連用形…知覚動詞》

ただに病み死ぬるよりも、人聞き**恥づかしく**（↓恥づかしと）おぼえたまふなりけり。〈竹取〉

◇（石上の中納言は）普通に病んで死ぬよりも、（櫓から落ちて腰を折ったのは）外聞が恥かしいと思われなさったのだった。

命婦《みやうぶ》は、まだ大殿籠《おほとのごも》らせたまはざりけるを、**あはれに**（↓あはれなりと）見たてまつる。〈源氏・桐壺〉

◇命婦は、（自分が復命するまで帝が）まだおやすみになっていなかったことを、感慨深いことだと見もうしあげる。

◆打消「ず」の語性

助動詞「ず」の活用は特殊型であるが、打消という語性（現代語では形容詞「ない」を用いる）から、形容詞に準じて取り扱う。他にも、仮定条件を構成する場合、形容詞の未然形と「ず」の未然形には「は」と「とも」が付くという接続形式上の共通点もある。

◆連体句による内容表現

接続助詞「て」による知覚内容を表す用法はすでに紹介した（↓第三章【二】2①脚注）。その他、連体句でも修飾する名詞の内容を表す場合がある（↓第二章【二】2④）。

・とく参りたまはむ〔トイウ〕ことをそそのかしきこゆれど、……〈源氏・桐壺〉

・南殿《なでん》の鬼の、なにがしの大臣おびやかしける〔トイウ〕ためしを思し出でて、……〈源氏・夕顔〉

前者の「む」は勧誘を表すので、「とく参りたまはむ」自体が引用文に相当する。また、後者は「ためし」の内容を「〜ける」という形で、ひとまとまりの説話内容としている。

《形容詞・形容動詞型の助動詞及び打消の助動詞「ず」の連用形…知覚動詞》

紫のゆかりを見て、続きの見**まほしく**（→見まほしと）おぼゆれど、人語らひなどもえせず。〈更級〉

◇（源氏物語の）若紫の一部を見て、続きが見たいと思われるけれど、人に相談などもすることができない。

いとあつしくなりゆき、もの心細げに里がちなるを、いよいよ飽かずあはれなるもの**に**（→あはれなるものなりと）思ほして、……〈源氏・桐壺〉

◇（更衣が）ひどく病気が重くなっていき、何となく心細い様子で里に下がることが多くなることを、（帝は）ますます物足りずいとおしくてたまらないものだ、とお思いになって、……

ましてこの宿りを立たむことさへ、飽か**ず**（→飽かずと）おぼゆ。〈更級〉

◇（遊女との別れが名残り惜しいのに）ましてこの宿を出発することまでもが不満足だと思われる。

5 評価を表す構文

好悪・正邪・優劣・適不適・運不運・都合不都合など、ある事態に対する話し手の価値判断を表す形容詞・形容動詞・副詞を文頭に置いて、それ以下の事柄をその評価の対象として誘導する形式を「評価を表す構文」と呼ぶ。

この構文に用いられる語群は、あくまで話し手のその場のその時の捉え方を

◆連用形に係助詞が付く場合

・「（源氏は）齢《よはひ》のほどよりは、世をまつりごたむにも、をさをさ憚りある**まじう**なむ、見たまふる。……」〈源氏・賢木〉

右のように、知覚内容を表す連用形の下に係助詞が挟まることがある。この場合には、「憚りあるまじとなむ」のように、「終止形＋と」へ書き換えた下に係助詞を置くとよい。

◆評価副詞

・あいにく雨が降り出した。
・ちょうど電車が入ってきた。
・さいわい事故にあわずにすんだ。
・運悪く車が故障した。

「あいにく」は話し手にとって不都合なこと、「ちょうど」はその反対に好都合なこと、「さいわい」は幸運で

示す主観的な評価を表すものである。それゆえ、この語群の持つ文法的性質は、一部の用言のみを修飾せず、下文全体を修飾の対象とするところにある。

《形容詞・形容動詞の連用形＋評価の対象》

「**あやしく**、さまざまに物思ふべかりける身かな。」〈源氏・薄雲〉

◇「奇妙なことにも、あれやこれやと万事に思い悩まなければならなかった境遇だなあ。」

「**あさましう**、犬などもかかる心あるものなりけり。」〈枕・上にさぶらふ御猫は〉

◇「驚いたことには、犬などもこのような感情があるものであったよ。」

「われ、**幸ひに**、君と同宿せり。……」〈今昔・24・一四〉

◇「（今夜悪夢を見たが）私は、幸運にも、（陰陽師である）あなたと同宿している。……」

吹くからに秋の草木のしをるれば**むべ**山風をあらしといふらむ〈古今・秋下・二四九〉

◇吹くと同時に秋の草木がしおれるので、いかにもそのとおり、山から吹きおろす風を草木を荒らす嵐と呼ぶのであろう。

あり、「運悪く」は不運である。このように、下に導かれる事柄に対する話し手の主観的な評価を表す副詞を「評価副詞」と呼ぶ。

◆評価語の文法的性質

状態を表す語群はほぼ動詞を修飾し、程度を表す語群は状態性の語を修飾する。また、陳述副詞（→第二章【二】）は特定の助詞や助動詞と呼応する。これらに対して、上記の評価を表す語群は、下に導く文全体が修飾の対象となるため、右のいずれの語群にも分類できない。

6 挿入の構文

作者や話し手がある事態に対して、感想・批評・解説・推測・補足などを示すために、本来一文となる資格のある節を使って、文脈を分断して挟み込む形式を「挿入の構文」と呼ぶ。挿入される位置は、文末以外ならば文中でも文頭でもかまわない。以下挿入される節を形式によって示そう。

《終止形で終止する形式、および係助詞「ぞ」による強調文の形式》

〃月・花は**さらなり**〃、風のみこそ、人に心は付くめれ。〈徒然・二一〉

◇―月や花はいうまでもないが―風ばっかりは、人に風流心を起こさせるようである。

見せばやな雄島《をじま》の海人《あま》の袖だにも〃濡れに**ぞ**濡れ**し**〃色は変はらず〈千載・恋四・八八六〉

◇（この私の血の涙で染まった袖を）見せたいものだなあ。あの雄島の海人の袖だって、―濡れに濡れたけれど―色さえも変わらないのですから。

《疑問・反語の形式》

その音を聞きて、童《わらは》も嫗《おうな》も、〃いつしかと思へばに**や**あら**む**〃、いたく喜ぶ。〈土佐・一月二十六日〉

◆挿入と文の成分

挿入された節は、その前後と意味上のつながりは保っているものの、文法的な機能の相互関係からは独立しているとみなすことができる。従って、文の成分としては、独立部として処理したい。

・この牛、〃片山に一つの石の穴**あり**〃、その穴に入る。〈今昔・5・三一〉

例えば、右の例では、「片山に…あり」がなければ、意味上「その穴に入る」と続かない。しかし、それでも、形式上は前後といかなる文法的な関係をも持たない独立した一文を成している。

◆結びの省略

・世に語り伝ふる事、〃まことはあいなき**にや**〃、多くはみな嘘言《そらごと》なり。〈徒然・七三〉

・〃いづれの御時に**か**〃、女御・更衣あまた候ひたまひける中に、……〈源氏・桐壺〉

右の文中にある係助詞「や」「か」は、さらに下の文末にかかるわけではない。「あらむ」「ありけむ」など、省略された文末を目指している。このように慣用表現となり、結びを表出しな

◇（帆を上げる）その音を聞いて、子供も老女も、―早く早くと思ったからではないだろうか―、大変喜ぶ。

まいて琴に作りて、さまざまなる音の出で来るなどは、〝をかしなど世の常に言ふべく**やはある**〟、いみじうこそめでたけれ。 〈枕・木の花は〉

◇（桐は）まして琴に作って、種々の音色が出てくることなどは、―風情あるなどと平凡な言葉で表現することができるはずはないが―、非常にすばらしい。

《命令形による放任を表す形式》

〝いづくにも**あれ**〟、しばし旅立ちたるこそ、目覚むる心地すれ。 〈徒然・一五〉

◇―どこでもかまわないが―、ほんのしばらくの間旅に出ていることは、新鮮な感じを催す。

《連体形による接続の形式》

浜名の橋、〝下りし時は黒木を渡したり**し**〟、このたびは、跡だに見えねば、舟にて渡る。 〈更級〉

◇浜名の橋は、―（確か）上総の国へ下った時には丸太を渡してあったのだが―、今度上京する時は、跡形すら見えないので、船で（入江を）渡る。

い場合も多い。

なお、「疑問・反語の形式」の第1例に見る「にやあらむ」は、鎌倉時代になると短縮されて「やらん」となる。

・平家には小松の大臣こそ心も剛《かう》にはかり事もすぐれておはせしか、〝平家の運命が末になる**やらん**〟、去年《こぞ》の八月薨《こう》ぜられぬ。 〈平家・五・福原院宣〉

ここからさらに「ん」が省かれ、現代語の「どこへ行ったやら」の「やら」として残った。

◆放任を表す形式

「命令形による放任表現」には、「さはれ（＝さはあれ）」「さもあらばあれ」「とまれ（＝ともあれ）」「～にまれ（＝にもあれ）」など、補助動詞「あり」の関与する慣用句が多い。

◆同格との関連

「連体形による接続の形式」に挙げた第1例は、「浜名の橋〔の〕、下りし時は黒木を渡したりし〔橋〕〔ヲ〕」のように、「の」を表出しない同格の構文とも理解されよう。接続形式と全く同じ形をとった場合、その区別は困難である。

また、一条院のいまだ位におはしましける時、〃皇后失せたまひける〃、その後、御帳《みちやう》の紐に結ひ付けられたる文あり。〈今昔・24・四一〉

◇また、一条院がまだ帝の位にいらっしゃった時、―皇后がお亡くなりになったのだが―、その後、帳の紐に結び付けられた手紙がある。

《条件句による形式》

鶴は、〃いとこちたきさまなれど〃、鳴く声、雲居まで聞こゆる、いとめでたし。〈枕・鳥は〉

◇鶴は、―ひどく仰々しい姿だけれど―、鳴く声が、雲の上まで聞こえるところが、大変すばらしい。

〃品・かたちこそ生まれつきたらめ〃、心はなどか賢きより賢きにも移さば移らざらん。〈徒然・一〉

◇―身分や容姿は生まれながらに付いたものだろうが―精神は、どうして賢いところからさらに賢い段階へも移そうと思えば、移らないことがあろうか。

《体言〔ナリ〕による形式》

「今はまいて大人になりにたるを、率て下りて、〃わが命も知らず〃、〃京のうちにてさすらへむは例の事〔ナリ〕〃、東の国、田舎人になりてまどはむ、いみじかるべし。」〈更級〉

◆条件句による形式

上掲のとおり、条件句を用いた形式には二種ある。一つは接続助詞によるもの、今一つは「こそ…已然形」の形式によるものである。いずれも、前件と後件とに密接な因果関係が認められず、単なる前提として置かれたものと解されるため、挿入とした。

なお、「こそ…已然形」が本来条件句を構成していたことについては【三】2参照。

◆倒置と挿入

・おのづから事ひろごりて、漏らさせたまはねど、春宮の祖父《おほぢ》大臣《おとど》など、いかなることにかと思し疑ひてなむありける。〈源氏・桐壺〉

右の「漏らさせたまはねど」は、一見挿入のようだが、「漏らさせたまはねど、おのづから事ひろごりて」と因果関係が成立する文の倒置とも解されよう。倒置した結果が挿入と似た形式をもたらしたものである。

◆体言〔ナリ〕による形式

第1例中の「わが命も知らず」は終止形で終止する形式による挿入である。

◇「(お前が) 今はまして大人になってしまっているものを、(常陸の国へ) 連れて行って、—私の寿命も分からないし—、—都の中で落ちぶれて拠り所もなくなるのは世間一般の出来事だから—、関東の国の田舎者になって途方にくれたりするのは、ひどくみじめであるに違いない。」

されど、〝わが得たらむは**ことわり**〔ナリ〕〟、人のもとなるさへ、憎くこそあれ。

〈枕・文ことばなめき人こそ〉

◇ (親しい人に畏まった言葉づかいで手紙を送るのは不適切である。) それはそうだが、—自分が (それを) もらったりする場合は当然であるが—、人の手許にそれがあることまでもが、(想像するだけで) 癪に障ることだ。

7 対偶中止の構文

並立する対句構造をなす時、打消・受身・推量・意志などの表現を後の句に付けるだけで、前の句もその意味として解釈される構造の文を作ることができる。これを「対偶中止の構文」と呼ぶ。対偶する二項の共通因数的要素には、語として表出される場合と、用法のみが機能する場合とがある。以下、その共通因数的要素に注目して整理しよう。

《打消》—並立される前項をa、後項をb、共通因数的要素をcとする—

服《ぶく》いと黒うして、容貌《かたち》などよからねど、かたはに(a) 見苦しから(b) **ぬ** (c) 若人なり。 ↓a c=かたはならず

〈源氏・夕顔〉

また、第2例の「ことわり」は形容動詞の語幹であろう。名詞だけでなくこのような語幹も含めて「体言」としておく。

◆対句構造
対偶中止の構文では対句構造が必要条件となる。「打消」第1例でいえば、「かたはに」と「見苦しから」がそれぞれ形容動詞と形容詞であり、単語同士の対偶となる。だが、第2例では「ナニガナニヲドウスル」という複雑な句が対偶している。

◇（右近は）喪服が非常に黒々として、顔形などはさして美人ではないけれど、欠点がなく、見た目も悪くない若い女である。

かげろふの夕べを待ち（a）、夏の蟬の春秋を知ら（b）**ぬ**（c）もあるぞかし。↓ａｃ＝かげろふの夕べを待たず　〈徒然・七〉

◇カゲロウが夕方を待たずに死んだり、夏の蟬が春や秋という季節を知らないで死んだりする（という短命な）ものもあるのだよ。

《受身・使役》

このをのこ罪し（a）、掠《れう》ぜ（b）**られ**（c）ば、われはいかであれと。↓ａｃ＝罪せられ　〈更級〉

◇この男が罰せられ、懲らしめられたなら、私はどうやって生きていろというのですか。

京の（女）に湯浴《ゆあぶ》し（a）、髪洗は（b）**せ**（c）と、かへすがへすかしづき立てて、……↓ａｃ＝湯浴せさせ　〈今昔・30・四〉

◇都で拾った女に湯浴びをさせたり、髪を洗わせたりと、あれこれ手をかけて磨き立てて、……

《推量・意志》

「聞こえたまはざらむも、いと情けなく（a）、かたじけなかる（b）**べし**（c）。」

◆対偶否定法

共通因数的要素に打消を用いる場合が多く、この構文の代表的な事例であるため、特に「対偶否定法」と呼ばれる。だが、上掲のとおり、様々な表現が共通因数的要素となっていることに注意したい。

◆前項の書き換え

この構文の読解法としては、「↓」に示したように、前項と共通因数的要素とを結び付け、前項は連用形による中止法とする。ただし、連用形を持たない要素は、「推量・意志」の第2例のように、そのまま用いるしかない。また、接続のあり方を考慮する場合も生じる。

・走る獣《けだもの》は、檻にこめ（a）、鎖をささ（b）**れ**（c）、……　〈徒然・一二一〉

右の例では、aの「こめ」にc「れ」は接続できないから、「られ」に換える必要がある。要するに、共通因数的要素は、語形の問題ではなく、あくまで概念や用法として捉えたい。

◆対偶する要素

上記の諸例に見るとおり、語・句・

→ａｃ＝情けなかるべく 〈源氏・絵合〉

◇「(朱雀院にご返事を) 差し上げなさらなかったりするのも、ひどく風情がないに違いないし、畏れ多いに違いない。」

御送りしてとくいなむと思ふに、「大御酒《おほみき》賜ひ(ａ)、禄賜は(ｂ)**む**(ｃ)。」とてつかはさざりけり。→ａｃ＝大御酒賜はむ 〈伊勢・八三〉

◇(右馬《うま》の頭《かみ》は惟喬《これたか》親王を京の御所に) お送りして早く帰ろうと思うのだが、「お酒を下さろう、褒美を下さろう。」と言って、お帰しにならなかったのだった。

《希望・禁止》

け近ううち静まりたる御物語、少しうち乱れて、千年《ちとせ》も見(ａ) 聞か(ｂ)**まほしき**(ｃ) 御ありさまなれば、……→ａｃ＝見まほしく 〈源氏・松風〉

◇内輪のしっとり落ち着いたお話が、少し砕けて、千年も見ていたいし聞いていたいと思う (源氏の) ご様子であるので、……

「われいかにもなりなむ後は、堂塔をも建て(ａ)、孝養《けうやう》をもす(ｂ)**べからず**(ｃ)。」→ａｃ＝堂塔をも建つべからず 〈平家・六・入道死去〉

◇「私がどのようにでもなって (＝死んで) しまった後には、堂塔も建ててはならないし、追善供養もしてはならない。」

節のどのレベルでも並立する二項の構造と質は同じものでなければならない。

・老人は……おだしく正直ならば、あながち人も憎み(ａ)、むつかしから(ｂ)**じ**(ｃ)。 〈雑談集・四・１〉

右の例中のｂは、通常形容詞未然形として読まれている。しかし、ａが動詞であることを考えれば、並立するｂも動詞であることが望ましい。従って、「むつかしがら」と読むのが適当であろう。

◆「見る」と「聞く」

「希望・禁止」の第１例に挙げた「見る」と「聞く」はしばしば対偶する二項として用いられ、特に「見聞かず」の形で否定法となる場合が多い。次の例は「見る」と「聞く」とを逆に並べたものである。

・『すべてかかることを聞き(ａ) 見(ｂ) **ざり**(ｃ) つる。』とぞ申されつる…… 〈栄花・二四〉

《補助語―敬語・あり・す》

また、やむごとなき人の、よろづの人にかしこまられ(a)、かしづかれ(b)**たまふ**(c)、見るもいとうらやまし。↓ac=かしこまられたまひ

〈枕・うらやましげなるもの〉

◇また、高貴な身分の人が、すべての人々から畏まられなさったり、慎み敬われなさることは、(その様子を)見るのもたいそううらやましい。

「女御の、秋に心を寄せたまへりしもあはれに(a)、君の、春の曙に心しめたまへるもことわりに(b)**こそあれ**(c)。……」↓ac=女御の、秋に心を寄せたまへりしもあはれにこそあれ

〈源氏・薄雲〉

◇「(梅壺の)女御が、秋に子生みを寄せていらっしゃったのも感慨深いことであるし、あなた(=紫の上)が、春の明け方の景色に心を奪われていらっしゃるのももっともなことだ。……」

さすがに下種《げす》にもあらねば、人に雇はれ(a)使はれ(b)**もせず**(c)、いとわびしかりけるままに、……↓ac=雇はれもせず

〈大和・一四八〉

◇(男も女も)落ちぶれたといってもさすがに素性の賤しい者ではないので、人に雇われもしないし、使われもしないで、ひどく貧しかったままで、……

《命令表現》

山王大師憐れみを垂れたまひ(a)、三千の衆徒《しゅと》力を**合はせよ**(b)(c)、と

◆**補助語**

上掲のように、共通因数的要素に補助語を置く場合、敬語(特に尊敬語)や補助動詞「あり」「す」が構成に関わる(→第一章【三】②⑤)。

◆**形に現れない要素**

命令表現や準体法は語の持つ用法であるから、共通因数的要素として助動詞などの単語が別の形で現れることはない。例えば、命令表現で言うと、b中の「合はせよ」は下二段動詞の命令形である。だから、cは「合はせよ」から分割して得られるのではなく、命令形という活用形自体が共通因数的要素として機能していると考えたい。

これは準体法も同じである。b中の

なり。→ac＝山王大師憐れみを垂れたまへ　〈平家・七・山門連署〉

◇〈平家の願文は〉「山王大師よ、われわれを憐れみたまえ、三千の比叡山の宗徒よ、力を合わせよ。」と言うのである。

《準体法》

花は盛りに（a）、月は隈《くま》なき（b）（c）をのみ見るものかは。→ac＝花は盛りなる〔花〕　〈徒然・一三七〉

◇桜花は満開の花を、月はかげりのない月をばかり見るものなのか、いや、そうではない。

8　同種格並列の構文

「東京に、原宿に買い物に行った。」のような稚拙とも思える表現は、古典文にしばしば用いられ、むしろこれが通常の方式であった。このように同じ機能を果たす格を複数並べて同一の述部と関係づける文を「同種格並列の構文」と呼ぶ。以下には、並列される項目の代表的な事例を整理して掲げよう。

《～に、～に…広い地点とそこに属する狭い地点》

山崎のあなた**に**、水無瀬《みなせ》といふ所**に**、宮ありけり。　〈伊勢・八二〉

◇山崎のむこうに、水無瀬という所に、離宮があったのだった。

連体形「くまなき」は「くまなき（月）」のように「月」を含み込んだ言い方であるから、aも「花は盛りなる（花）」となることが理解されよう。助詞「を」がcに位置するのではない。連体形の有する準体法という用法自体が共通因数的要素となっているのである。

◆複雑な共通因数部分

・おほかたの世につけてだに、心苦しきことは見（a）聞き（b）**過ぐされぬ**（c）わざにはべるを、……　〈源氏・澪標〉

右の例に見るcの構成は、補助動詞「過ぐさ」＋可能の助動詞「れ」＋打消の助動詞「ぬ」となっている。従って、acは「見過ぐされず」となるはずである。cに複数要素を担わせた珍しい例と言ってよい。

◆並列項のかかり所

第1例を例にとれば、「山崎のあなたに」も「水無瀬といふ所に」も、同じ資格をもって、述部「ありけり」と関係する。このことは、次の例から知られよう。

・北山**に**なむ、なにがし寺といふ所**に**、かしこき行ひ人侍る。〈源氏・若紫〉

愛宕《をたぎ》といふ所**に**、いといかめしうその作法したる〔所〕**に**、おはし着きたる心地、いかばかりかはありけむ。〈源氏・桐壺〉

◇愛宕という所に、きわめて厳粛に葬儀をしている所に、お着きになった（更衣の母の）気持ちは、どれほど悲しかったことだろうか。

《～に、～に…時日とその時候》

またの年の正月《むつき》**に**、梅の花盛り**に**、去年《こぞ》を恋ひていきて、立ちて見、ゐて見、見れど、去年に似るべくもあらず。〈伊勢・四〉

◇（道ならぬ恋に焦がれた女が一年前に失踪したので）翌年の正月に、梅の花盛りの時に、去年（の姿）を恋い慕いながら行って、立っては見、坐っては見、じっと見るけれど、去年と同じであるはずもない。

《～を、～を…事物とその側面》

「この鏡**を**、こなたに映れる影**を**見よ。これ見れば、あはれに悲しきぞ。」〈更級〉

◇「この鏡を、こっちに映っている姿を見ろ。これを見ると、しみじみとして悲しいことだよ。」

《～を、～を…具体的内容とその総称》

公《おほやけ》聞こし召し驚かせたまひて、速やかに将門を召し問はるべき由**を**、宣旨を下されぬ。〈今昔・25・一〉

「北山に」が係助詞「なむ」によって「侍る」にまでかかることは明白である。つまり、「北山になむ侍る」でドコニ—ドウスルという関係を構成しているのである。

◆自然言語的発想

広い地点を先に、狭い地点を後にという秩序は、古くから日本語の発想として定着していた。これはジェスチャーによる伝達方法で用いられる、物事をならべる順序立てと共通し、素朴な自然言語に近いという。

◆主題の並列

格関係ばかりでなく、主題を提示する場合にも、似たような形式をとることがある。

・その男、この亀を見付くるままに、「彼**は**、己《おの》が元の妻《め》の奴の逃げたりし**は**、ここにこそありけれ。」と言ひて、……〈今昔・28・三三〉

これは、同一の者に対して、異なる視点から説明を加えるという方法によったため、同じ主題が並列される結果となった。この形式は、『今昔物語集』に特有の言い方である。

◇（将門の悪行を）帝がお聞きになって驚きなさって、ただちに将門を呼び立てて尋問するがよいという旨を、ご命令をお下しになった。

《～と、～と…長い会話文の分割》

「いかなる者ぞ。」と重ねて問へば、『今は逃ぐとも、逃ぐまじかめり。』と思ひて、「引剝《ひは》ぎにさぶらふ。」**と**、「名をば袴垂《はかまだれ》となむ申しさぶらふ。」**と**答ふれば、……　〈今昔・25・七〉

◇（狙った男が一部の隙も見せず）「どういう者なのだ。」と重ねて問うので、『今は逃れるとしても、結局は逃げきれないだろう。』と思って、「追剝でございます。」と、「名を袴垂と申します。」と答えると、……

9 連体形による接続・提示の構文

連体形単独の主要な用法については、すでに第二章【一】2④で紹介した。ここでは、連体形が連体修飾文節や準体法などを示さず、文中において前提句となり、様々な接続関係を構成する場合及び独立した提示句となる場合を紹介しよう。

《順接的》～ノデ

それに、「言はで思ふぞ」と書かせたまへ**る**、いみじう日頃の絶え間嘆かれつる、みな慰めてうれしきに、……　〈枕・殿などのおはしまさで後〉

◆修辞的並列

『今昔物語集』から材を取って初期の王朝物を書いた芥川龍之介は、この種の構文形式を修辞的な技巧として好んで用いた。

・しかしこの良秀**に**さえ、この何とも云いようのない、横道者の良秀**に**さえ、たった一つ人間らしい、情愛のあるところがございました。〈地獄変〉

・次郎は、殆ど憎悪に近い愛**が**、――今まで知らなかった、不思議な愛**が**燃え立っているのを見たのである。〈偸盗〉

・小娘**は**、恐らくはこれから奉公先へ赴こうとしている小娘**は**、その懐に蔵していた幾顆の蜜柑を窓から投げて、わざわざ踏切まで見送りに来た弟たちの労に報いたのである。〈蜜柑〉

・二人が庭から帰ってくると、照子は夫の机の前に、ぼんやり電灯**を**眺めていた。青い横ばいがたった一つ、笠に這っている電灯**を**。〈秋〉

最後の例は、同種格の並列をさらに倒置として応用した形式である。小説の末尾に置いて、余韻を残す意図が感じられよう。

◇それ（＝山吹の花びらを包んだ手紙）に、「口に出さないで心で思うほうが思いが強い」と（いう古歌を中宮が）お書きになってあるので、たいそう辛くここ数日の途絶えを嘆かないではいられなかったことが、すっかり慰められてうれしいため、……

《逆接的》～ダガ・～ケレド

時々かかる山路《やまぢ》分けおはせし時、いとしるかりし随身《ずいじん》の声も、うちつけに交りて**聞こゆる**、月日の過ぎゆくままに、昔のことかく思ひ忘れぬも、今は何にすべきことぞと、心憂ければ、……　〈源氏・夢浮橋〉

◇（薫大将が）時に応じてこのような山道を分けてお越しになった折、明らかにその人と分かった随行の声も、（今ここにいて）突然耳に入るのだが、（浮舟は）月日が過ぎて行くに従って、昔のことをこうして忘れないことも、今となっては何の役にも立たないはずだと、鬱陶しいので、……

《起因的》～ニヨッテ

涙のこぼるるをかき払ひたまへる御手つき、黒き御数珠《おほんずず》に映えたまへ**る**、故里の女恋しき人々の心、みな慰みにけり。　〈源氏・須磨〉

◇涙のこぼれるのを拭っていらっしゃる（源氏の）お手の様子が、黒い数珠に映えていらっしゃる姿によって、故郷の都に残した女が恋しい男たちの心が、すっかり慰められたのだった。

《偶然的》～シタトコロ

◆会話文の分割

「並列項のかかり所」で、係り結びによって前項が述部と関係することを示した。会話文を分割した場合にも同様の言い方がある。

・しかれば天皇も、「豊前《とよさき》の大君は、除目《ぢもく》をばいかが言ふなる。」**となむ**、天皇に親しく仕まつる人々に、「行きて問へ。」**となむ**仰せられける。
〈今昔・31・二五〉

また、次の例は読みとりにくいが、やはり会話文の分割に準じた心内文の並列と考えてよい。

・いとつめたき頃なれば、さし出でさせたまへる御手のはつかに見ゆるが、いみじうにほひたる薄紅梅なるは、『限りなくめでたし』**と**、見知らぬ里人心地には、『かかる人こそは世におはしましけれ』**と**、おどろかるるまでぞ、まもりまゐらする。
〈枕・宮にはじめて参りたるころ〉

「『限りなくめでたし』と」と「『かかる人こそは世におはしましけれ』と」は対等に述部「まもりまゐらする」と関係する。

御返し参らせて、少しほど経て参りたる、いかがと例よりは慎ましくて、御几帳《みきちやう》にはた隠れて候ふを、「あれは今参りか。」など笑はせたまひて、……

〈枕・殿などのおはしまさで後〉

◇ご返事を差し上げてから、少し日を経て（宮中に）参上したところ、中宮のご機嫌はどうだろうかといつもよりは遠慮されるので、几帳にやはり隠れたままでお控えもうしあげているのを、「あれは新参者か。」などと言ってお笑いになって、……

《前置き的》～ガ

この夕つ方、内裏《うち》よりもろともにまかでたまひける、やがて大殿にも寄らず、二条院にもあらで、ひき別れたまひけるを、……

〈源氏・末摘花〉

◇この夕刻、宮中から（頭中将と源氏は）一緒に退出なさったが、（頭中将は）そのまま大殿にも寄らず、（源氏は）二条院へでもないままで、お別れになったのに、……

《提示》～、ソレハ

人々は返したまひて、惟光の朝臣とのぞきたまへば、ただこの西面にしも持仏据ゑたてまつりて行ふ、尼なりけり。

〈源氏・若紫〉

◇お付きの人々はお返しになって、惟光の朝臣とお覗きになると、ちょうどこの西向きの部屋で持仏をご安置もうしあげてお勤めをする人がいる、それは尼であったのだった。

◆即時を表す連体形

・難陀《なんだ》この天女を見つる、妻のことたちまちに忘れて、……

〈今昔・1・一八〉

右の連体形「つる」は、「～スルトスグニ」の意として下に続く（→第二章【一】2⑤g）。

◆連体形による接続形式と和文体

上記のような連体形による様々な接続を表す形式は、専ら和文脈に用いられる。接続詞や接続助詞を用いないで、非論理的に前後の結び付いたこの言い方は、分析的思考を文章表現に持ち込む以前の素朴な文体の持つ特徴といってよい。

◆提示の発想

「提示」として掲げた例は、ちょうど被写体をカメラで追うように、源氏の目を通して映ったものを順に描写していく方法と考えられる。従って、「ただ～行ふ」から「尼なりけり」へは、文法的な論理関係は存しない。単に情意によって結び付けられただけである。次も同様の例と考えてよいだろう。

・木の葉に埋《うづ》もるるかけ樋《ひ》のしづくな

10　連体止めの構文

疑問詞や係助詞による文構成上の制約が存在しないのに、文末が連体形となって終止する場合を「連体止めの構文」と呼ぶ。「連体止め」は和歌の修辞法ばかりではない。物語の会話文にも多く見られる形式である。それによって作られる文はおおむね次の三つに分けられよう。

《準体法》～コト・モノ・サマ。

あてなるもの。……いみじううつくしきちごの、いちごなど食ひ**たる**〔サマ〕。〈枕・あてなるもの〉

◇上品なもの。……大変かわいい子供が、イチゴなどを食べている姿。

《事情説明》（実ハ）～ノダ。

「芋粥《いもがゆ》にいまだ飽かず。」と仰せらるれば、飽かせたてまつらんとて、率てたてまつりに**たる**〔ナリ〕。」〈宇治拾遺・一八〉

◇「（客人の五位が）芋粥でまだ満腹になったことがない。」とおっしゃるので、満足させてさしあげようと思って、連れて来てさしあげたのだ。

「雀の子を、犬君《いぬき》が逃がし**つる**〔ナリ〕。伏籠《ふせご》のうちに籠めたりつるものを。」〈源氏・若紫〉

らでは、つゆおとなふものなし。閼《あ》伽棚《かだな》に、菊・紅葉など折り散らし**たる**、さすがに住む人のあればなるべし。〈徒然・一一〉

これらの表現は、同格の構文の発想と類似する。

・念仏する僧の暁にぬかづく音の尊く聞こゆれば、戸を押し開けたれば、ほのぼのと明けゆく山際《やまぎは》、こぐらき梢《こずゑ》ども〔ノ〕、霧りわたりて花紅葉の盛りよりも、何となく繁りわたれる〔梢ども〕、空の気色〔ノ〕、曇らはしくをかしき〔気色〕に、ほととぎすさへ、いと近き梢にあまたたび鳴いたり。〈更級〉

例えば、右のように体言と同格の構文とを組み合わせた例では、あたかも目に入ったままの順序に並べ立てた感が強い。提示も、この方式と共通する情意的な配列法であろう。

なお、同じ連体形の用法であるもの、文の成分としては、接続関係を構成すれば接続部となり、提示句を構成すれば、独立部に分類することとしたい。

◇（尼君の問いに対して）「雀のヒナを、犬君が逃がしてしまったのだ。伏せた籠の中に閉じ込めておいたのに。」

《感動文》〜コトヨ。〜ダナア。

み吉野の山の白雪踏み分けて入りにし人のおとづれもせぬ〔カナ〕 〈古今・冬・三二七〉

◇吉野の山の白雪を踏み分けて（山奥へ）入って行ってしまった人が、何の便りもよこさないことだなあ。

11 かかり受け交錯の構文

例えば「傘で顔や胸に殴られ怪我をした。」という文に違和感を覚えるのは、「傘で—殴られ」という関係と「顔や胸に—怪我をした」という関係とが交錯しているからである。順序を正して「傘で殴られ、顔や胸に怪我をした。」とすれば、不自然は解消される。このように、結び付こうとする二者の成分の間に別の関係を構成しようとする成分が介入して起こる交錯が、古典文には決して珍しくない。これを「かかり受け交錯の構文」と呼んでおこう。この形式では、かかる要素と受ける要素との関係を正確に把握したい。

唐土《もろこし》の帝、「aこの国の帝を、bいかでc謀りて、この国をd討ち取らむ。」とて、……a→c／b→d 〈枕・蟻通の明神〉

◆交錯の原理

かかり受けの交錯とは、まず異種成分の介入である。

・桜色に衣は深く染めて着む花の散りなむ後の形見に〈古今・春下・六六〉

右の「桜色に」は、「深く染めて」と意味的にも文法的にも結びつき、その一団が「着む」の修飾部となる。ところが、その間へ主題を表す「衣は」が割り込み、さらに述部「着む」と関係を構成しようとしたため、これらの二組が互いに跨ってかかり受けを構成するという事態を引き起こした。

◆「　」を越える交錯

第2例は、「必ず」が「詣でよ」と関係し、「　」内に収まっているのに対し、陳述副詞「よも」は「じ」と呼応する用法が常であるから、「　」を飛び出して、「あらじ」と関係することになる。現在の言語意識では想定されない事態であるが、古典文ではこのようなことも例外でない。次の例も同様である。

◇中国の皇帝が、「この国の帝をだまして、何とかしてこの国を奪い取ろう。」と思って……

「「a必ず、bよも、あやしうてc詣でよ。」と、御嶽《みたけ》さらにd宣はじ。」　a↓c／b↓d

◇「まさか、「必ず粗末な格好で参詣せよ。」とは御嶽（＝吉野の金峰山）は決しておっしゃるまい。」　〈枕・一一五〉

12　極端さを打ち消す構文

程度表現を作る「いと」「いたく」が下に打消「ず」を伴うと、極端な事態を打ち消す意を表す場合がある。その代表的な形式「いと〜打消」の構成する類型を示そう。

《いと＋形容詞・形容動詞連用形＋は・も・補助動詞「あり」／動詞〈被修飾語〉＋打消》

「**いと**口惜しう**は**あら**ぬ**若人どもなむ侍るめる。」　〈源氏・夕顔〉

◇「（夕顔邸には）それほど醜くはない若い女房たちがいるようです。」

《いと＋形容詞・形容動詞連体形＋体言＋断定「に」＋は・も・補助動詞「あり」＋打消》

・これを思ふに、世の人、……これ皆前生の果報なりとなむ語り伝へたるとや。　〈今昔・22・五〉

「これを思ふに」は「前生の果報なり」までかかるが、「世の人」は引用した内容を跳び越えて「語り伝へたるとや」にかかって行く。

◆技巧的な交錯

・みるめなきわが身をうらと知らねばやかれなで海人《あま》の足たゆく来る　〈古今・恋三・六二三〉

「見る目なき」を掛けた「海松藻《みるめ》なき」は「浦と」にかかる。その間に「わが身を」が介入したのは、「うらと」に「憂」を掛け、「わが身を憂」とつなげたいという修辞的技巧を企図したからである。

・二条の上（＝紫の上）などものどやかにて、（源氏の）旅の御住みかをもおぼつかなからず聞こえ通ひたまひつつ、位を去りたまへる仮の御装ひをも、竹の子の世の憂き節を、時々につけて扱ひきこえたまふに、慰めたまひけむ、……　〈源氏・蓬生〉

右の文は、「旅の御住みかをも」と「位を去りたまへる仮の御装ひをも」、「おぼつかなからず」と「時々につけ

いとやむごとなき際**には**あら**ぬ**が、……　〈源氏・桐壺〉

◇そんなに高貴な身分ではない方で、……

『げに**いと**浅く**は**覚え**ぬ**ことなりけり。……』　〈源氏・竹河〉

◇『（薫自身が大君に対して）なるほどそんなに浅くは思われないことであったのだった。……』

《いと＋かく・さ＋しも＋補助動詞「あり」／動詞〈被修飾語〉＋打消》

いとかく**しも**あら**ざり**し御挑《いど》み心を、……　〈源氏・葵〉

◇それほどこんなにむきだしでもなかった（六条御息所の）御敵愾心《てきがいしん》を、……

《いと＋〔修飾語省略〕＋しも＋補助動詞「あり」／動詞〈被修飾語〉＋打消》

いと〔深く〕**しも**あら**ぬ**御志なれど、……　〈源氏・若菜下〉

◇（柏木と女二の宮との間は）そんなに深くはない御愛情だが、……

て」、「聞こえ通ひたまひつつ」と「扱ひきこえたまふに」、以上の三組がそれぞれ対句構造をなしている。従って、aがcへ、bがdへとかかる関係を構成していると考えて間違いない。作者は交錯を技巧上の作為として利用したのであろう。

◆打ち消して余地の残る場合

打ち消しは、ある事態が成立しないことを表す。それは、「京には見えぬ鳥なれば、みな人見知らず。」〈伊勢・九〉のように全面的な不成立を表す場合ばかりでない。「都の人のゆゆしげなるは、睡《ねぶ》りて、（賀茂の祭りを）いとも見ず。」〈徒然・一三七〉では、打ち消されてもなお成立する余地が残されている。後者のような場合に程度表現「いと」「いたく」などが関わる。

◆本来の意を保つ「いと〜ず」

・泣きたまへる気色、いと尽きせずなまめきたり。〈源氏・須磨〉

極端さを打ち消す構文を作る場合には、「は」「も」「しも」が必須となる。だから、右のように限定を表す助詞がない場合、「いと」は「はなはだ」の意のままのことが多い。

第四章　種々の表現について、その形式を整理する

【二】代表的な表現と、その形式について認識する

本節では、古典語の文の意味を決定する代表的な表現とそれに関わる類型的な形式を整理して紹介しよう。ここでは、形式と意味とを直結する視点に注目してもらいたい。以下に掲げる表現は、話し手の叙述内容に対する捉え方や、話し手が相手に内容を伝達する際の態度を表明するものが中心となっている。また、その配列は、話し手の態度が事柄をめあてとし、相手に直接もちかけられることのない表現から、相手を必要とし、もちかける度合いの高い表現へという順に並べてある。なお、断定表現などのように、形式と意味の両面から特段の解説が必要でないと判断した表現は省略に従った。

1　打消（否定）表現

存在しないことを表す形容詞「なし」は、「あり」と対立する否定概念を表す専用の語である。しかし、古典語ではこの「なし」に汎用性があるわけでない。ある事態を打ち消そうとする場合、多くはその事態を表す語に「ず」「じ」「まじ」「で」などの打消（否定）の機能を含んだ付属語を添える方法をとる。こうして、ある事柄が成立しない、事態の成立を認めないといった消極的な判断を表すことになる。必ずしも元の事態を否定し去って、対極にある概念を積極的に表出しようというわけではない。だから、本書では「否定」よりも実態

◆打消表現の本分

「収入があがらない」という打消が、「収入がさがる」という意味にならないことから分かるとおり、「あがる」と「さがる」と対立する相対的な概念の関係と打消とは異なる。打消は、単に「あがる」という事態の成立・承認を拒否するというだけの機能しか持たず、直ちに対立する「さがる」という事態を導くわけではない。形態面でも意義面でも一方的に「あがる」に依存している。これが打消の本分である。

「否定」は「肯定」の相対概念であり、相互に依存する関係に立つ。つまり、肯定がなければ否定はない。この点、相対概念を必要としない打消とは性質が異なるといえよう。

◆打消の範囲と焦点

・宮（＝朝顔）、煩はしかりしことを思せば、（源氏への）御返りもうちとけて聞こえたまはず。〈源氏・朝顔〉

に近い「打消」を採用する。

a …未然形＋ず・じ・で／…終止形＋まじ ↓第二章【一】2①③参照

b え・さらに・つゆ等…打消 ↓第二章【二】2①参照

c いと・いたく…打消 ↓第二章【二】3b、第三章【四】12参照

d 形容詞・形容動詞・形容動詞型活用の助動詞・断定「なり」の連用形＋あらず・なし

空ものどかに霞み、月の面《おもて》もいとあかうも**あらず**。〈更級〉

◇空もほんのりと霞がかかり、月の表面もそれほど明るくもない。

伝へて聞き、学びて知るは、まことの智に**あらず**。〈徒然・三八〉

◇耳によって得たり、学んで知るのは、本当の智恵ではない。

ふるさとも恋しくも**なし**。〈平家・一〇・海道下〉

◇住み慣れた所も恋しくもない。

e いな・あらず ↓【二】4

右文中の打消「ず」は、「聞こえたまは」だけを打ち消しているのではない。「御返りも…聞こえたまは」全体が打消の範囲となっている（↓第三章【四】12）。

・妙観《めうくわん》が刀はいたく立た**ず**。〈徒然・二二九〉

・限りあれば、朝夕にしもえ見たてまつら**ず**、……〈源氏・夕顔〉

これらの例では、打ち消される対象が全体に及ばない。前者では「いたく」、後者では「朝夕に」だけが焦点としてそれぞれ打ち消され、それ以外は成立する。

◆補助文節「あらず」

上記の矢印で示したとおり、「あらず」は補助文節を構成する（↓第一章【三】2⑤）。これが敬体となって「はべらず」「さうらはず」となることもある。また、dの第2例のような断定表現の場合「ならず」となってもよさそうだが、「にあらず」という補助文節を分出する言い方が通常のようである。

◆補助形容詞「なし」

dの第3例に見る「なし」は、前項

「大伴の大納言は、竜《たつ》の頸《くび》の玉や取りておはしたる。」「**いな**、さも**あらず**。……」

◇「大伴の大納言は、竜の頸の玉を取ってお帰りになったのか。」「いや、そんなこともない。……」〈竹取〉

「夜中に、こはなぞと歩かせたまふ。」と、さかしらがりて外ざまへ来《く》。いと憎くて、「**あらず**。ここもとへ出づるぞ。」とて、……〈源氏・空蟬〉

◇「夜中なのに、これはどうしてうろうろしていらっしゃるのか。」と、（女房が）詮索して外の方へ来る。（小君は）面倒なので、「何でもない。ちょっとこの辺に出るのだ。」と言って、……

② 回想表現

過去に起こった事柄を今から回想して述べる表現である。これは、話し手（書き手）が、自分で経験した事柄や歴史的な事実を忠実に聞き手（読み手）に伝えようとする姿勢を示す場合と、物語や人づての話などを伝承した事実として語ろうとする姿勢を表す場合とに分かれる。古典語では、前者に「き」、後者に「けり」を適用することによって、形式面から明白にその区別を示す。また、「けり」には、目前の事態に今気付いた、あるいはある事実を今思い起こしたなどという時、それらを瞬時に起きた回想として表す用法もある。一般にこれを「詠嘆」と呼ぶことがあるが、適当な用語とはいえない。

の「あらず」と同じく補助文節となる。そのため、この「なし」は補助形容詞と呼ばれる。「年頃下の心こそねんごろに深くも**なかり**しか、……」〈源氏・柏木〉のように、平安時代から見られるが、鎌倉時代以降に発達し、現代語の「ない」へと続く。

◆経験的回想と伝承的回想

上述の通り、話し手（書き手）が過去の事柄を伝達する場合に二つの姿勢がありうる。一つは、事実をニュースとして単に客観的・事務的に「報道する」立場に似た姿勢である。もう一つは、事実を一旦話し手自身に取り込み、消化して再構成したものを、主観的に思い入れながら「物語る」姿勢である。そのニュアンスを現代語に置き換えれば、前者には単なる「〜た」、後者には「〜たのだった」が当てられよう。例えば、単に「〜た」で伝えられるニュース報道などを「〜たのだった」に置き換えてみれば、伝える立場の違いが察知されよう。「〜たのだった」とした途端に、客観報道から離れ、一種の物語と化してしまう。

a

…連用形＋き《経験的回想》

「御方《おほんかた》ははや亡せたまひに**き**。」〈源氏・玉鬘〉

◇「ご主人様（＝夕顔）はとっくにお亡くなりになってしまいました。」

b

…連用形＋けり《伝承的回想》《気付きの回想》

昔、男あり**けり**。人の娘のかしづく、いかでこの男にもの言はむと思ひ**けり**。〈伊勢・四五〉

◇昔、ある男がいたのだった。人の娘で可愛がっている娘が、なんとかしてこの男に言葉を言いかけようと思ったのだった。

翁、今年は五十《いそぢ》ばかりになりけれども、物思ふには、片時になむ老いになりに**ける**と見ゆ。〈竹取〉

◇翁は、今年は五十歳程であったが、あれこれ悩むことで、一瞬のうちに老人になってしまったのだと（使者の目には）映る。

c

…連体形＋なりけり。／…已然形＋ば＋なりけり《気付きの回想》

「かぐや姫てふ大盗人《おほぬすびと》の奴《やつ》が、人を殺さむとする**なりけり**。……」〈竹取〉

◆「けり」と詠嘆

「けり」の詠嘆といわれる用法は、実は「けり」が本質的に有する主観的な思い入れ作用によるもので、それがより鮮明に出た時、詠嘆と受け取られやすい。なぜかと言えば、和歌に多く用いられるからである。感動を詠まない歌はない。歌の表す詠嘆と「けり」の回想作用とは別の次元の問題である。

◆連語助動詞「なりけり」

cに掲げたとおり、文相当の節や接続助詞「ば」でまとまる節を受けて、断定の助動詞「なり」に気付きの回想「けり」が付いて、連語的に用いられる場合がある。これは、その時初めて事情を了解したという時に用いる現代語の「〜の（から）だった」に相当する。

ちなみに、語順が逆になった「けるなり」という言い方もあるにはあるが、平安時代には極めて少ない。なお、南北朝時代の一時期、「けんなる」という形が用いられた。この「けん」は「けり」の連体形「ける」の撥音便形で、「なる」は伝聞の助動詞であった。

・誠やらん、大塔宮都を落ちさせたま

◇「かぐや姫という大悪人の野郎が、私を殺そうというつもりだったのだ。……」

吹く風の色の千種《ちぐさ》に見えつるは秋の木の葉の散れ**ばなりけり**

〈古今・秋下・二九〇〉

◇吹き渡る風の色が色とりどりに見えてしまったのは、秋の木の葉が舞い散るからであったのだよ。

[3] 伝聞表現

他人から聞いた事柄や、内容に確信が持てない事柄について、話し手（書き手）がそれらを聞き手（読み手）に聞き伝えとして述べる表現である。

a　〈他称主格〉…終止形＋なり

また、聞けば、侍従の大納言の御女《おほんむすめ》なくなりたまひぬ**なり**。〈更級〉

◇また、聞くと、侍従の大納言のお嬢様がお亡くなりになってしまったそうだ。

b　〈他称主格〉…終止形＋らむ…／…連用形＋けむ…

柏木、いとをかし。葉守《はもり》の神のいます**らむ**もかしこし。

ひて、熊野の方へ趣かせさうらひけんなる。〈西源院本太平記・巻五〉

◆時制と「き」「けり」

・潮待つとあり**ける**船を知らずして悔しく妹を別れ来にけり

〈万葉・15・三五九四〉

右のように、「けり」は過去に起こって現在まで持続している事態を本来表した。気付きの回想が成立するゆえんである。現在まで連続している事態を表すわけだから、物理的な時間で割り切れるものでない。一方の「き」は、ほぼ昨日よりも以前に起こった事態について用いるという特徴がある。もし時制に関わる説明が必要なら、「き」は過去としても差し支えない。

◆「なり」の識別

活用語に直接「なり」が付き、しかも活用形によって区別できない場合、断定か伝聞推定かを見分ける形態上の特徴については、第二章【一】[2]③d脚注を参照。

◆伝聞を表す「らむ」「けむ」

bの例のように、「らむ」「けむ」が伝聞を表すと解される場合は、連体形

◇柏の木は、たいそう興味深い。木守りの神がいらっしゃるとかいうのも畏れ多い。 〈枕・花の木ならぬは〉

増《ぞう》賀《が》聖《ひじり》の言ひけんやうに、名聞《みやうもん》苦しく、仏の御教へにたがふらんとぞおぼゆる。 〈徒然・一〉

◇増賀上人が言ったとかいうとおり、（僧の羽振りのよいのは）世間的評判を求めて見苦しく、仏の教えにも背いているだろうと思われる。

c

…とかや…

伝聞的内容の文＋とぞ・となむ・とか・とかや・とや。

因幡《いなば》の国に、何の入道とかやいふ者の娘、かたちよしと聞きて、人あまた言ひわたりけれども、…… 〈徒然・四〇〉

◇因幡の国に、何々の入道とかいう者の娘が、顔形が美しいと聞いて、男が数多く結婚の申し込みをし続けたのだったが、……

これ語りける人は、拝みたてまつりけるとぞ。 〈宇治拾遺・八二〉

◇これを語った人は、（地蔵を）拝みもうしあげたと聞いている。

（準体法を含む）に限られる。「らむ」は一般に知られた事柄を伝聞的事実として紹介し、「けむ」は過去の伝説・伝承などを、伝聞的事実として引用する。

◆「とぞ」「となむ」などの省略語

文末に用いる「とぞ」「となむ」「とかや」などは、例えば「〜とぞ聞きし」「〜となむ言ひ伝ふる」「〜とかやいふ」など、元来は係り結びを構成していたものが、その述部を省略して伝聞を表す慣用句として定着した形式である。

くちばみに刺されたる人、かの草をもみて付けぬれば、すなはち癒ゆとなん。〈徒然・九六〉

◇マムシに噛まれた人が、その草を揉んで付けてしまうと必ず、すぐに治るといわれる。

昔の蔵人《くらうど》は、夜など、人のもとにも、ただ青色を着て、雨に濡れても、絞りなどしけるとか。〈枕・日のうらうらと〉

◇昔の蔵人は、夜など人の所に行くのにも、常に青色の袍を着て、雨に濡れても、（また着られるように）絞ったりなどしたとか聞いている。

その人古き典侍《ないしのすけ》なりけるとかや。〈徒然・一七八〉

◇その方は、かつて典侍（として宮中に仕えていたの）だったとかいうことだ。

兵《つはもの》の心ばへはかくぞありける、となむ語り伝へたるとや。〈今昔・25・一二〉

◇武士の性質はこういうものであった、と語り伝えているとかいうことだ。

4 想定表現

ある事柄の実現・成立が確定的な場合、それを過去・現在・未来の時制に応

◆文末の「む」と文中の「む」

助動詞「む」は、未実現・未確定の事柄について推量する用法から意志・勧誘など、種々の用法を派生したとされる。さらに遡れば、本来、その事柄が不確定であるという属性を示す役割を担っていたと考えられる。文末に用いる「む」の用法が様々に分化する一方、文中の「む」は多くの用法を獲得しないままであった。推量・意志・勧誘などというムードは、文末に位置するのがふさわしく、文中に展開しにくかったからであろう。

ただ、古典語には、文中にムード表現を用いているかに見える言い方があっ

じて設定したり、あるいは実現・成立の可能性が考えられる場合、それぞれの時制に応じてその可能性を想定したりする表現である。形式としては、「む」「まし」「らむ」「けむ」の連体形を、連体修飾句や準体句などの従属句の中で用いる。古典語では、ある事柄が現実のものか想定されたものかという区別が大切な判断基準であり、想定される事柄を述べる時には、この形式を必須の要素とした。

a
…《未来に実現・成立することが予測される事実》未然形＋む・まし…
…《現在実現・成立していると推測される事実》終止形＋らむ…
…《過去に実現・成立したと認識される事実》連用形＋けむ…

「これが花の咲かむ折は来むよ。」　〈更級〉
◇「(春になって) この梅の花が咲いたりする時にはやって来ましょうよ。」

なかなか陸奥の国にあらましよりは、よくてありけり。　〈今昔・26・一四〉
◇かえって陸奥の国にいたりするよりは、よい生活であったのだった。

「おぼすらむことは何事ぞ」。　〈竹取〉
◇「(今) お考えになっていたりすることはどんなことだ。」

た。
・とく参りたまはむ〔トイウ〕ことを
　そそのかしきこゆれど、……
　〈源氏・桐壺〉

この「む」はいわゆる勧誘を表すが、「とく参りたまはむ」が文に相当し、引用文として「こと」へ続くため、文末用法の一種と理解される。

◆時制の一致

aに掲げた形式は、文のとる時制に従うのが原則となる。例に見るとおり、文中の時制が未来ならば「む」「まし」、現在ならば「らむ」、過去ならば「けむ」を用いて統一し、齟齬を避ける。

◆想定と仮定

文中で、連体修飾語や準体句を構成する「む」は、広く「想定」を表す。だが、その中で、一定の表現と呼応して用いられると、仮定条件を表すようになる。
・「いたく酔《ゑ》ひなむ、この殿に候ひて、
　酔ひ醒めてこそは罷り出でめ。」
　〈今昔・22・八〉
・うららかに言ひ聞かせたらんは、おとなしく聞こえなまし。
　〈徒然・二三四〉

御せうとの君達《きんだち》、基経《もとつね》の大臣《おとど》・国経《くにつね》の大納言などの、若くおはしけむほどのことなりけむかし。　〈大鏡・陽成院〉

◇（高子の）ご兄弟である貴公子方で、（現在の）基経の大臣・国経の大納言などが、まだ若くていらっしゃったろう頃のことであったのだろうよ。

b

…《存在・成立の可能性が設定される事柄》未然形＋む・まし…

…《一般に存在・成立が想定される事柄》終止形＋らむ…

…《過去に存在・成立したことが思量される事柄》連用形＋けむ…

思はむ子を法師になしたらむこそ、心苦しけれ。　〈枕・思はむ子を〉

◇例えば、大切にしていると思われる子を法師にしていたりしたら、それは気の毒だ。

鸚鵡《あうむ》いとあはれなり。人の言ふらむことをまねぶらむよ。　〈枕・鳥は〉

◇オウムはまったく感動的だ。人間の話していたりする言葉をまねするということだよ。

いみじくわづらひ出でて、遠江《とほたふみ》にかかる。さやの中山越えけむほども覚えず。　〈更級〉

◇ひどく具合が悪くなって、遠江にさしかかる。（歌枕で有名な）さやの中山を越えたと思われる間さえも記憶していない。

前者は「む」単独で用いられているが、意志の「め」を伴い、仮定となる。また、後者は文末の「まし」と呼応して反実仮想を作り、その仮定条件に位置している。

◆想定を表す「まし」

通常反実仮想を表す「まし」も、連体形に想定の用法を持つ。

・かく心細くておはしまさましよりは、内裏住みさせたまひて……　〈源氏・桐壺〉

右は湖月抄本であるが、青表紙本系の他本では「まし」が「む」となっている。

◆婉曲とは異なる用法

上記のとおり、ある事柄が現実には存在しない想像上の物事であることを示す場合に「む」「らむ」「けむ」を必ず用いた。従って、文構成上必須の要件であり、婉曲のように主観によって着脱自在な要素ではない。婉曲は、明確に指定・断定してよいところを意図的に不明瞭な表現をする一種の修辞的な技巧である。文法上必須である想定表現とはまったく異なるといわなければならない。本書では、「めり」の有

5 反実仮想表現

仮定表現と推量表現とを組み合わせた形式で、既定の事実に反する事柄を仮に設定し、その条件によって導かれる結果を推量する。そして、この表現は単に仮定・推量の意味にとどまらない。言表上の仮想とはうらはらに、厳然とした現実を強調するところにその表現意図があるため、往々にして後悔の念や反体に安堵の念を伴うことが多い。

a …未然形＋ましかば・ませば・せば、…未然形＋まし。

やがてかけこも**らましかば**、口惜しから**まし**。〈徒然・三二〉

◇（月を眺めずに）もしそのままずぐに家の中に入り込んだならば、残念なことであったろうに。

ぬばたまの夜渡る月にあら**ませば**家なる妹《いも》に逢ひて来《こ》**まし**を〈万葉・15・三六九三〉

◇もし私が夜空を渡る月であったならば、家にいる妻に逢って来られただろうになあ。

世の中にたえて桜のなかり**せば**春の心はのどけから**まし**

する、直截的断定を避けて遠まわしに意図を伝えようとする用法をこそ「婉曲」としておきたい。

◆「ましか」「ませ」「せ」

「ましか」は「こそ」の結びとしても用いられたため、未然形と已然形が同形である。「ませ」は主に奈良時代に見られた古い形式。また、「せ」は回想の助動詞「き」の未然形といわれる。

〈古今・春上・五三〉

◇この世界に、もしまったく桜がなかったならば、春の気分は（桜の散るのを気にしなくて済むので）のんびりしたものだったろうに。

b

…未然形＋ば（は）、…未然形＋まし・む。
…連用形＋ては、…未然形＋まし・む。

住吉の岸の姫松人なら**ば**幾世か経しと問は**まし**ものを〈古今・雑上・九〇六〉

◇住吉の岸に生える老姫松がもし人間だったならば、何世代経過したのかと質問できただろうになあ。

うぐひすの谷より出づる声なく**は**春来ることをたれか知ら**まし**

〈古今・春上・一四〉

◇鶯が冬の間こもっていた谷から出てさえずる声がもし存在しなかったならば、春が訪れることをいったい誰が知ることができただろうか。

『近き程にまじらひ**ては**、なかなかいと目馴れて、人あなづられなる事どもぞあら**まし**。……』

〈源氏・薄雲〉

◇『（源氏の寵愛する女たちと）もし近い距離でおつき合いをしてしまったなら、かえってひどく見慣れてしまって、（自分は身分が低いので）軽蔑されるような事態がいくつもあっただろうに。……』

◆「ては」の構成

bの形式中にある「ては」の構成については、接続助詞「て」＋「は」なのか、完了の助動詞「て」＋「は」（あるいは「ば」とも）なのか明確でない。特に後者の場合、形容詞連用形に「ては」が付いて仮定条件句を構成することもあるため、完了の助動詞だけで「て」を処理してしまうわけにはいかない。しかし、「〜てしまったなら」と完了的な意味が受け取れる場合があることを考慮すると、すべて接続助詞「て」から構成されていると言い切ることには躊躇される。

◆後件の省略

「ましかば…まし」の形式では、後件「…まし」を省略することがある。その場合、多くは次例のように「よからまし」などが想定される。

・この木なから**ましかば**〔よからまし〕〈徒然・一一〉と覚えしか。

◆挿入文「…ばこそ…め」

・正身《さうじみ》（＝玉鬘）は、〝ただかごとばかりにても、実《まこと》の親の御けはひなら**ばこそ**うれしから**め**〟、〔そうではないのだから〕いかでか知らぬ人の

c …未然形＋ばこそ、…未然形＋め。

「何か。女に物したまは**ばこそ**、同じすぢにて、いまいましくもあら**め**。」〈源氏・柏木〉

◇「いや、構わないよ。（薫が）もし女子でいらっしゃったならば、同じ女である母が尼姿だから、（五十日の祝いも）縁起が悪くもあるだろうがね。」

6 推量表現

確実性に乏しいために断定できない事柄や想像上の事柄について、話し手が推量して述べる表現をいう。一方、単なる想像でなく、ある根拠をもって推量する場合、実現性や妥当性の確度が高いと判断される。これを「推定」という。推量との差は、知覚・知識・道理などに基づく根拠・信証の有無にある。

① 推量表現

a 〈他称主格〉…未然形＋む・むず・じ。《未来の事実についての単なる推量》

「よき男《主格》ぞ出でこ**む**。」とあはするに、……〈伊勢・六三〉

◇「すばらしい男が現われるであろう。」と（夢を）占うと、……

御あたりにはまじらはむ、とおもむけて、苦しげに思したれど、……〈源氏・玉鬘〉

右文中の「…ばこそ…め」は、cに掲げたような反実仮想表現が挿入文（→第三章【四】6）に用いられるようになり、それが定着した形式である。反実仮想から導かれる反転した意図（右の「そうではないのだから」）を順接確定条件として含み込みながら主文脈へと続く。『平家物語』には、ここからさらに「…ばこそ僻事ならめ」という慣用連語化した形式も用いられた。

・「むかひ風に渡らんと言は**ばこそ**僻《ひが》事《こと》なら**め**、（そうではないのだから）順風なるが少し過ぎたればとて、これほどの御大事に、いかで渡らじとは申すぞ。」〈平家・11・逆櫓〉

◆**人称と表現**

述部の動作・状態に対する主格がどんな人称をとるかによって、「む」「むず」「べし」の機能は次のように区分される。

「この月の十五日に、かのもとの国より、迎へに人々まうで来むず。……」

◇「この八月の十五日に、例のもといた国から、私を迎えに人々が参上して来るだろう。……」 〈竹取〉

「身さいはひあらば、この雨は降らじ。」 〈伊勢・一〇七〉

◇「我が身に幸運があるなら、この雨は降らないだろう。」

b

〔他称主格〕…終止形＋らむ。《現在の事実についての推量》

〔他称主格〕…連用形＋けむ。《過去の事実についての推量》

春の花《主格》今は盛りににほふ**らむ** 折りてかざさむ手力《たぢから》もがも 〈万葉・17・三九八七〉

◇春の花が今は盛りに咲き匂っているだろう。その枝を折って髪飾りにしたりする腕力がほしいな。

昔こそ難波《なには》田舎と言はれ**けめ** 今は京《みやこ》引《ひ》き都びにけり 〈万葉・3・三一五〉

◇昔こそは難波が田舎だと言われただろうが、今では遷都して都らしくなってきたことだ。

人称	む・むず	べし
自称	意志	意志
対称	勧誘	命令
他称	推量	推定・当然・適当

◆原因推量「らむ」「けむ」の構文

「らむ」は、「む」と異なり、「未然形＋ば」や接続助詞「とも」などによる仮定条件に応じて用いることが少ない。cの第1例に見るとおり、「已然

c 原因、…事実＋らむ・けむ。《原因・理由についての推量》

吹くからに秋の草木(原因)のしをるれば　むべ山風をあらし(事実)といふらむ

〈古今・秋下・二四九〉

◇吹くと同時に秋の草木が枯れてしまうので、なるほどそれで、山おろしの風を、荒らす風つまり「嵐」と呼んでいるのだろう。

唐土《もろこし》の人は、これをいみじと(理由)思へばこそ、記《しる》しとどめて(事実)世にも伝へけめ。

〈徒然・一八〉

◇中国の人々は、この話を立派だと思うからこそ、書き留めて世間にも広めたのだろう。

d いかに・いかばかり…む・らむ・けむ。《程度の推量》↓第二章【二】2

③

② **推定表現**

a 〔他称主格〕…終止形＋べし・まじ《経験・常識・因果関係による推定》

この戒め(主格)、万事にわたる**べし**。

〈徒然・九二〉

◇この教訓は、すべての物事に通じるに違いない。

形＋ば」などの確定条件とともに用いられる場合が多く、目前の事態が起きた原因・理由を推測する文型を作る。これは、「けむ」も同様で、第2例は推測可能な事柄を原因・理由として提示してあるが、それが不明の場合、次のように疑問詞を用いる。

・やどりせし花橘も枯れなくになどほととぎす声絶えぬ**らむ**

〈古今・夏・一五五〉

・見渡せば山もとかすむ水無瀬《みなせ》川夕べは秋となに思ひ**けむ**

〈新古今・春上・三六〉

さらに、右と同じ文型と見られる疑問詞を表出しない言い方がある。

・春の色の至り至らぬ里はあらじ〔など〕咲ける咲かざる花の見ゆらむ

〈古今・春下・九三〉

・よそにのみ聞かましものを音羽川〔など〕渡るとなしにみなれそめけむ

〈古今・恋五・七四九〉

◆推定を表す「べし」

「さるべき契り（＝そうなるはずの前世からの約束）」という言い方からも知られるように、「べし」は「む」のような想像世界を表すのではない。一般常識・自然法則・因果関係・経験

冬枯れのけしきこそ、秋にはをさをさ劣る**まじけれ**。〈徒然・一九〉

◇冬枯れの風景こそは、秋の風情にそれほど劣らないはずだ。

b

〔他称主格〕…終止形＋めり《視覚情報による推定》

〔他称主格〕…終止形＋なり《聴覚情報による推定》

〔尼が〕《主格》簾《すだれ》少し上げて、花奉る**めり**。〈源氏・若紫〉

◇（覗き見をすると、尼が）簾を少し上げて、花を仏前にお供えしているようである。

雀こそいたく鳴く**なれ**。ありし雀の来るにやあらんと思ひて、出でて見れば、この雀なり。〈宇治拾遺・四八〉

◇雀がひどく鳴いているようだ。かって助けた雀が来ているのではなかろうかと思って、外に出て見ると、当の雀である。

c

…終止形＋らし。根拠を示す文。《眼前の事実による推定》

深山《みやま》にはあられ降る〔推定内容〕**らし**　外山なるまさきのかづら色づきにけり〔根拠となる事実〕

〈古今・大歌所御歌・一〇七七〉

などに基づき、かなりの確信を持ってある事態の成立の可能性を推定する。「めり」「なり」が感覚器官から得た情報をもとに推定するのに対して、これは条理をその根拠とするのである。

◆「めり」と「なり」

「めり」「なり」は、本来現実に見ているもの、聞いていることが視覚や聴覚に入ってきたという事態を、自分には「見える」「聞こえる」と表す言い方であった。

・山かげの暗がりたる所を見れば、蛍はおどろくまで照らす**めり**。〈蜻蛉・天禄二年六月〉

・秋の野に人まつむしの声す**なり**われかと行きていざとぶらはむ〈古今・秋上・二〇二〉

これらの用法から、上の例のように、視覚や聴覚による情報を基に、ある事態の成立を推定する表現となった。

◆「らし」

「らし」は奈良時代に多く用いられ、平安時代以降は歌語として、和歌に見られるだけとなった。cの例に見るとおり、根拠を示す文と推定を表す文との二文構成を作る場合がほとんどであ

◇奥深い山では、すでに冬が訪れて、あられが降っているに違いない。人里近い山にあるまさきの蔓が紅葉してしまったことだ。

この川にもみぢ葉流る〔根拠となる事実〕　奥山の雪消《ゆきげ》の水ぞ今まさるらし〔推定内容〕〈古今・冬・三二〇〉

◇この川に紅葉した葉が流れている。きっと山の奥の（凍りついた紅葉を溶かし出した）雪解けの水が今増えているからに違いない。

7 意志表現

ある行動を起こそうとする話し手の能動的な意志を表す表現である。

a 〔自称主格〕…未然形＋む・じ。／〔自称主格〕…終止形＋べし・まじ。

「春まで命あらば、必ず来**む**。花盛りはまづ告げよ。」〈更級〉

◇「春まで命があったら、必ず来ましょう。花盛りには最初に知らせてください。」

後徳大寺の大臣の、「寝殿に鳶《とび》ゐさせ**じ**。」とて、縄を張られたりけるを、……〈徒然・一〇〉

◇後徳大寺の左大臣が、「寝殿に鳶をとまらせないようにしよう。」と言って、縄をお張りになっていたのを、……

る。また、「らし」は、仮定表現や疑問表現とともに用いられることはない。この点、「めり」「なり」と共通する。想像や疑いと共起しないことから、確実性が高く、断定に近い言い方と判断されよう。

◆動作性動詞と意志表現

意志表現は、大抵人間や動物の意志によって能動的に行う動作を表す動詞に用いるのがふさわしい。従って、物事の状態を表す形容詞や形容動詞はもちろん、「明く」「匂ふ」「もみづ」「澄む」など、自然現象や無意志に基づく作用・推移を表す動詞には使いにくい。

「毎度得失なく、この一矢に定むべしと思へ。」〈徒然・九二〉
◇「毎回、ひたすら当り外れ関係なく、この一矢で決めるつもりだと思え。」

「「ただ今は見るまじ。」とて入りぬ。……」〈枕・頭の中将の〉
◇「「今ここでは（手紙）を見るつもりはありません。」と言って（部屋）に入ってしまった。……」

b

疑問詞…未然形＋む・まし。／…や…未然形＋まし。《ためらいの意志》

たれに見せたれに聞かせむ山里のこの暁もをちかへる音も〈更級〉
◇誰に見せようか、そして誰に聞かせようか、山里のこの明け方のすばらしい景色も、繰り返し鳴くホトトギスの声も。

「これに何を書かまし。……」〈枕・この草子〉
◇「これに何を書こうかしら。……」

しやせまし、せずやあらましと思ふ事は、大様《おほやう》はせぬはよきなり。〈徒然・九八〉
◇したらよいのか、しないでおくのがよいのかと悩むことは、たいていはしないのがよいのである。

8 反語表現

ある事柄に対してあらかじめ持っている結論を話し手（書き手）が述べるために、ひとまず疑問表現を借りることによって、その意図を伝えようとする表現である。疑問表現を借りるとは、自ら有する表現意図とは反対の内容を疑問表現として相手（自問でもよい）に持ちかけることを指す。そして、その応答として期待される結論を要求するという手続きによって、この表現は成立する。迂遠な方法のように見えるが、事柄を直線的に並べるよりも、かえって低回する意思が強調されるという結果をもたらす。

a 陳述副詞（いかで・いかでか・などか・などかは等）を用いる。↓第二章【二】2⑤参照

b …や・やは…連体形。

「我が母の声聞き知らぬ人やある。……」〈今昔・14・八〉

◇「自分の母親の声を聞き分けられない人がいるのか、いやそんな者はいない。……」

さて、春ごとに咲くとて、桜をよろしう思ふ人やはある。

◆疑問表現と反語表現

上記のとおり、反語表現は、疑問表現を借りたものであるから、形式面で疑問表現と重なる。ただ、「や」「か」単独の形式よりは、「やは」「かは」の方が圧倒的に多い。単独でも、「…や…む」の形式では反語となりにくいので注意を要する。↓9

◇（節句の様子を取り上げても珍しくないが、）だからといって、春ごとに咲くからという理由で、桜をたいしたことがないと思う人はいるのか、いやいない。（それと同じで、節句はいつでも風情を感じるものだ。）

〈枕・節は五月にしく月はなし〉

c

疑問詞…か・かは…推量。／疑問詞…か・かは…連体形。

「何ばかりの深きをか見むと言はむ。いささかのことなり。……」〈竹取〉

◇「どれほどの深い志を見ようと言おうか、いやそんなつもりはない。些細なことだ。……」

そののち久しう見えねど、たれかは思ひ出でむ。

〈枕・職の御曹司におはします頃、西の廂にて〉

◇その後（常陸の介は）長いこと現れないが、誰が思い出すだろうか、誰もそんな者を思い出さないだろう。

生きとし生けるもの、いづれか歌を詠まざりける。

〈古今・仮名序〉

◇この世に生きている者はすべて、何者が歌を詠まなかったというのか、いや、誰しも歌を詠んだのだった。

世の中はなにか常なる飛鳥《あすか》川昨日の淵は今日は瀬となる

◇世の中は何が不変であるものか、何も不変であるものはない。飛鳥川で昨日淵であった所が、今日は瀬となるように、変りやすいのが世の中だ。

〈古今・雑下・九三三〉

d …終止形＋やは。／…連体形＋かは。

光源氏ばかりの人は、この世におはしけりやは。〈更級〉

◇光源氏ほどの（すばらしい）人は、この世にいらっしゃったのか、いや、いらっしゃりはしなかった。

隔てなく慣れぬる人も、程経て見るは、恥かしからぬかは。〈徒然・五六〉

◇気を置くことなく慣れ親しんできた人でも、間を置いて会うのは、気恥ずかしくないことがあるのか、いや実際気恥ずかしいものだ。

e …未然形＋む・じ・まし＋や・やは。

「かばかり守る所に、天の人にも負けむや。」〈竹取〉

◇「これほど厳重に守る所なのに、天から来る人にも負けるだろうか、いや、よもや負けはしまい。」

さらぬ顔にもてなしたれど、まさに目とどめじやと、大将《だいしやう》はいとほしく

◆文末の「や」「やは」「か」「かは」

d・eのように常に文末に用いて反語を表す場合、これらの助詞は係り結びに関わらないため、終助詞としておく。↓9

◆反意を表出した反語表現

・「いと興ありけることかな。いかでかは聞くべき。」〈源氏・明石〉

明石の入道からその娘の琴の腕前を聞かされた源氏が、琴の音をぜひ聞きたいと入道にもちかける場面である。本来なら「いかでかは聞かざるべき」とありたいところだが、「聞くべし」という意志がつい前面に出てしまった言い方であろう。反語表現にはこうした事例が時折見られる。

・「注に、『玉棚の奥なつかしや』と侍るは、何とて句になりはべらん。……」〈去来抄〉

これも「なりはべらざらん」とありたいが、「句になる」ことを言いたいために、思わず結論を表出してしまったものであろう。

◆「〜めや」「〜らめや」

・一日《ひとひ》も妹《いも》を忘れて思へや〈万葉・15・三六二六〉

思さる。 〈源氏・若菜上〉

◇（柏木は）何事もない風に振る舞っているけれど、（女三の宮に）確実に目を止めないことがあろうか、いや、その姿を認めたはずだと、大将（＝夕霧）は困ったことだとお思いになる。

昔ながらの心地ならましかば、かからましやはと思ふ心ぞいみじき。 〈蜻蛉・天禄元年十一月〉

◇（兼家が）昔のままの気持ちであったなら、このように機会がありながら訪れないことがあったろうか、いやなかったはずなのに、と思う心がひどく情けない。

f　…連体形＋ものか・ものかは・ことかは。

「人離れたる所に、心とけて寝ぬる**ものか**。……」 〈源氏・夕顔〉

◇「人けのない所で、気を緩めて寝ているやつがあるか。……」

命は人を待つ**ものかは**。 〈徒然・五九〉

◇寿命は人を待ってくれるわけがないではないか。

焚《た》かるる豆殻のはらはらと鳴る音は、「我が心よりする**ことかは**。…」とぞ聞こえける。 〈徒然・六九〉

奈良時代では、「已然形＋や」の形式で疑問表現や反語表現を構成した。已然形単独で「已然形＋ば」と同じ確定条件を表したためである（→第二章【二】2⑥）。とりわけ、助動詞「む」「らむ」の已然形「め」「らめ」＋「や」の形は、『古今集』以降にも歌語として受け継がれ、ほぼ反語専用の表現として用いられた。

・紅《くれなゐ》の初花染めの色深く思ひし心われ忘れ**めや** 〈古今・恋四・七二四〉

・刈りこもの思ひ乱れてわれ恋ふと妹《いも》知る**らめや**人し告げずは 〈古今・恋一・四八五〉

◆「〜なれや」

前項で紹介した「已然形＋や」の一形式に「なれや」がある。

・潮満てば入りぬる磯の草**なれや**見らく少なく恋ふらくの多き 〈万葉・7・一三九五〉

本来この「や」は係助詞として文末と呼応して疑問文を構成し、「〜だから、〜か」という意を表した。これが『古今集』に至ると、「已然形＋や」の形式に限って、「や」に係り結びを構成する機能を消失した事例が見られるようになる（→第五章【二】3②）。

◇焚かれる豆殻がぱらぱらと鳴る音は、「自分の意志ですることであるわけがない。…」と言っているように聞こえたのだった。

g　疑問詞…ぞ。

「物の憑《つ》きたまへるか。」と言ひければ、「なんでふ物の憑くべきぞ。……」

〈宇治拾遺・三八〉

◇「何かが取り憑いて気が変になっていらっしゃるのか。」と言ったところ、「どうして化け物が取り憑くはずがあるのだ、そんなわけはない。……」

9　疑問表現

ある事柄に対する話し手の持つ疑いの気持ちや、その事柄の実現や成立についての答えを相手に要求する気持ちを表す表現をいう。その形式は、疑問詞（いつ・たれ・何・いかに等、不明であることを表す語群）を伴うか否か、また、推量表現とともに用いられるか否か、という視点から分類できる。

①　疑問詞を伴わない形式

a　…や…推量表現。／…や…被補助語＋や＋〔あらむ・ありけむ〕《疑いの表現》

…や…推量以外の連体形。《問いの表現》

だが、文末用法と見られる「なれや」は、『古今集』中二十三首のうちわずか四首にすぎない。これをもって直ちにすべての「なれや」を文末に位置する反語表現と見なすわけにはいかない。少なくとも『古今集』までの「なれや」については、なるべく本来の確定条件に係助詞「や」の接した表現として理解していきたい。

◆「ものか」の用法

「ものか」は、反語からさらに進んで、相手の言動を咎める気持ちを表す。fの第1例も、「〜するとは何事だ」という批難が読み取れる。

◆「疑問詞…ぞ」

本来この形式は、相手に強い語調で詰問する場合に用いられた問いかけの表現であるが、上掲の例のように反語表現へと転用したものである（→9②c）。

◆「疑い」と「問い」

疑いの表現と問いの表現との区別は、推量表現（→6①）が結びにあるかないかによる。原則として推量表現を伴うと「疑い」、伴わないと「問い」

『たばかりたる人もやあらむ。』と下衆《げす》などを疑ひ、「今参りの心知らぬやある。」と問へど、……
〈源氏・蜻蛉〉

◇『だまして娘を連れ出そうと計画した人でもいるのではなかろうか。』と（浮舟の母は）下働きの女などを疑って、「新参者で気心の知れない者はいませんか。」と尋ねるけれど、……

心とどめぬ人は、一夜のうちにさまで変はるさまも見えぬにやあらん。
〈徒然・二四一〉

◇気にかけない人は、（満月の）一晩の間くらいでは、（満月がすぐに欠けるという）そんなに変化する有様も見て取れないのではなかろうか。

世に語り伝ふる事、〃まことはあいなきにや〔あらん〕〃、多くはみな嘘言《そらごと》なり。
〈徒然・七三〉

◇世間で語り伝えている話は、―真実はつまらないからではなかろうか―、多くの場合みな嘘である。

b

…未然形＋む＋や。《疑いの表現》

…終止形＋や。／…連体形＋か。《問いの表現》

このわたりならむやのうかがひにて、急ぎ見えし世々もありしものを。
〈蜻蛉・天禄三年三月〉

と判断される。上記のとおり、疑いは述べられた事柄をめあてとした表現であり、問いは話し相手（自問もある）が必要となるので、作られる文の意味が異なる。この形式に沿っておおむね判別できるが、語用論的に疑いの表現をもって婉曲的に相手に答えを要求する場合に適用することも可能である。

・「まづ、『しほ』といふ文字は、いづれの偏にかはべらん。」と問はれたりけるに、……
〈徒然・一三六〉

◆疑問詞と「や」「か」

「や」は、上に疑問詞を受けることはないが、「～やいかに」のように、述部に疑問詞を置くことはできる。逆に、文中の「か」は、平安時代以降必ず疑問詞を受けて用いられるようになり、「や」と住み分けを行った。疑問詞を受けるか否かという点で言えば、係助詞のうち、「は」「こそ」「なむ」は疑問詞を受けないのに対して、「も」「ぞ」は受けることができる。

◆「…や…推量」の表す意味

文中に用いる「や」が結びに「む」「らむ」「けむ」を伴う形式では、叙述内容の実現・成立に対する話し手の確

◇(はるか離れた火事でも)この近所ではなかろうかと探して、(兼家が)急いで見舞いに来てくれた仲のいい時もあったのにねえ。

「古きひさくの柄《え》ありや。」など言ふを見れば、爪をおふしたり。〈徒然・二三二〉

◇(琵琶法師の語りを聞く聴衆の中にいた男が、失せた琵琶のコマの間に合わせとして)「古い柄杓の柄はないか。」などと言うのを見ると、(琵琶を引くために)爪を伸ばしている。

「子安の貝取りたるか。」と問はせたまふ。〈竹取〉

◇(中納言が使いを送って)「子安貝を取ったか。」と尋ねさせなさる。

② 疑問詞を伴う形式

a 疑問詞…推量表現。《疑いの表現》

疑問詞…推量以外の連体形。《問いの表現》

花に飽かでなに帰るらむ　をみなへし多かる野辺に寝なましものを〈古今・秋上・二三八〉

◇花に十分満足しないままで、どうして帰るのだろう。女郎花が多く咲くこの野に一晩寝てしまったらよかったのになあ。

信の度合いが高くなる。aの第1例でいえば、誰かが娘を連れ出した可能性がかなり高いと母は踏んでいる。そのニュアンスを伝えるため、「〜ではなかろうか」と訳出した。単に「〜だろうか」では、成立するかどうか不明であり、むしろそうならない可能性のほうが多いように受け取れる(だから反語に転用される)ので、適切でない。

このように「や」が推量を伴うと、実現・成立の肯定を意味する。だから、始めから否定を反意として持つ反語表現にこの形式は使いにくい。

◆「あらむ」「ありけむ」の省略

aの第3例のように、補助文節「あらむ」「ありけむ」は、挿入文や文末において省略されることが多い(→第三章【四】6)。

◆文末の「や」「か」

前項に紹介した「やは」「かは」と同様に、文末に置かれる「や」「か」は係り結びを構成しない。そこで文が切れるため、終助詞としたい。

◆疑問詞と文の成分

疑問詞は、以下のように種々の成分

上こそ。この寺にありし源氏の君こそおはしたなれ。など見たまはぬ。　〈源氏・若紫〉

◇尼上様。あの寺にいらっしゃった源氏の君がおいでになったそうよ。どうしてご覧にならないの。

b　疑問詞…か…推量表現。／疑問詞…か…体言・連体形＋に＋か＋〔あらむ・ありけむ〕《疑いの表現》

疑問詞…か…推量以外の連体形。《問いの表現》

徳大寺にもいかなるゆゑか侍りけん。　〈徒然・一〇〉

◇徳大寺殿にも、どのような理由があったのでしょうか。

『なぞの犬の、かく久しう鳴くにかあらむ。』と聞くに、よろづの犬とぶらひ見に行く。　〈枕・上にさぶらふ御猫は〉

◇『いったいどんな犬が、こう長いこと鳴くのであろうか。』と聞いているうちに、（下人が）すべての犬を調べに行く。

「殿は何にかならせたまひたる。」など問ふに、……　〈枕・すさまじきもの〉

◇「殿様は何の官職にお決まりになったのですか。」などと尋ねると、……

として用いられる。

《主部》

・「たがようでたまへるぞ。」と問ふめれば、……　〈源氏・澪標〉

《述部》

・「いづれかいづれ」と問ひたまふに、……　〈源氏・帚木〉

・今日だに（歌を）言ひがたし。ましてのちにはいかならむ。　〈土佐・一月十八日〉

《補充部》

・「大夫はいづこに行きたりつるぞ。」　〈蜻蛉・天禄三年二月〉

《修飾部》

・方弘《まさひろ》は、いみじう人に笑はるるものかな。親などいかに聞くらむ。　〈枕・方弘は〉

《接続部》

・いかなれば、かくおはしますならむ。　〈源氏・葵〉

《独立部》

・「いかに、宗高《むねたか》、あの扇の真中射て、平家に見物せさせよかし。」　〈平家・十一・那須与一〉

・「いづら、はや寝たまへる。」　〈蜻蛉・天禄二年一月〉

c

疑問詞＋そ・ぞ。／疑問詞…体言・連体形＋ぞ。《問いの表現》

「あれは**たそ**。顕証《けそう》に。」と言へば、……　〈枕・大進生昌が家に〉

◇「あれは誰なの。丸見えね。」と言うと、……

草の上に置きたりける露を、「かれは**なにぞ**。」となむ男に問ひける。　〈伊勢・六〉

◇（女は）草の上に置いていた夜露を見て、「あれはなんなの。」と男に尋ねたのだった。

「**いづく**より参りたまひたる**ぞ**。上はおはしますや。」と、いとおどろおどろしく泣く。　〈源氏・玉鬘〉

◇「どこから参詣なさったのですか。上様（＝夕顔）はお元気でいらっしゃいますか。」と言って、（三条は）ひどく大袈裟に泣く。

◆「たそ」に残る上代語の「そ」
上代語の「そ」は、係助詞も終助詞も中古には濁音化して「ぞ」となった。しかし「たそ」の場合だけは清音として残ったのである。その「たそ」は、“Who is that?”を意味する「たそかれ」を経て、名詞「たそがれ」となっても清音のまま残ることになる。

10　感動表現

ある事柄に対する話し手の感動の気持ちを表す表現である。その形式は、感動詞、特殊な文型、種々の付属語の利用などによる。感動詞は、話し手のその場の嘆き・驚き・呼びかけ・応答等を直接言語形式として表出し、特殊な文型や種々の付属語は、叙述内容に対して抱いた話し手の主観的な感動を添えて文を完結する。

a　感動詞、…→第一章【三】2⑥、【四】2⑥参照

b　あな＋形容詞・形容動詞語幹。

かぐや姫は、『**あな**うれし。』と、喜びてゐたり。〈竹取〉

◇かぐや姫は、『ああ、うれしい。』と思って、喜びながら座っている。

人は、「**あな**めづらか。いかなる御心ならむ。」とて泣くもあり。〈蜻蛉・天禄二年五月〉

◇（私の家の前を兼家が通り過ぎるのを見て）侍女らは、「ああ、思いも寄らないことだ。どういうお気持ちなのだろう。」と言って泣く者もある。

c　…連体修飾句＋体言。《体言止め》

朝ぼらけ有り明けの月と見るまでに吉野の里に降れる**白雪**〈古今・冬・三三二〉

◇夜がほんのりと明ける頃、残っている有明の月が光っているかと見えるほどに、吉野の里に降り積もった白雪だなあ。

◆「あな＋形容詞語幹」

bの第1例中の「うれし」は終止形ではない。シク活用の場合、語幹と終止形とが同形となる。

この形式には、「あな憂《う》」「あなかしこ」「あなかま」「あな憎《にく》」などの慣用句となった言い方が多い。「**あな**かひなのわざや」〈竹取〉のように、「あな＋形容詞語幹」が「の」を伴って連体修飾語となる言い方があることからも、その定着度が知られる。

ただ、「あなかま」については、「かまし」という形容詞が想定されるが、この言い方の中にしか存在しない。

また、「あな」の後には形容詞の語幹を用いるのがほとんどで、bの第2例「めづらか」のように形容動詞の語幹が用いられることは少ない。

なお、次の例は、「あな」を伴わず、形容詞語幹のみで感動表現となったものである。

・いづかたに夜はなりぬらむおぼつかな明けぬ限りは秋ぞと思はむ〈後撰・秋下・四四二〉

◆体言止めと喚体句

和歌に用いる体言止めは、一般に感動を詠み込む形式とされる。特にcに

秋風にたなびく雲の絶え間より漏れ出づる月の影の　さやけさ

〈新古今・秋上・四一三〉

◇秋風にたなびく雲の切れ目から、漏れて出て来る月の光の清澄さは、ああ(すばらしい)。

d　連体止め　→第三章【四】10参照

e　…形容詞連用形＋も…体言＋か。／…(も)…連体形＋か。／…体言・連体形＋かな・かも・よ・を。／…体言＋や。

苦しくも降りくる雨かみわの崎狭野《さの》のわたりに家もあらなくに

〈万葉・3・二六七〉

◇辛いことにも、降り出した雨だなあ。みわの崎の狭野のあたりには、(雨宿りをする)家もないことなのに。

飽かなくにまだきも月の隠るるか山の端《は》逃げて入れずもあらなむ

〈古今・雑上・八八四〉

◇見飽きないことなのに、早くも月が隠れることだよ。西の山の端が逃げて入れないでほしいな。

掲げた「…連体修飾句＋体言」という構成の文は「喚体句」と呼ばれ、もっぱら感動を含む表現となる。eの第4例も同じく喚体句であるが、体言の下に終助詞「かも」を添えて感動の気持ちを言表したものである。

◆終助詞「や」「よ」「かし」「な」

終助詞「や」「よ」「な」は、eに掲げた感動表現を作るばかりでなく、種々の表現に添えられ、様々なニュアンスを伴ってさらに相手に持ちかける機能を発揮する。

・「なほ、もて来や。……」―命令表現―〈源氏・夕顔〉

・「いと心憂くつらき人の御さま、見ならひたまふなよ。」―禁止表現―〈源氏・総角〉

・「詠みつべくは、はや言へかし。」―命令表現―〈土佐・一月七日〉

・「まだおどろいたまはじな。いで御目覚ましきこえむ。」―推量表現―〈源氏・若紫〉

・「かぐや姫に住みたまふとな。」―伝聞表現―〈竹取〉

なお、右のような相手めあての用法を示す「な」は、「や」「よ」「かし」などと連接する時、一番下に位置する。

『限りなく遠くも来にける**かな**。』とわびあへるに、……　〈伊勢・九〉

◇『この上なく遠い所にも来てしまったことだなあ。』と互いに途方に暮れていると、……

天の原ふりさけ見れば春日なる三笠の山に出でし月**かも**　〈古今・羇旅・四〇六〉

◇空を遠くふり仰いでみると、（故国日本の）春日にある三笠山に出た月と同じ月だなあ。

「いであな悲し。かくはた思しなりにける**よ**。」　〈源氏・帚木〉

◇「いやはやなんてお気の毒に。（尼になるとは）ここまでまた決心しておしまいになったのねえ。」

つひに行く道とはかねて聞きしかどきのふけふとは思はざりし**を**　〈伊勢・一二五〉

◇誰でもしまいには行く道だとは以前から聞いていたけれど、まさかそのし出の道が昨日や今日に迫っていたとは思わなかったよ。

「あなかひなのわざ**や**。」　〈竹取〉

◇「ああ、甲斐のない（「貝のない」の意をかける）ことだよ。」

終助詞は、事柄めあての機能を持つものから相手めあての機能を持つものへという秩序立った語順で並べられるのである。

◆いわゆる詠嘆の「けり」

助動詞「けり」は、「き」が過去の事件について端的に回想するのに対し、思い入れを込めて回想する用法が本来であった。そこから話し手の内面的な価値体験として受け取る場合に用いるようにもなる。後者を一般に「詠嘆」と短絡するが、それが主な任務ではない。和歌では、低回する情意が刺激され、何がしかの感動を種々の表現を用いて、直截的に表出したり言外に含ませたりする。文型や語法に備わる意義とそこから表出される心情とは区別しなければならない。もし「けり」を用いたとすれば、回想表現をもって言外に詠嘆したというに過ぎない（→【二】2脚注）。

◆感動以外の「か」「や」「な」との区別

「か」「や」「な」は同じ形で感動以外の意味・用法を示すことがある。その識別の基準は次の通り。

f　…文末終止形＋も。／…文末終止形・係り結びの結び＋な・や。

春の野に霞たなびきうら悲しこの夕かげに鶯鳴く**も**〈万葉・19・四三一四〉

◇春の野に霞がたなびいていて、なんとなくもの寂しい。この夕暮れの淡い光の中に鶯が鳴いているなあ。

花の色はうつりにけり**な**いたづらに我が身世にふるながめせしまに〈古今・春下・一一三〉

◇花の色はあせてしまったことだなあ。咲いた甲斐もなくて、長雨が降る中で私が何もしないまま物思いをしながら暮らしていた間に。

かきしぐれたる紅葉の、類《たぐひ》なくぞ見ゆる**や**。〈更級〉

◇降りしきる時雨に濡れた紅葉が、比べようもなく素晴らしく目に映ることだよ。

①文中の「か」「や」→疑問を表す係助詞
②文末の「か」で感動を表す例は、和歌以外にほとんどない。
③文末の動詞終止形＋や→問いを表す終助詞
④文末の動作性活用語＋な→禁止を表す終助詞
⑤未然形＋な→願望を表す終助詞（奈良時代）

g　…連体形＋こと・ものを。

「この月までなりぬる**こと**。」と嘆きて、……〈土佐・二月一日〉

◇「（船路が滞って、都入りが）この月にまでなってしまったことだなあ。」と溜息をついて、……

いづこにも劣らじものを我が宿の世をあきはつる気色**ばかりは** ――「あき」に「秋」と「飽き」とを掛ける。〈更級〉

◇どこにも負けないものなのになあ。我が家の、この世を飽きはてて住む晩秋の景色だけは。

11　願望表現

動作・状態の実現・成立を願い望む表現を一般に「希望表現」というが、特に話し手自身の行為の実現を希望する場合を「願望表現」とし、第三者や不特定の相手、無生物に対しての希望を「希求表現」として区別したい。ここでは動作・状態の主格に立つ人称が自称である場合の願望表現を取り上げ、その形式を示そう。

a〔自称主格〕…ほし・欲す

老いぬればさらぬ別れもありといへばいよいよ見まく**ほしき**君かな　〈古今・雑上・九〇〇〉

◇年老いてしまうと、きまって避けられない別れ（＝死別）もあるというので、ますます会いたいと願うあなただなあ。

年来《ねんらい》の宿望《しゅくばう》を遂げんと**欲する**ほか、他事なし。　〈平家・十一・腰越〉

◆人称と願望表現

人称	表現	形式
自称	願望	11のaからd
他称	希求	12のaからc

◆「ほし」と「欲す」

話し手の欲求の気持ちを表す形容詞「ほし」、及びその心理作用を表す動詞「欲す」は、奈良時代に「ほし」が和歌に用いられたことを除けば、平安時代以降、和漢混交文に主に用いられた言い方であった。

◆「まほし」と「たし」

助動詞「まほし」は、奈良時代に用いられた「まく（＝推量の助動詞「む」の古い未然形「ま」＋接尾語「く」）＋ほし（＝形容詞）」から転じたもので、平安時代に入ってから一般化した。一方の「たし」は、平安末期から確かな例が見出され、鎌倉時代以降盛んに用いられるに至った。なお、現在の助

◇長年の願望を遂げようと願うこと以外、余念がない。

b　〈自称主格〉…未然形＋まほし／…連用形＋たし

人の子産みたるに、男女、とく聞かまほし。　〈枕・とくゆかしきもの〉

◇人が子供を産んだ時に、男か女かを、早く聞きたい。

常に聞きたきは、琵琶・和琴《わごん》。　〈徒然・一六〉

◇常に聞きたいものは、琵琶と和琴だ。

c　〈自称主格〉…未然形＋む・まし。

「まろ《主格》も、大将《だいしやう》にいだかれむ。」　〈源氏・横笛〉

◇「ぼくも、大将にだっこされたい。」

白玉かなにぞと人の問ひしとき露と答へて消えなましものを　〈伊勢・六〉

◇「（あれは）真珠か、何なのか。」とあの人が尋ねた時、「露だよ。」と答えて（その露のようにはかなく）消えてしまったらよかったのになあ（その時死んでしまいたかった）。

動詞「たい」は、この「たし」の連体形「たき」がイ音便化した「たい」から、後に終止形と連体形が同一の形として用いられるようになったものである。

また、「まほし」「たし」は、鎌倉時代に入ると、次の例のように他者への願望を表す用法も見られるようになる。

・少しのことにも先達《せんだつ》はあらまほしきことなり。　〈徒然・五二〉

・家にありたき木は、松・桜。　〈同・一三九〉

◆願望を表す「む」「まし」

自己の行動などをどうあっても実現させようとする気持ちを「意志」という。だが、実現には相手の許可が必要な場合もあるし、条件が備わらなければならない場合もある。それらが得られればそうしたいという配慮をすると、「願望」となる。例えば、cの第1例「いだかれむ」は、相手がそうしてくれるか否かが実現の基準となるため、自己の意志ではなく願望がふさわしい。また、第2例では、反実仮想の「まし」を用いて、実現してほしかったという強い気持ちを後悔の念とともに表そうとしたと解されよう。

d　〔自称主格〕…ばや・てしか（な）・にしか（な）。→第二章【一】2①g、【二】2⑥参照

12　希求表現

第三者や不特定の相手、無生物などの行為や状態の実現・成立を願望する表現である。

a　〔他称主格〕…あれかし。／…形容詞・形容動詞の命令形。

（夕顔の実は）ぬかづきなどいふもののやうにだに**あれかし**。〈枕・草の花は〉

◇（夕顔の実は花の可憐さに比べて不格好だから）せめて酸漿《ほほづき》などという物の大きさであってくれよ。

うかりける人を初瀬《はつせ》の山おろしよ**はげしかれ**とは祈らぬものを〈千載・恋二・七〇八〉

◇つれなかったあの人を、お前のようにさらに激しく薄情になってくれとは、長谷寺のある初瀬山から吹き下ろす風よ、祈っていないのになあ。

b　〔他称主格〕…未然形＋なむ。→第二章【一】2①g参照

◆「まうし」

ある事態の実現・成立を望まない場合、「まほしからず」という形も用いられたが、否定的な願望を表す専用の助動詞「まうし」が平安時代にはあった。

・この君の御童姿《おほんわらはすがた》、いと変へ**まう**く思せど、……〈源氏・桐壺〉

◆「もが」「もがも」「もがな」

「もが」の構成は、係助詞「も」＋願望を表す終助詞「が」とされる。が、その語源については、係助詞「も」＋疑問・感動を表す助詞「か」による感動表現から転じたとする説、「もありてしか」の省略形とする説などがあり、明確でない。「もがも」「もがな」は、この「もが」の下にさらに終助詞「も」「な」が付いたものである。なお、「もが」「もがも」は奈良時代に盛んに用いられたが、平安時代以降「もがな」へと交替した。

◆自己の願望を表す「もがも」「もがな」

「もがも」「もがな」は希求ばかりでなく、自己の願望をも表した。

c　〔他称主格〕…体言・形容詞連用形＋もが・もがも・もがな。

都《みやこ》辺《へ》に行かむ船**もが**刈り薦《こも》の乱れて思ふこと告げやらむ　〈万葉・15・三六六二〉

◇都付近に向かったりする船でもあってくれたらなあ。（そうすれば）私の心が乱れて思う気持ちをあの方に告げてやりたい。

雪の色を奪ひて咲ける梅の花今盛りなり見む人**もがも**　〈万葉・5・八五四〉

◇雪の白い色を奪い取って真っ白に咲いている梅の花が今盛りである。見たりする人がいてくれたらなあ。

世の中にさらぬ別れのなく**もがな**千代もと祈る人の子のため　〈伊勢・八四〉

◇この世の中に死という避けられない別れがなかったらよいのになあ。（親が）千年も生きていてほしいと祈っているその子のために。

13　放任表現

ある事態の実現や成立を成り行きに任せ、相手が自由に解釈し選択するよう突き放したり、また譲歩したりする表現を「放任表現」という。特にaの形式はもっぱら挿入句の構文を構成する（→第三章【四】6）。

・み空行く雲に**もがも**高飛ぶ鳥に**もがも**　〈万葉・4・五三七〉

・男も女も、いかでとく京へ**もがな**と思ふ心あれば、……　〈土佐・一月十一日〉

前者は断定の助動詞「なり」の連用形「に」に、後者は格助詞「へ」にそれぞれ付いた例である。接続の面から見ると、この他に助詞「を」「つつ」、用言の連用形、副詞に付くなど、多様である。しかし、いずれも直接助詞に付いたものではなく、その上にある語句全体を願望の対象としている。

a　…形容詞・形容動詞の連用形＋もあれ、／体言（準体法を含む）＋断定の助動詞「に」＋もあれ（まれ）、

〝あしく**もあれ**、よく**もあれ**〟、さもと人に見え聞こえにし人、忘られたるばかりはいみじきことなむ、なかりける。〈宇津保・蔵開上〉

◇―（こちらが）悪いにせよ、いいにせよ―これはと人に見られたり聞かれたり（親密に）した女が、忘られているくらいひどく情けないことは、なかったのだった。

〝いづくに**もあれ**〟、しばし旅立ちたるこそ、目さむる心地すれ。〈徒然・一五〉

◇―どこでもかまわない―少しの間家を離れていることは、新鮮な気持ちがする。

b　…未然形＋ば＋命令形、

「今は西海の波の底に**沈まば沈め**、山野にかばねを**晒《さら》さば晒せ**、浮き世に思ひ置くこと候はず。」〈平家・七・忠度都落〉

◇「（俊成に詠草を託した）今ではもう西海の波の底に沈むのなら沈むがよい、あるいは山野に屍を晒すのなら晒すがよい、どうなってもかまわない。つまらぬ現世に思い残すことはございません。」

◆放任表現の形式

放任表現には、補助動詞「あり」が深く関与する。上掲以外にも以下のような形式が認められる。

①　…まれ、…まれ、

・「人に**まれ**、鬼に**まれ**、……」〈源氏・蜻蛉〉

・と**まれ**、かう**まれ**、とくやりてむ。〈土佐・二月十六日〉

②　さはれ・さもあれ

・**さはれ**、このついでにも死なばや、と思す。〈源氏・柏木〉

・「**さもあれ**、ただ走り出でて舞ひてん。」〈宇治拾遺・三〉

14 勧誘表現・命令表現

話し手の志向する行為を相手にも要求する場合や、話し手は局外に置いて相手に行為の実行を要求する表現を「勧誘表現」と呼ぶ。また、相手に対して、その行為や状態の実現・成立を直接求める表現を「命令表現」とする。後者には命令形という活用形が備わっているが、前者の表現には専用の形式がない。推量の助動詞「む」「むず」「べし」、反語を表す「やは」など、他の表現に用いる形式を転用する。

① 勧誘表現

a 〔自称の動作〕…未然形＋む。／いざ…〔自称の動作〕…未然形＋む。

「もろともに見**む**よ。」〈源氏・葵〉

◇「（葵祭りを）一緒に見ようね。」

「**いざ**、ただこのわたりに近き所に心安くて明かさ**む**。」〈源氏・夕顔〉

◇「さあ、構わないからこの辺に近い所で（一緒に）安心して夜を明かそう。」

b 〔対称の動作〕…未然形＋む。

◆「いざ」による勧誘

意志を表す助動詞「む」を相手も含む動作に適用して、相手を引き込むように意図したものが勧誘である。「いざ」はその典型的な副詞であり、「いざ〜む」の他にも「いざたまへ」「いざさせたまへ」「いざかし」といった慣用連語を生んだ。

「今さらに何かは御殿籠《おほとのごも》る。起きさせたまはむ。」〈栄花・二〉

◇「(夜が明けたのに) いまさらどうして寝ていらっしゃるのか。お起きになったらどうですか。」

c

〔対称の動作〕…こそ、…未然形＋め・むずれ。

「そがわろきぞかし。第一の人に、また一に思はれむとこそ思はめ。」〈枕・御かたがた〉

◇「それがよくないのだよ。第一級の人に、またこの人は優れていると思ってもらおうと考えたらどうでしょう。」

「同じくは御手《おんて》にかけまゐらせて、後の御孝養《おんけうやう》をこそよくよくせさせたまはんずれ。」〈保元・中〉

◇「同じことなら、ご自身の手におかけもうしあげて、後世のご供養をねんごろになさったらどうでしょう。」

d

〔対称主格〕…連用形＋てむや・なむや・なむかし。

「かのありし中納言の子は得させてむや。」〈源氏・帚木〉

◇「例のかつての (故) 中納言の子はもらえないだろうか。」

◆「…こそ…め・むずれ」の形式

この形式に用いられる「む」「むず」は、勧誘から相手への働きかけをより強く持つ適当や婉曲な命令を表すように転じたものと思われる。

◆「てむや」「なむや」

この形式に共通する「〜むや」は、本来疑問表現である。

・「こなたへまかでむや。」と〈源氏が夕霧に〉宣ひて、……〈源氏・若菜上〉

それが例えば、右のように「〜たら

「忍びては参りたまひ**なむや**。」〈源氏・桐壺〉

◇「（若君のために）人目に立たないようにして宮中へ参上してくださらないだろうか。」

「山風吹くとも、またも必ず立ち寄らせたまひ**なむかし**。」〈源氏・夢浮橋〉

◇嵐が吹き荒れるとしても、再び必ずお立ち寄り下さるでしょうね（お立ち寄り下さいよ）。

e

〔対称主格〕…終止形＋べきなり。

「冬は湯《ゆ》漬《づ》け、夏は水漬けにて、物を召す**べきなり**。」〈宇治拾遺・九四〉

◇（太らないように）冬はお湯漬け、夏は水漬けで、ご飯を召し上がることですね。

f

〔対称主格〕…やは…ぬ。

「さらば、その心安からむ所に消息したまへ。みづから**やは**かしこに出でたまは**ぬ**。……」〈源氏・東屋〉

◇「それでは、その安心だと思われる場所（＝浮舟の隠れ家）に連絡してください。あなた自身はそちらへお出向いてくださらないのか（ぜひ出向いてください）。……」

どうだろうか」という勧誘を表すようになった。「てむや」は、さらに相手への依頼を表す言い方として固定化する。一方の「なむや」は、その意味が勧誘・依頼・要求へと多様化した。上掲の二例とも話し手が利益を受ける場合と考えられるため、相手の行為の実現を要求する気持ちが受け取れよう。

◆「べきなり」

当然・適当を表す「べし」が対称の動作に用いられると、上記のように勧誘を表すようになる。特に「べきなり」の形は当為の判断を断定的に示すことによって、相手の自発的行動に訴えかけるようになった言い方である。

② 命令表現

a …活用語の命令形。→第二章【一】2⑥参照

b …動詞の連用形＋て。

蛍の飛びありきけるを、「かれとらへて。」とこの童《わらは》に宣はせければ、……〈大和・四〇〉

◇蛍が飛びまわっているのを見て、「あれを捕まえて（くれ）。」とこの童に御命じになったところ、……

15 禁止表現

話し相手にその行為を実現・遂行しないように制御したり要求したりする表現である。

a …終止形＋な。→第二章【一】2③h参照

b な…そ。／…連用形＋そ。→第二章【一】2②j・【二】2②a参照

c ゆめ・ゆめゆめ…な。→第二章【二】2②b参照

d …連体形＋こと＋なかれ。

◆命令形と希求表現

古典語では、尊敬語にも命令形を用いることができた。命令形には、上位者が下位者の行動を制御するという関係意識は存在しなかったらしい。

・「さらば、かの人の御子になりておはしませよ。」〈源氏・若紫〉

また、すでに実現が期待されない行為に対して命令形を用いると、要するにないものねだりとなるため、希求の気持ちが表されることになる。

・「故大臣《おとど》の今しばしだにものしたまへかし。……」〈源氏・少女〉

さらに、無意志動詞の命令形は、初めから能動性が認められないのだから、事態の推移を希求する表現と考えてよい。

・春風は花のあたりをよぎて吹け〈古今・春下・八五〉

なお、形容詞の命令形については12aを参照。

「初心の人二つの矢を持つ**ことなかれ**。……」
◇「(弓の) 初心者は二本の矢を持って (的に向かって) はならない。……」〈徒然・九二〉

e …終止形＋べからず・べきにあらず・まじきなり。

「(碁は) 勝たんと打つ**べからず**、負けじと打つべきなり。……」〈徒然・一一〇〉
◇「(碁は) 勝とうと思って打ってはならない。負けないようにしようと思って打つのがよいのだ。……」

「すべて行幸《ぎやうがう》は思しかけたまふ**べきにあらず**。御物怪《おほんもののけ》いといと恐ろし。……」〈栄花・一〇〉
◇「絶対お出ましはお考えにお入れになってはなりません。物怪がひどく怖い。……」

人は、ただ無常の身にせまりぬることを心にひしとかけて、つかのまも忘る**まじきなり**。〈徒然・四九〉
◇人は、ひたすら死が自身に迫ってくることを心にしっかりと持って、瞬時の間も忘れてはならないのだ。

◆「べからず」「べきにあらず」「まじきなり」

これらは、本来不適当を表す形式である。そこから、何らかの判断基準に基づく道理に訴えることによって、相手の行為を押し止める意図を表す慣用連語となる。なお、鎌倉時代以降、次例のように「まじきなり」は「まじきぞ」へと移行した。

・この僧、縄を引きて、「死ぬ**まじきぞ**。あるべからず。」と制したまひければ、思ひとどまりぬ。〈沙石集・2・四〉

◆禁止表現の形式と意味

形式	予防的	阻止的
終止形＋な	○	×
な…そ	○	○
ゆめ・ゆめゆめ	○	×
ことなかれ	○	○
べからず等	○	○

「予防的」「阻止的」については、第二章【二】2②・j脚注参照。

【二】慣用連語が構成する表現について学ぶ

一定の連語形式に一定の意味が連合し、慣用的表現として用いられるものを「慣用連語」と呼ぶ。本節では、古典作品中にしばしば見られるものの、単なる品詞分解とその集積からは得られない意味を表すため、読解上特に注意を要する形式を紹介しよう。

1　…こそあれ・…だにあり・…だにあるに（を）

「…こそあれ」以下の形式を前提として示すことで後項への評価を対照的に際立たせる構文形式の一種であり、前項への評価語を言表せず、補助動詞「あり」のみに託して示す。この「あり」が接するはずの被補助語の表す概念は、「こそ」や「だに」によって対比または類比されることになる後項の評価から逆に類推するしかない。

a　…主部＋こそ〔被補助語〕＋あれ、…《対比》

今**こそあれ**我も昔は男山さかゆく時もありこしものを　―被補助語は「さかゆかず」
〈古今・雑上・八八九〉

◇今でこそ落ちぶれてはいるけれど、私も昔は栄えていた時代もあったのに

◆補助動詞「あり」の単独用法

「…こそあれ」「…だにあり」「…だにあるを（に）」に用いられる「あり」は補助動詞である。さらに、2～6に掲出した慣用連語中の「あり」も同様で、それぞれ適当な形容詞や形容動詞を被補助語として想定する必要がある。1の形式では、「こそ」が対比的な文、「だに」が類比的な文を構成するため、その意味的傾向から推測したい。

・「かの須磨は、昔**こそ**人の住処《すみか》などもありけれ、今はいと里離れ心すごくて、海士《あま》の家だにまれになむ。」〈源氏・須磨〉

・取り食《ば》みといふもの、男などのせむだにいとうたてあるを、御前《おまへ》には、女ぞ出でて取りける。〈枕・なほめでたきこと〉

なあ。

「心細き御有様の、常にしもとぶらひきこえねど、近き頼み侍りつるほど**こそあれ**、いとあはれにうしろめたくなむ。」—被補助語は「うしろめたからず」〈源氏・蓬生〉

◇「（あなたの）心細いお暮らしぶりが、始終お尋ねもうしあげるわけではないけれど、近くの頼りがあった間は安心でございましたが、（私が筑紫へ下るとなると）ひどく気の毒で気がかりでしてね。」

b　…主部＋だに＋〔被補助語〕＋あり・あるに（を）、…《類比》

姫君は、年ごろ聞こえわたりたまふ御心ばへの世の人にも似ぬを、『なのめならむにて**だにあり**、ましてかうしもいかで。』と御心とまりけり。—被補助語は「心とまりて」〈源氏・葵〉

◇（朝顔の）姫君は、数年来手紙を差し上げ続けてくださる（源氏の）お心遣いが世間の男と異なって熱心なので、『並みの容姿の男だって（こう熱心なら）ほだされるのだから、まして、こんなにも美しいのではどうして（夢中にならないでいられよう）。』と気を引かれなさった。

「捨てられたてまつる**だにあるに**、座敷をさへ下げらるることの心憂さよ。……」—被補助語は「心憂く」〈平家・一・祇王〉

例えば、右の「こそ」を用いた文では、後項「今は…まれになむ」と逆の内容が前項「昔こそ…ありけれ」に示される。また、「だに」では、前項に示された「うたてある」という評価よりも、後項にはさらに程度が増し、「女ぞ出でて取りける」という文意になる。このような傾向に沿って、「あり」の被補助語を類推するのである。無論、後項そのものを明示しない場合もあるから、bの第3例のように適宜文脈から判断することになろう。

◆「…だにこそあるを」

・（葵祭りに用いた花が）おのれと枯るる**だにこそあるを**、名残りなくいかが取り捨つべき。〈徒然・一三八〉

右の「あるを」には、「取り捨てがたく」などが想定される。ところが、それは反語表現「いかが取り捨つべき」の表す反意と同じ内容となってしまう。そうすると、類比の形式「だにあるを」を用いるのが適切であったはずである。兼好がここへ「だにこそあるを」と「こそ」を挟んでしまったのは、たぶん「…こそあれ」との混交を起こしたものと思われる。

◇（清盛から）捨てられもうしあげることだって辛いのに、（呼び出された上、今までより）座敷をまでも下げられることの辛いことよ。……」

雪とのみ降る**だにあるを**桜花いかに散れとか風の吹くらむ　―被補助語は「惜しく」　〈古今・春下・八六〉

◇ただもう雪だと降るばかりでも惜しいと思うのに、（このうえ）桜花がどのように散れといって風が吹いているのだろうか。

[2] …ばこそあらめ

反実仮想表現「…ばこそ…め」の後件中にある判断部分を補助動詞「あり」のみに委ね、被補助語を略した形式である。想定される被補助語には、おおむか良いか悪いかの判断を表す語を文意から推測する。

過ぎにし方の忘られ**ればこそ**は**あらめ**、なほ紛るる折なく、物のみ恋しくおぼゆれば、……　―被補助語は「よろしくあらめ」　〈源氏・宿木〉

◇過ぎてしまった昔が忘れられるのならばよいだろうが、依然として気の紛れる時がなく（大君のことが）何かと懐かしく思い出されるばかりなので、……

『まことなら**ばこそあらめ**、おのづから聞き直したまひてむ』と笑ひてあるに、……　―被補助語は「わろくあらめ」　〈枕・頭中将の〉

◆…ばこそ…め

「…ばこそ…め」による反実仮想の表現については、【二】[5]c参照。

◆「…ばこそあらめ」の訳出

反実仮想の表現は、一般に反事実を設定する前件とそれに基づく仮想を行う後件とで構成される。その意味上の対応は、望ましい反事実が設定されると好意を表す感情が仮想され、反対に、望ましくない反事実には嫌悪の感情が対応するようである。この傾向に従うと、「あらめ」に想定される被補助語も同断で、反事実に設定される内容によって好悪の感情を表す語を組み合わせるのが、第一段階となる。そこからさらに反実仮想であるから、「〜でなかったら（〜でないから）〜だろう」という反転する意図を表出するため、訳出には、以下の二つのタイプを適用するとよい。

A…だったらいいだろうが、…でなかったら（または、…でないので）どうしようもないだろう（＝具合悪いだろう）。―望ましい反事実―

B…だったら具合悪いだろうが、…でなかったら（または、…でないので）かまわないだろう（＝さしつかえな

◇（私に関する噂が）事実であったなら具合悪いだろうが、（嘘だから、頭中将も）自然と誤解を解いてくださるだろうと笑って済ませていると、……

[3] …てありなむ／…ともありなむ

[1]・[2]に紹介した慣用連語に用いられた補助動詞「あり」と同様に、この形式においても、適当な被補助語を想定する。だが、この形式では、その被補助語の意味がほぼ固定化しているため、「よろしく」などによれば理解できる。

知らぬ道のうらやましく覚えば、「あなうらやまし。などか習はざりけん。」と言ひ**てありなん**。—被補助語は「よろしく」〈徒然・一六七〉

◇自分の知らない専門の道がうらやましいと感じられたら、「ああうらやましい。どうして習わなかったのだろうか。」と言っているのがよかろう。

さるべきゆゑありとも、法師は人にうとく**てありなん**。—被補助語は「よろしく」〈徒然・七六〉

◇それ相応の理由があるとしても、法師は人と疎遠でいて構わないであろう。

八重桜は異様《ことやう》の物なり。いとこちたくねぢけたり。植ゑず**ともありなん**。—被補助語は「よろしく」〈徒然・一三九〉

◇八重桜は尋常でないものである。ひどくごてごてしてひねくれている。植

いだろう）。—望ましくない反事実

◆反語表現「…ばこそ」

「…ばこそあらめ」は、「あらめ」を省略してもなお、「〜でなかったら（〜でないから）、〜だろう」という反意を保っていた時期があった。

・「世の中に侍らむかぎり、誰を誰と思ひはべるべき身ならばこそ。」〈栄花・二十五〉

右は、「〔わろく〕あらめ」などが省略され、しかも「そうでないからかまわないだろう」という反意が読み取れる。ここから鎌倉時代以降、「情けは人のためにもあらばこそ。」〈義経記・六〉のように、「ばこそ」で強い打ち消しを表す言い方を生んだ。→[11]

◆「…でありなむ」

「…てありなむ」の「て」は、打消を含む「で」によっても同様の表現を構成した。

・家にても宮仕へ所にても、『会は**で**〔よろしく〕**ありなむ**。』と思ふ人の来たるに、そら寝をしたるを、わがもとにある者、起こしに寄り来て、いぎたなしと思ひ顔に引き揺るがしたる、いとにくし。

えなくても差し支えないであろう。

4 あらず／あらぬ

「あらず」は、問いかけなどに対する否定を表す応答詞として用いられる。当否の判断を表す「さにはあらず」「さもあらず」と同趣の用法と考えられるため、この「あらず」は、被補助語「さには」「さも」を省略して成立した言い方であろう。同様に、「あらぬ」は「さあらぬ」を原型とした。そこから「さ」を省略して連体詞のように用いられるようになった慣用連語である。修飾する体言によって、表す意味に一定の傾向が認められる。

「何事ぞ、生昌《なりまさ》がいみじう怖《お》ぢつる。」と問はせたまふ。「**あらず**。車の入りはべらざりつること、言ひはべりつる。」と申して下りたり。

〈枕・大進生昌が家に〉

◇「どうしたのだ、生昌がひどく恐れていたのは。」と（中宮が）お尋ねになる。「いいえ、何でもありません。車が（生昌の家の門に）入りませんでしたことを、言っていたのでございます。」と申し上げて局へ下った。

「いかに。」と人々聞こゆれば、「**あらず**。」と言ひ紛らはしたまへり。

〈栄花・五〉

◇「どうなさったのですか。」と女房たちが申し上げると、（母北の方は）「い

〈枕・にくきもの〉

◆類似の表現「あへなむ」

「てありなむ」などは、話し手の主観に基づく勝手な容認を表す。それに対して、類似した表現「あへなむ」は、ある基準や規則に照らして許容されることを表すようである。

・幼くおはしける男君・女君達・慕ひ泣きておはしければ、「小さきは**あへなむ**。」と、公《おほやけ》も許させたまひしぞかし。

〈大鏡・時平〉

◆当否の判断を表す「あらず」

・「翁まろ。」と言へど、聞きも入れず。「それ。」とも言ひ、「**あらず**。」とも、口ぐちに申せば、……

〈枕・上にさぶらふ御猫は〉

ひどく殴られたため元の犬かどうか分からない。それを肯定した「それ」に対する「あらず」はまさに「さにはあらず」という否定の判断を表す。上掲の例は、このように本来「さ」によって指示される内容に対する当否の判断を行なっていた言い方から、「あらず」の一人歩きによって、指示語による束縛を受けずに広く否定の応答を表すようになったものである。

いえ、何でもない。」と言ってごまかしていらっしゃる。

『物に襲はるるか。』と、せめて見開けたまへれば、**あらぬ**人なりけり。〈源氏・若菜下〉

◇『化け物に襲われるのか。』と思って、しいて目をお開けになったところ、違う人であったのだった。

われにもあらず、**あらぬ**世によみがへりたるやうに、しばしは覚えたまふ。〈源氏・夕顔〉

◇茫然自失として、別の世界で意識を回復したように、しばらくは感じていらっしゃる。

今日はその事をなさんと思へど、**あらぬ**急ぎまづ出で来て、紛れ暮らし、〈徒然・一八九〉

◇今日はその仕事をしようと思うけれど、予想外の急用ができて、それに紛れて日をつぶし、……

……

5 …は…こそあれ／…こそ…はあれ

主題を「は」または「こそ」で提示し、その説明として「…こそあれ／…はあれ」を導く。述部内の「あれ」は補助動詞であり、「…〔に〕こそあれ／…

◆「あらぬ」の表す意味

「さあらぬ」を原型とする「あらぬ」の意味を考えるためには、想定される「さ」の指示内容を探らねばならない。だが、第3例の「あらぬ人」を「さあらぬ人」としてみると、その「さ」は「人」になってしまう。こうして個別に解釈を施すことも可能であろうが、そこから共通する語義を抽出する方法もある。現実の解釈としてはそちらの方が便利だ。「あらぬ」の修飾する体言によって、以下のような意味の傾向を捉えたい。

人・顔・姿・所・方・世などを修飾する場合→別の・違う・無関係な

様・けはひ・筋などを修飾する場合→意外な・異常な

◆「に」脱け

上記の構文形式と全く同じ構造で、しかも「に」が表出された例が見られる。

・「女**こそ**罪深うおはするものに**はあれ**。……」〈源氏・浮舟―湖月抄本―〉

〔に〕はあれ」のように、断定の助動詞「なり」の連用形「に」を想定して解したい。要するに、「何は何だ」という判断文で、述部内に「こそ」や「は」が介入することによって強調されたものと理解されよう。

かしこきものは、乳母《めのと》の男**こそあれ**。↓かしこきものは、乳母の男〔に〕こそあれ。

◇何と言っても大したものは、乳母の夫である。　〈枕・かしこきものは〉

男**こそ**、なほいとありがたくあやしき心地したるもの**はあれ**。↓男こそ、なほいとありがたくあやしき心地したるもの〔に〕はあれ。　〈枕・男こそ〉

◇男というものこそ、やはりとても類もなく不思議な心を持っているものではある。

6 さるは

指示語ラ変動詞「さり」の連体形「さる」＋係助詞「は」という構成による慣用連語である。読解しにくく、しかも訳語が当てにくい。「さるは」は、直下に補足説明を導くことが多いため、それを手がかりにしてみる。前述の内容に対して、話し手がどのような姿勢で補足しようとするのか、そこを把握するしかない。

例えば、「人こそ物言ひさがなきものにあれ。」〈源氏・夕霧〉のように、「は」や「こそ」が介入しない場合、「に」は省略されない。古くから言われる「に」脱けの現象は、述部内強調の表現に許された方法であった。次にそのような方法を用いた類例を挙げよう。

・いでや、をかしきことももののあはれも人から**こそあべけれ**。―河内本「人からにこそ」　〈源氏・澪標〉

・「……継子《ままこ》**なむ**、嬉しきものは**ありける**。」―「嬉しきものにはありける」の意。　〈落窪・四〉

・「……秋を契れる**は**、すかしたまふに**こそありけれ**。」―別本「に」を欠く。　〈源氏・手習〉

…前述の内容…。さるは、…補足説明…

a　実は・というのは・そういえば《事情説明の姿勢》

北の方、やがて尼になりたまひぬ。**さるは**、内大臣殿、昨日ぞ随身《ずいじん》など様々得させたまへる。かくて……入道殿失せさせたまひぬ。〈栄花・四〉

◇道隆の奥方は、そのまま尼におなりになってしまった。実は（息子の）内大臣伊周殿が、昨日随身などを色々おもらいになって喜んでいるところだが。こうして……入道道隆殿はお亡くなりになった。

ねび行かむ様ゆかしき人かな、と目とまりたまふ。**さるは**、限りなう心を尽くしきこゆる人に、いとよう似たてまつれるが、まもらるるなりけり。〈源氏・若紫〉

◇成長していくと思われる様子が知りたいと思う人だなあ、と目がお留まりになる。というのは、（源氏が）この上なくお慕いもうしあげる方（＝藤壺）に大変よく似もうしあげているさまが、自然と見つめないでいられないわけであったのだった。

b　そうはいっても・そうではあるが《逆接的補足の姿勢》

ただ文字一つにあやしう、あてにもいやしうもなるは、いかなるにかあら

◆**「さるは」の取り扱い**

「さるは」は、上記のごとく接続詞風に理解されるのが一般的である。しかし、前後の接続が因果関係のように論理的なものでないため、順接・逆接という範疇に入らない場合が多い。むしろ思い出した事柄を唐突に補足する時に用いるような印象を受ける。そこで、「さるは」を思い切って感動詞的に捉え、「そうだよ」「ああ、そうそう」のように、作者や話し手が文脈を中断して読者や聞き手に注意を促してから、補足すべき事柄を導くはたらきを持つ慣用連語だとする説すらある。

◆**順接と逆接を生む「さるは」**

上掲のとおり、「さるは」の用法は、逆接と順接の両方に渡る。ただ、逆接的補足のほうが圧倒的に多いようであ

む。**さるは**、かう思ふ人、ことにすぐれてもあらじかし。

〈枕・ふと心おとりとかするものは〉

◇たった文字一つで不思議なことには、上品にも下品にもなるのは、どういうわけだろうか。そうはいっても、こう思う私が、特に字が優れているわけでもあるまいよ。

中垣こそあれ、一つ家のやうなれば、望みて預れるなり。**さるは**、便りごとに、物も絶えず得させたり。

〈土佐・二月十六日〉

◇中垣はあるものの、一軒家のようだから、（隣家の者が）望んで預っているのである。そうではあるが、（預けた私から）ついでのあるたびごとに、お礼の金品も必ず付け届けてある。

c　それで・そのため・そんなわけだから《順接的補足の姿勢》

大将《だいしやう》……うちしはぶきたまへるにぞ、やをら引き入りたまふ。**さるは**、わが御心地にも、いと飽かぬ心地したまへど、猫の綱ゆるしつれば、心にもあらずうち嘆かる。

〈源氏・若菜上〉

◇大将（＝夕霧）が……（自身の姿が若い君達の目に触れているのを気付かせるため）咳払いなさることで、（女三の宮は）そっと（御簾《みす》の奥へ）引っ込みなさる。そのため、夕霧自身のお心でも、ひどく不満足な気持ちがなさるけれど、猫の綱を解いて（御簾が下りて）しまったので、思いがけず溜息を洩らさないでいられない。

る。ところで、逆接と順接が同じ語に同居するという矛盾を解消するために、「さるは」の語源として「さるには」を擬する説がある。その省略された「に」には、「しかるに」のような逆接もあり、原因・理由を示す順接（格助詞）もあるという事実をその根拠としたものだが、このような用法を持つ助詞「に」の省略が「さるは」に限って許されるのはなぜか、その根拠を欠くため、便宜的解法の一つにすぎない。

〈故人について〉聞き伝ふばかりの末々は、あはれとや思ふ。**さるは**、跡とふわざも絶えぬれば、……古き墳《つか》はすかれて田となりぬ。〈徒然・三〇〉

◇〈故人について〉聞き伝える程度の子孫は、その人をしみじみと感じることがあるものか。そういうわけだから、菩提を弔う法事も絶えてしまうと、……〈結局〉古い墓は耕されて田となってしまう。

7 さるべき

指示語ラ変動詞「さり」の連体形「さる」＋当然・適当の助動詞「べし」の連体形「べき」という構成による慣用連語で、連体詞のように体言を修飾する形式で用いられる。「さる」の指示内容は、指示語の後に求められる事例が多いが、言語表現として文脈中に明示されず、話し手の深層心理にしかない内容を指示していると見られる場合もある。また、体言との結び付きが固定化すると、「相当な」「立派な」という正の評価を表すに至る。

a　さるべき＋体言＋種々の格＋動詞〈そうするのが最もふさわしい・そうするのに適当な・そうしなければならない〉

「娘をば**さるべき**人に預けて、北の方をば、率て下りぬべし。」〈源氏・夕顔〉

◇「〈父は〉娘（＝軒端《のきば》の荻）はふさわしい人に嫁がせて、奥方（＝空蟬）は、

◆「さり」の指示機能

高村光太郎「レモン哀歌」は、冒頭「そんなにもあなたはレモンを待っていた」と唐突に始まる。「そんなにも」と言われて、どんなにもなのか想像がつかない。死を目前にして一瞬の正気を得るきっかけとなるレモンを智恵子が切望していたことは、続く内容を読んでようやく知られる。しかし、本当にどの程度であったかは、光太郎の心中にしか描けない。

「さるべき」の場合もこれに似ている。深層心理にある事物を表面上の文言から特定することは不可能であろう。上記のように、心理のわずかな徴表を下文から拾い上げて手がかりにするしか方法はない。

連れて（伊予へ）下ってしまうつもりだ。」

からは気うとき山の中にをさめて、**さるべき**日ばかり詣でつつ見れば、……　〈徒然・三〇〉

◇亡骸は人里離れた山中に埋葬して、そうしなければならない日だけ墓参りしては見るから、……

b　さるべき＋縁・契り／さるべき＋断定「に」＋や・こそ・て（そうなるのが当然である・そうなる運命の）

『かくおぼえなくて、めぐりおはしたるも、**さるべき**契りあるにや』と思しながら、……　〈源氏・明石〉

◇『こうして思いがけない状態で、（明石入道の娘の所へ）巡っていらっしゃったのも、そうなるはずの前世からの約束があるのではないか』と（源氏は）お思いになりながらも、……

「〝われ**さるべき**（縁）にやありけむ〟、このをのこの家ゆかしくて、『率いて行け。』と言ひしかば、率て来たり。……」　〈更級〉

◇「―私は、そうなる前世からの運命であったのではなかろうか―この男の家が知りたいので、『連れて行け。』と言ったから、（男が）連れて来た。……」

・必ず思ふべき人、とふべき人は**さるべき**ことなれば、とり分かれしもせず。〈枕・よろづのことよりも〉

例えば、右のように直上の語句を想定すれば事足りる単純な場合は問題にならない。ここで取り上げる「さるべき」は、時間軸上の配列に関わらない、かなり高度な了解事項が必要となる事例なのである。

◆「さるべきにや」

上掲bのうち、「さるべきにや」は挿入文となることが多い。なお、省略された「縁」や「契り」は、前世からの因縁及び約束を指す。人智で測りがたい事象を容認する必要がある場合、古代人がしばしば用いた論理である。これは彼らが共通に理解していたものであるから、それが用いられる事態に遭遇すれば、直ちに想像がついた。だから、わざわざ言葉に出さなくても、十分に読みとってもらえたのである。

◆共通理解に基づく「さる」

cに紹介したように、人・血筋・場所などについて「さるべき」が用いられた時、その身分・家格・邸の規模や意匠などを説明しなくとも、ある水準

c　さるべき＋人・筋・所など（立派な・相当な）

さるべき人々あまた懸想《けさう》しけれども、思ひあがりて男せでぞありける。〈今昔・30・二〉

◇（武蔵の守の娘に）立派な身分の人々が数多く恋い慕ったけれども、理想が高いので夫を持たないで過ごしていたのだった。

昔、駿河《するが》の前司　橘《たちばなのすゑみち》季通といふ者ありき。それが若かりける時、**さるべき**所なりける女房を、忍びて行き通ひけるほどに、……〈宇治拾遺・二七〉

◇昔、駿河の国の前国司橘季通という者がいた。その人が若かった時に、相当な（身分の高い人の）家にいた女房を相手に、人目に隠れて通っていたうちに、……

8 さるほどに

指示語ラ変動詞「さり」の連体形「さる」＋形式名詞「ほど」＋格助詞「に」という構成による慣用連語である。前文を受けながら後文へ続ける時、そこに時間の推移のあることを示す。また、話題を転換したり、新たな内容の文を起こしたりする起句として用いられる。

a　…叙述A。さるほどに、…叙述B。《同じ話題の中での時間的推移》（そう

以上にあることを表す。従って、その「さるべき」には、話し手と読み手・聞き手との間に共通理解があることを前提とする。

・「鞍馬《くら》はさる山、率て出でむ、いと恐ろしや。……」〈更級〉

右の「さる山」がどんな山か、現代人には理解しにくいが、当時の人々の通念として物騒だという感覚があったのだろう。現代でも使う「敵もさる者」の持つ言語感覚に似ている。

◆**「さるまじき」**

「さるべき」の打ち消し表現は「さるまじき」である。この言い方の場合にも、指示内容の手がかりは、下文中に求められる。

・「あぢきなき好き心にまかせて、**さるまじき**名をも流し、……」〈源氏・澪標〉

・かかれば、この好き者どもは、かかるありきをのみして、よく**さるまじき**人をも見つくるなりけり。〈源氏・若紫〉

◆**起筆の「さるほどに」**

説話や軍記物語など、内容の展開が

こうしているうちに・そのうちに）

いづかたをも知らず、ただ吹かれて行きにけり。**さるほどに**、父母は、人々も雇い集めて、船に乗らんとて来て見るに、船なし。〈宇治拾遺・五六〉

◇（子供を乗せた船は）どの方向とも定めず、ひたすら風に吹かれて行ってしまったのだった。そうこうしているうちに、父母は、人足たちも雇い集めて、船に乗ろうと思って来て見ると、船がない。

奥より端へ読み、端より奥へ読みけれども、二人《ににん》とばかり書かれて、三人とは書かれず。**さるほどに**、少将や判官《はうぐわん》入道も出できたり。〈平家・三・足摺〉

◇（俊寛は赦免状を）奥から端へ読み、端から奥へ読み返したけれども、二人とだけ書かれて、三人とは書かれていない。そのうちに、少将（＝成経）や判官入道（＝康頼）も姿を現してきた。

b

〔…叙述。〕さるほどに、…叙述。《話題転換・起筆》（ところで・さて）

平家重代相伝の家人《けにん》にて、昔のよしみを忘れぬ事はあはれなれども、思ひ立つこそおほけなけれ。三日平氏《みっかへいじ》とはこれなり。

さるほどに、小松の三位《さんみ》の中将維盛《これもり》の卿の北の方は、風の便りのことつても、絶えて久しくなりぬれば、……〈平家・十・三日平氏〉

早い文章にしばしば用いられる。無論、本来はaのように「さる」の指示内容が前文にあり、それを受ける「ほど」で時間的推移を表すのだから、それぞれに本来の意味が生かされていた。

ところが、bになると、逆に前文との脈絡を断ち切ってしまう。「ほど」が実質を失い、形式的に単なる推移へと転じていくに従って獲得された用法であろう。

◆話題転換の表現

平安時代の和文では、物語の展開の速度が遅い。従って、まるで異なる場面へ転換する頻度が少ないから、わざわざ断る必要もなくて済んだ。それでも、意図して場面を切り変える時には、例えば『源氏物語』では「まことや（＝そうそう、そういえば）」などが用いられた。

鎌倉時代の軍記物語になると、ぐっと場面転換の頻度が増す。そこで、前項の「さるほどに」が多用されたり、「さてもあるべきならねば（＝そうしているわけにもいかないので）」が慣用句としてしばしば登場したりする。和文においても、「かくて（＝さて・それから）」が接続詞として発達した。

◇（伊賀・伊勢の住人は）平家に何代も続いて仕える家来として、昔の縁故を忘れない事は立派であるけれども、挙兵を思い立つことは分不相応である。三日平氏とはこのことだ。
　ところで、小松の三位の中将維盛の奥方は、流された維盛からの音信も、途絶えて久しくなってしまったので、……

さるほどに、六代御前はやうやう十四五にもなりたまへば、見目かたちいよいようつくしく、あたりも照りかかやくばかりなり。
〈平家・十二・六代被斬―冒頭―〉

◇さて、六代御前はそろそろ十四・五歳にもおなりになるので、姿・容貌がますます可憐で、周囲も（その美しさで）光り輝く程である。

9　…をばさるものにて／…はさるものにて

この形式の「さる」は「さるべき」の「さる」と同様の性質を持つ。「…をば（は）」で示される事柄（前項）と比較される同種の事柄を「さるものにて」の後に置く（後項）。または、前項と同類の内容を後項として添加する。その際、「さる」がそれぞれの形式に応じた程度や評価を表すことによって、前項・後項のうち、重要性のある方を強調する表現を作る。この形式では、「をば」が基本形だが、「を」表出しない場合には「は」となる。

a　前項＋をば（は）さるものにて、後項＋程度・評価…《比較―前項＜後項》

◆「さる」の指示内容

7「さるべき」で紹介したとおり、「さり」系指示語には、話し手の深層心理を指示対象とする性質がある。話し手が想像する内容を随意に「さる」に盛り込むのだから、時間軸上に沿って配列する必要がない。従って、上掲a・bの解法として示した、下文中に指示内容を求める方法も便宜的なものである。
　指示内容の近似値を下文中から求めると、aでは、評価を表す形容詞・形容動詞、bでは、形容詞・形容動詞の他に状態を表す動詞が目当てとなる。

（一応その通りであるが、それはともかく）

「……悲しきことをばさるものにて、人に言ひ騒がれはべらむがいみじきこと。」〈源氏・夕顔〉

◇「（主人の夕顔が死んだことについて）悲しいことは当然だが、それはともかくとして、人に騒ぎ立てられたりいたしますのが、大変なことだ。」

色ゆるされたるはさるものにて、平唐衣《ひらからぎぬ》・無文《むもん》など、さまざまをかしう見えたり。〈栄花・八〉

◇（中宮彰子に仕える女房たちは）禁色を許された者は当然だが、それはともかくとして、平絹の唐衣や無地の唐衣を着た者などが、さまざまに趣向を凝らしていると見える。

b　前項＋をば（は）さるものにて、後項＋状態…《類例の添加―狭い前項↓広い後項》（いうまでもないこととして・もちろんのこととして）

殿をばさるものにて、上の御宿世《おほんすくせ》こそいとめでたけれ。〈枕・淑景舎〉

◇殿（＝道隆）はいうまでもないこととして、奥方のご幸運こそたいそう立派である。

わざとの御学問はさるものにて、琴・笛の音にも雲居を響かし、……

またcでは、「さる」の指示内容を求める手立てがないため、前項と後項とはもはや断絶していると見てよい。従って、「をばさるものにて」を挟んで、前項から後項を発展的に転換したものと理解しておく。

◆「にて」の誤解

・文才《もんざい》をばさるものにて言はず、……〈源氏・絵合〉

右の例を見れば知られるとおり、「をばさるものにて」の「にて」は、資格や状態を表す格助詞と考えられる。だから、訳語として「〜として」を当てた。ところで、次の例は、この「さるものにて」の一例としてしばしば引用される。だが、その「にて」は、格助詞とは解されない。

・「もののあはれは秋こそまされ。」と人ごとに言ふめれど、それもさるものにて、今ひときは心も浮き立つものは、春の気色にこそあめれ。〈徒然・一九〉

右の例では、「それも」と「さるものにて」とが主語・述語の関係を構成している。当然、その「にて」は断定の助動詞「に」＋接続助詞「て」でなければならない。これでは、平安時代

◇（源氏は）特に心を用いた御学問はもちろんのこととして、琴や笛の音につけても、宮中を驚かし、……　〈源氏・桐壺〉

c　前項＋をば（は）さるものにて、後項…／事柄＋をば（は）さるものにて、…《発展的転換》（それはそれとしてひとまず置き・それもそうだがそのほかに）

若宮の御乳母《おほんめのと》の候ふ**はさるものにて**、やむごとなからむ人をがなと思し召して召し出づ。　〈栄花・三八〉

◇若宮（＝実仁親王）の御乳母でお仕えする者はそれはそれとして、そのほかに高貴な生まれであったりする女をほしいものだと（後三条天皇は）お思いになって、お呼び寄せになる。

「思ほす人ありとても、それ**をばさるものにて**、御文《おほんふみ》など奉りたまへ。……」　〈落窪・二〉

◇「恋しいとお思いになる方があるとしても、それはそれとしてひとまず置き、（右大臣の娘に）お手紙を差し上げてください。……」

10　さしたる・させる

副詞「さ」＋サ変動詞「す」の連用形＋存続の助動詞「たり」の連体形という構成による連体詞が「さしたる」であり、「させる」は、「たり」の代りに存

の「をばさるものにて」とは似て非なる形式と判定せざるをえない。兼好は、いかにも古文らしい表現としてこれを用いたのだろうが、「にて」の用法を誤解していたのであった。

◆「をば（は）さるものにて」が多く用いられる作品

この慣用連語は、『落窪物語』『源氏物語』『枕草子』など、平安時代の和文において発達した。その後、『大鏡』や『栄花物語』へと受け継がれ、特に『栄花物語』ではこの形式が多用され、aからcまでのすべての用法が見られる。また、『今昔物語集』にも用いられているが、和文臭の強い本朝世俗部に集中する。

◆「指したる」「指せる」

「さしたる」「させる」の構成については、通説を上に示したが、別の考え方もある。この二語と同様に打消表現を伴って用いられる「さして」と関連付けようという説である。「さし」を

続の助動詞「り」の連体形が接したものである。ともに打消表現を下に伴って用いるのが通常で、「これほどの」「さほどの」「たいした」という、期待値を下回る程度の意を表す。

a　さしたる＋体言…打消表現

さしたることなくて、人のがり行くはよからぬことなり。〈徒然・一七〇〉

◇たいした用事もないのに、人の所へ行くのはよくないことである。

さしたる御しるしもなく、日々に重る御気色《みけしき》のみありとて、年も暮れぬ。〈とはずがたり・一〉

◇（後深草法皇の病気治療に用いた灸が）さほどの効果もなく、日ごとに重くなるご容体でいらっしゃると言うばかりで、その年も暮れた。

b　させる＋体言…打消表現

保元の合戦の時、御方《みかた》にて先を駆けたりしかど、**させる**賞にもあづからず。〈平家・四・鵼〉

◇（源頼政は）保元の合戦の時、天皇方のお味方として、真っ先に戦ったが、たいした恩賞をも蒙らない。

動詞「指し」と解し、「さして」を「これと特に指定して」という意に理解する。ここから類推して、「さしたる」「させる」も「指したる」「指せる」と見るのである。確かに、『今昔物語集』などの漢字交じりの資料では、「指」を当てているところから、この説が有力視されているが、本書では一般的な説に従った。

◆「させることなし」

「さしたる」に比べて、「させる」の方が圧倒的に広くしかも多く用いられている。その「させる」の修飾する体言が実質的な意味を失い、形式化した名詞「こと」と結び付くと、「させることなし」という慣用句となる。

・「**させることなき**限りは、聞こえ承らず。」〈源氏・若菜上〉

◆打消を伴わない「さしたる」

「さしたる」のほとんどは打消表現を伴うが、次の例のように、打消を必要としない場合には、原義である「特別の」「とりわけての」という意を表す。

・後には飛鳥寺《あすかでら》のほとりに庵を結び、座禅・念仏して、**さしたる**勤めとて

山階寺《やましなでら》の方にさせる申し沙汰する人なかりけるによりて、……〈今昔・31・二四〉

◇山階寺の方でたいした訴えを申し出る人がなかったことによって、……

11 …ばこそ。

反実仮想表現「…ばこそ…め」に由来する「…ばこそあらめ」(→2)の「あらめ」を省略した形式で、もっぱら文末に用いる。動詞未然形＋接続助詞「ば」＋係助詞「こそ」という構成によって、その動詞の内容を打ち消し、「～するはずもない」という強い反意を表す。

…動詞未然形＋ばこそ。

「情けは人のためにもあら**ばこそ**。……」〈義経記・六〉

◇「人情は他人のためであるはずもない。……」

「あれはいかに。日頃召されぬ所でもさぶらは**ばこそ**。これへ召されさぶらへかし。……」〈平家・一・祇王〉

◇「一体どうしたことだ。(ここは)平素(祇王《ぎおう》を)お呼び立てになる所でもございません。こちらへお呼びくださいな。……」

は、小阿弥陀経《こあみだきやう》一返を読みけり。〈発心集・7・七〉

◆「…ばこそ」の反語性

反実仮想表現自体が、その言表された形式とは裏腹な現実を強調するものであり、その点で反語表現と共通することはすでに紹介した(→5・8)。反実仮想表現「…ばこそあらめ」は、本来逆接としてはたらき、後件句が下に続いていた。その名残りが、「あらめ」で完結した文を成した時にも影響して、「実は～でない」という反意を含んでいた(→2)。

◆反語の勇み足

上掲第2例は、本来「日頃召さるる所でもさぶらはばこそ」としなければならない所である。あまり反意を意識しすぎたため、つい「召されぬ」という主旨のほうが表に出てしまった。反語表現にはしばしばこのような勇み足が見られるものである(→【二】8 c脚注)。

このような「…ばこそ。」が慣用連語化するに従って、上掲の例のように反意を強調する打消表現の一種を構成するに至ったのである。

12 …もぞ…／…もこそ…

話し手が将来起こりうる悪い事態を予測して、それに対する危惧・心配・警戒などの気持ちを表す文を作る。「もぞ」「もこそ」が用いられる文中での位置は、係り結びを構成する係助詞と変わらない（→第三章【三】2参照）。予測を表すとはいえ、「もぞ」「もこそ」に応じて結ばれる動詞は、原則として現在時制でなければならない。なお、その結びを省略する場合、ほとんど「ある」「あれ」が想定される文となる。この形式では、「～するといけない」「～したら大変だ」という具合に、危惧などの意を訳語として明示することが望ましい。

a　主部・補充部・修飾部＋もぞ…動詞連体形。
主部・補充部・修飾部＋もこそ…動詞已然形。

「門《かど》よくさしてよ。雨**もぞ**降る。御車《みくるま》は門の下に。御供《おとも》の人はそこそこに。」〈徒然・一〇四〉

◇「門をしっかり閉ざしてしまいなさい。雨でも降るといけないから。（客人の）お車は門の下に（置いて）。お供の方々はそこここに（休んでもらいなさい）。」

「いとまばゆきまでねびゆく人の容貌《かたち》かな。神などは目**もこそ**とめたまへ。」

◆複合動詞に介入する「もぞ」

係り結びを構成する係助詞が述部内に用いられる時、複合動詞を割って介入する現象についてはすでに紹介した（→第三章【三】2④）。上掲bの例は、複合動詞「思ひつく」に「もぞ」が介入したものである。「もこそ」は、cのように「すれ」を分出する例は見られるが、複合動詞に介入する例はほとんどない。

◇「たいそうまぶしいくらいまで成長とともに美しさの増していくあの方（＝源氏）の容貌だなあ。神様などが目をお付けになるといけない。」
〈源氏・葵〉

b 複合動詞前項＋もぞ＋複合動詞後項。（述部内）

さかしらする親ありて、『思ひもぞつく。』とて、この女をほかへ追ひやらむとす。
〈伊勢・四〇〉

◇お節介な親がいて、『（息子が）執着してはいけない。』と思って、この女を他へ追い出そうとする。

c 動詞連用形＋もぞ・もこそ＋補助動詞サ変「する」「すれ」。（述部内）

玉の緒よ絶えなば絶えねながらへば忍ぶることの弱りもぞする
〈新古今・恋一・一〇三四〉

◇私の命よ、絶えてしまうなら絶えてしまっておくれ。もし生き長らえたら、我慢することが弱って、秘めた恋心が表に出るといけないから。

「心恥づかしき人住むなる所にこそあなれ。あやしうもあまりやつしけるかな。聞きもこそすれ。」
〈源氏・若紫〉

◆補助動詞「する」「すれ」の分出

前項と同様に、cの形式も述部内に係助詞が介入して強調表現を構成したものである。ただし、こちらは、「弱る」「聞く」という一語の動詞であるため、「もぞ」「もこそ」の介入によって、補助動詞「する」「すれ」を分出する方法を採った。

◆良い事態を期待する「もこそ」

「もぞ」「もこそ」の形であれば、すべて危惧などの意を含むかと言えば、そうでない。「月日もこそあれ（＝他に適当な月も日もあるのに）」という慣用句をなす場合もある。また、良い事態を予測し、その実現を期待する用法も、鎌倉時代以降になると散見されるようになる。

・夜泣きすとただもりたてよ末の世に清く栄ふることもこそあれ
〈平家・六・祇園女御〉

白河上皇は、生まれた子が男子ならお前の子として育てるがよいと仰せられて、妊娠中であったご寵愛の女房を平忠盛に下賜された。その子が後の清盛である。あまりに夜泣きが激しいことを耳にした上皇が詠まれた歌とされ

◇「こちらが気恥ずかしくなるほどの人が住むという場所であるようだ。みっともないことにもあまりに姿をみすぼらしくしたことだなあ。（自分を源氏だと）聞いたりでもしたら大変だ。」

d　主部＋もぞ〔ある〕。／主部＋もこそ〔あれ〕。

「所々の饗《きやう》など、内蔵寮《くらづかさ》、穀倉院《こくざうゐん》など、公事《おほやけごと》に仕うまつれる、おろそかなることも**ぞ**〔ある〕。」と、とりわきて仰せ言ありて、きよらを尽くして仕うまつれり。　〈源氏・桐壺〉

◇「（源氏の十二歳を祝う）それぞれの場所での宴会などについては、内蔵寮や穀倉院などが通常の公式行事並みにお整えもうしあげると、疎略なことでもあったらいけない。」と、特別にご命令なさって、極上の物を使ってご調製もうしあげている。

近き御厨子《みづし》なる色々の紙なる文どもを引き出でて、中将わりなくゆかしがれば、「さりぬべき、少しは見せむ。かたはなるべき**もこそ**〔あれ〕。」と許したまはねば、……　〈源氏・帚木〉

◇手近な御厨子にある色様々な紙の手紙をいくつも引き出して、中将がむやみに見たがるので、「見せてもよさそうな物は、少し見せよう。だが、具合の悪そうな物もあるといけないね。」と言って、（源氏は）お許しにならないので、……

る。「ただもり」に「忠盛」を詠み込み、「清く栄ふる（「栄ゆる」が正しい。ハ行下二段は当代の活用形式）」から「清盛」の名が付いたという。

◆危惧と期待を表す「もや」

・「もし、さりぬべき隙《ひま》**もや**ある。」と、藤壺わたりを、わりなう忍びて窺ひありけど、……　〈源氏・花宴〉

・浮き**もや**上がりたまふと、故三位殿《さんゐどの》の着背長《きせなが》の一両残りたりけるに引きまとひたてまつり、つひに海にぞ沈めける。〈平家・九・小宰相身投〉

前者は期待であり、後者は危惧である。このように「もや」（結びは連体形のほか、「む」でもよい）は、実現の可能性を予測する点において「もぞ」「もこそ」と似たニュアンスを持つが、その意味は期待にも危惧にも亙る。

◆結びに助動詞が来る場合

「もぞ」「もこそ」の結びには動詞だけを用いるのが原則であるが、次のように、受身の助動詞を伴う例もまれに見られる。

・「人**もこそ**見つけて騒がるれ。」　〈源氏・蜻蛉〉

13　…ずなりぬ

動詞の未然形＋打消の助動詞「ず」の連用形＋四段動詞「なる」の連用形＋完了の助動詞「ぬ」という構成によって、ある動作が実行されない状態が継続し、そのまま他へ推移してしまうことを表す。「〜しなくなってしまう」という事態の継続が中断する意ではない。「〜しないままで終ってしまう」「〜せずじまいになってしまう」に相当し、新たな展開を見せないまま終了してしまうという点に注意したい。

…動詞未然形＋ずなりぬ

…動詞未然形＋ずなりに＋たり・き・けり

忍びたる所にありては、夏こそをかしけれ。いみじく短き夜の明けぬるに、つゆ寝**ずなりぬ**。〈枕・しのびたる所にありては〉

◇人目に隠れて人と逢う所にいる時は、夏が趣深い。非常に短い夜が明けてしまうと、(とうとう) 一睡もしないままで終ってしまう。

「心地に思ひ残すことなく、念じきこゆるかひなく、御声をだに聞か**ずなりにたれば**、いとこそわびしけれ。……」〈源氏・総角〉

◇「(私の) 気持ちの上で思い残すことがないくらい、(ご快復を) お祈りも

◆**状態に付く「ずなりぬ」**

上掲のとおり、動詞未然形に付いた「ずなりぬ」は無展開のままの推移を表す。つまり、そのようなニュアンスとなるのは、動詞でなければならない。

・ことに頼もしき人なき宮仕へ人などを語らひて、ただならずなりぬる有様を清く知らでなどもあるは。〈枕・はづかしきもの〉

右の例では、「ただならず」が妊娠した状態を表している。このような状態性の語句に「ずなりぬ」が付いたとしても、それは単にある事態から別の事態へと変化・推移することを表すに過ぎない。

うしあげるかいもなく、（依然として）お声をだけでも聞かないままになってしまっているので、ひどくつらい。……」

京より「ありし使の帰ら**ずなりにしかば**、おぼつかなし。」とて、また人おこせたり。〈源氏・蜻蛉〉

◇都から、「以前に送った使者が帰らないままになってしまったので、不安だ。」と言って、再び人をよこした。

「故院の御志《おほんこころざし》、あまたの御子《みこ》達の御中《おほんなか》に、取り分きて思し召しながら、位を譲らせたまはむことを思し召し寄ら**ずなりにけり**。……」〈源氏・薄雲〉

◇「故院（＝桐壺）のお志では、数多くの親王方の中で、（源氏を）格別にお思いになっていながら、帝位をお譲りになったりすることをお思い付きにならないままで終ってしまったのだった。……」

◆**「ずなりはべりつ」**

「ずなりぬ」を丁寧体にすると、「ずなりはべりつ」となる。

・え答え**ずなりはべりつ**。〈徒然・二四三〉

「ぬ」ではなく「つ」が用いられているが、これは、元来「ぬ」と「つ」の接続する動詞の種類が異なっていた事情による。つまり、ラ変動詞には原則として「つ」が接続し、「ぬ」は用いられなかったからである。

第五章　和歌特有の表現形式に注目する

【一】代表的な修辞法を探る

詩歌や文章において、ことばに美的効果を加えて巧みに表現することによって、優れた機知や技巧を印象づけるための表現方法を「修辞法」という。ここでは和歌の技巧を形式の面から取り上げることに主眼を置いたため、比喩表現には触れない。倒置法についても、構文形式に主眼を置いて整理を行い、どのような成分が倒置されるかを示すにとどめた。また、末尾に句切れを取り上げたが、これも修辞に関する追求は控え、あくまで形式上の紹介を目指したものである。

1　枕詞

「枕詞」は、ある特定のことばを導き出すために、その前置きとして用いられる一種の修飾語である。五音節を原則とするが、『万葉集』や古代歌謡では四音節・六音節の場合もある。枕詞の大部分は、導き出される語と文献以前にすでに結び付いていたものと考えられるため、その発想を正確に探ることは難しい。成立の事情が明らかなものについては、②③のように分類しておく。

①　関連不明

あしひきの山川の瀬に鳴るなへに弓月《ゆづき》が岳《たけ》に雲立ち渡る

◆枕詞の連想関係

上記のとおり、枕詞とかかる語との間には、論理的な関係の見出しがたいものが多い。「さねさし」「つのさはふ」など、それ自体もはや語義未詳である古形はもとより、よく知られている枕詞でも、多くは関連が付けられない。例えば、上に紹介した「あしひきの」は、「足を引きながら登る」「裾野を長く引く」などの諸説があるものの、ほとんど牽強付会に近い。また、「そらみつ」は、『日本書紀』に、饒速日命《にぎはやひのみこと》が天《あめ》の磐船《いわふね》に乗って空からこの国を見下ろし、大降ったことから「空見つ大和」と言ったという起源説が紹介されているが、もとより取るに足りない。ただ、特定の地名に対する美称が枕詞の起源であるという示唆には同意されよう。

◇山の中の川の瀬音が激しく鳴るにつれて、弓月が岳に雲が一面に湧き上がってくる。

〈万葉・7・一〇八八〉

そらみつ大和の国はおしなべてわれこそをれ……

◇大和の国は、一面に従えて私こそがいるのだが、……

〈万葉・1・一〉

② 同音・類音の繰り返し

柞葉《ははそば》の母の命《みこと》は御裳《みも》の裾つみ上げ掻き撫で……　―「ははそば」から「はは」

◇（防人として出征する私を見て）母上は裳の裾をつまみ上げて（走り寄り）、（私を）かき撫で、……

〈万葉・20・四四〇八〉

生《あ》れましし神のことごと栂《つが》の木のいやつぎつぎに天の下知らしめししを……

―「つがのき」から「つぎ」

◇（神武天皇の昔から）お生まれになった天皇それぞれが、次から次へと（大和を）お治めになったのに、……

〈万葉・1・二九〉

③ 掛詞

梓弓《あづさゆみ》春たちしより年月の射るがごとくも思ほゆるかな　―「張る」と「春」

◆「かかる」と「導く」

枕詞の場合、導き出す語に対して「かかる」と言う。一方、序詞では、それを「導く」と言い分ける。

を掛ける

◇立春となって以来、年月が矢を射るように速くも思われることだなあ。〈古今・春下・一二七〉

我妹子《わぎもこ》にあふちの花は散り過ぎず今咲けるごとありこせぬかも ―「逢ふ」と「楝（あふち）」とを掛ける　〈万葉・10・一九七三〉

◇（夏になっても）梅檀《せんだん》の花は散ってゆかないで、今咲いているようにそのままであってくれないかなあ。

2　序詞

あることばを導き出すために、その前置きとして用いられる一種の修飾語であるが、枕詞と異なる点は、七音以上を原則とし、二句以上にまたがるところである。また、喚起される語句も一定でない。

①　比喩的連想

あしひきの山鳥の尾のしだり尾のながながし夜をひとりかも寝む ―「あしひきの」は枕詞。「しだり尾」が長いことから「ながながし夜」へと連想。〈拾遺・恋三・七七八〉

◇山鳥の尾の垂れ下った尾が長いように長い秋の夜を、たった一人で寝るのであろうかなあ。

◆「じょし」か「じょことば」か

「序詞」は本来「じょし」と読んで構わない。ただ、同音の「助詞」などと紛らわしくなるため、わざわざ「じょことば」と言い変えたものが一般化したのである。

◆枕詞と序詞との違い

枕詞	序詞
音数は、原則として五音節。	音数は、不定。七音節以上。
用法は、固定的で特定の語にかかる。	用法は、自由で一回限りの新作である。
現代語訳はふつうしない。	現代語訳をすることが望ましい。

◆序詞に導かれた語句の構文的機能

序詞とそれの導く語とがどのような連想関係にあるかによって、上掲①～③に分類した。さらに、導かれた語が主想の中でどのような成分として機能するかについて以下に整理しておこう。

1　主語・主部
・上掲③第1例「まと方は…さやけし」
2　連体修飾語
・上掲①第1例「ながながし夜を」
3　補充語・補充部

忍ぶれど恋しき時はあしひきの山より月の出でてこそ来れ ―「山より月の出で」から「出でてこそ来れ」へと連想。〈古今・恋三・六三三〉

◇人に知られないようにしているけれど、恋しい時には、山から月が出るように家から出てあなたの家の方へやって来る。

② 同音からの連想

駿河《するが》なる宇津《うつ》の山辺のうつつにも夢にも人にあはぬなりけり ―「宇津」から同音「うつ」を連想。〈伊勢・九〉

◇駿河の国にある宇津の山のあたり、その「宇津」ではないが、うつつ（＝現実）はもちろんのこと、夢の中でも恋しい人に会わないことだなあ。

ほととぎす鳴くや五月のあやめ草あやめも知らぬ恋もするかな ―「あやめ草」の「あやめ」から同音「文目」を連想。〈古今・恋一・四六九〉

◇ホトトギスが鳴く五月の菖蒲（＝あやめ）、その「あやめ」ではないが、文目（＝物の筋目）も分らない、夢中の恋でもすることだなあ。

③ 掛詞からの連想

ますらをのさつ矢たばさみ立ち向かひ射るまと方は見るにさやけし ―「的」と「円方」（地名）を掛ける。〈万葉・1・六一〉

◇勇士が、狩猟の矢を指に挟んで立ち向かい、射ようとする的ではないが、その「まと」の名をもつ円方は見るたびに清くすがすがしい。

・上掲②第1例「うつつにも…あはぬなりけり」。第2例「あやめも知らぬ」

4　修飾語・修飾部

・上掲①第2例「出でてこそ来れ」

5　接続部

・佐野山に打つや斧音《おのと》の遠かども寝もとか子ろが面《おも》に見えつる〈万葉・14・三四七三〉

6　述部

・あしひきの山橘の色に出でよ語らひ継ぎて逢ふこともあらむ〈万葉・4・六六九〉

◆一部を導く序詞

・み吉野の蜻蛉《あきつ》の小野に刈る草の思ひ乱れて寝る夜しそ多き〈万葉・12・三〇六五〉

右の例では、序詞「み吉野の〜草の」は「乱れ」を導き出す。しかし、主想へ続くには、「思ひ乱れて」という修飾語を構成するため、主想から見れば、序詞はその一部分にしか関わっていない。

◆序詞に用いる「の」の性格

・み雪ふる吉野の嶽《たけ》にゐる雲の外に見し子に恋ひわたるかも

わびぬれば今はた同じ難波《なには》なる**みをつくし**ても逢はむとぞ思ふ　―名詞「澪標」から連語「身を尽くし」へ転換。　〈後撰・恋五・九六〇〉

◇切なく悩んでしまったのだから、今はもう（身を滅ぼしたのも）同じことだ。難波にある澪標ではないが、この身を尽くして（＝命をかけて）も（あなたに）逢おうと思う。

山城《やましろ》の淀の若菰《わかごも》**かり**にだに来ぬ人頼む我ぞはかなき　―「刈り」と「仮」を掛ける。　〈古今・恋五・七五九〉

◇山城の国の淀に生えた若菰だって刈りに来るのに、仮にすらやって来ないあの人を当てにする私は心細いことだ。

3　掛詞（懸詞）

同じ文字列であることを利用して、一つまたはひと続きのことばに二つ以上の意味を喚起する方法である。単独での活用もあるが、序詞や縁語と併用されることが多い。喚起される二つの意味を持つ語句が、上からの受け方と下への連続にどのような文法的機能を有するかという視点から二類型に分類する。

①　品詞転換型

秋の野に人まつ虫の声すなり我かとゆきていざとぶらはむ　―動詞「待つ」

〈万葉・13・三二九四〉

・祝部《はふり》らが斎《いは》ふ三諸《みもろ》の真澄鏡《まそかがみ》**懸けて**そ偲ふ逢ふ人ごとに　〈万葉・12・二九八一〉

序詞の指標とされる「の」は、必須の要素ではない。右の第1例は「み雪ふる～雲の」と「外に見し」とがヲ格で結び付く。同様にヲ格で結び付く第2例に「の」は用いられていない。これは、「の」の機能としていかにもふさわしい連体修飾語でも同様である。

・朝霞鹿火屋《かひや》が下に鳴く河蝦《かはづ》〔ノ〕声だに聞かばわれ恋ひめやも　〈万葉・10・二二六五〉

この性質は、枕詞に見られる「たらちしの」「うまさけの」に対する「たらちし」「うまさけ」の存在と同質と捉えてよいであろう。序詞の「の」をどの助詞のどんな機能と見るか、難しい問題である。

◆掛詞の原則

・いにしへのあふひと人はとがむともなほそのかみのけふぞ忘れぬ　〈新古今・恋四・一二五四〉

右の「あふひ」には「葵」と「逢ふ日」とが掛けられている。作者藤原実方は九九八年に没しているから、その

から名詞「松（虫）」へ転換。

〈古今・秋上・二〇二〉

◇秋の野に、人を待つという、その「まつ」と同じ音を持つ松虫の声がするように聞こえる。待っている相手は私かしらと、さあ訪れてみよう。

② 並行型

山里は冬ぞさびしさまさりける人目も草もかれぬと思へば ―「離れ」と「枯れ」とが並行。

〈古今・三一五〉

◇（私の住む）山里は冬に一層寂しさが増したのだった。人目もかれる（＝人の訪れもなくなる）し、草も枯れてしまうと思うから。

思ひ出でて恋しき時は初雁のなきてわたると人知るらめや ―「鳴き」と「泣き」とが並行。

〈古今・恋四・七三五〉

◇（あなたのことを）思い出して恋しい時には、初雁が鳴いて空を渡るように、私も泣いてお宅のそばを通り過ぎていると、あなたは知っているだろうか（いや、知るはずはなかろう）。

4 縁語

歌中のあることばと意味の上で密接な関連のあることばを配して、連想による統一感を狙う技法である。縁語は、序詞・掛詞など他の修辞と併用されて、さらに効果を発揮することが多い。

当時「葵」も「逢ふ日」も同音であったのだろう。だが、平安時代中期以降、ハ行で書かれる仮名の発音が語中ではワ行へと変化する。「葵」は[auwi]となり、「逢ふ日」は[aufi]となった。だが、新古今の時代になってもこの掛詞は受け入れられている。もはや発音の問題ではなく、文字列の問題となっていたことを示すものだろう。

・山高み下ゆく水の下にのみなかれて恋ひむ恋ひは死ぬとも

〈古今・恋一・四九四〉

掛詞は清濁を無視する。例えば、右の例中「なかれて」は「流れて」と「泣かれて」とが掛けられている。濁音符を持たなかった時代に許容された掛詞であるから、これもまた文字列の問題に帰してよい。

◆掛詞の作る景と情

・風吹けば浪打つ岸の松なれや（景） ねに あらはれて泣きぬべらなり（情）

〈古今・恋三・六七一〉

古今集では、右の例のように、情景を挙げた後、その叙景に託された心情を述べる作歌法が恋歌を中心に多く見られる。掛詞はその景と情とを巧みに

①　他の修辞と関わらない場合

青柳の糸**よりかくる**春しもぞ**みだれ**て花の**ほころび**にける　―「糸」を中心に、「縒り掛くる」「乱れ」「綻び」を縁語として配した。　〈古今・春上・二六〉

◇青柳の細い枝が風に揺られ、糸をよって身に掛けているようなその春に、桜の花はほころびるように咲き乱れてしまったのだった。

玉の緒よ**絶え**なば絶えねながらへば忍ぶることの**弱り**もぞする　―「緒」を中心に、「絶え」「弱り」を縁語として配した。　〈新古今・恋一・一〇三四〉

◇わが命よ、絶えるなら絶えてしまってくれ。生き長らえていると、こらえることが弱って恋心が外に現れてしまったら大変だから。

②　掛詞と関わる場合

秋萩を色どる風の吹きぬれば人の**心**も疑はれけり　―「秋」に「飽き」を掛け、その関連で「心」が縁語となる。　〈後撰・秋上・二二三〉

◇秋萩を色づかせる風が吹くようになってしまったので、あなたの心にも飽き風が疑われたのだった。

難波潟短きあしの**ふし**の間も逢はでこの**よ**を過ぐしてよとや　―「葦」を中心に、「ふし」と「よ」が縁語となる。「ふし」は「節」で、「よ」は「世」に掛

合体する道具としても用いられた。

・音にのみきくの白露夜はおきて昼は思ひにあへず消《け》ぬべし
〈古今・恋一・四七〇〉

叙景としては、「菊」「置き」「日」となり、「聞く」「起き」「火」によって心情を吐露するという構造である。

◆物名

掛詞の特殊形態として「物名」がある。物の名前を歌中にある同じ仮名文字部分に隠し入れる技法をいう。古今集では巻十に部立の一つとして設け、この種の歌を収録している。

・あしひきの山**たちはな**れ行く雲の宿り定めぬ世にこそありけれ
〈古今・物名・四三〇〉

例えば、右の歌には「立ち離れ」に「橘」という果実の名が詠みこまれている。ただし、物名は、通常の掛詞と異なり、歌の意味には関係がない。

◆折り句

各句の初めに仮名文字を一字ずつ折り込んで与えられた物の名を詠む技法を「折り句」という。

・**か**ら衣**き**つつなれにし**つ**ましあれば**は**るばるきぬる**た**びをしぞ思ふ

けられた「節（よ）」の方が縁語となる。〈新古今・恋一・一〇四九〉

◇難波の海岸の短い葦の節と節の間のようにほんのわずかの間さえも、逢わないままでこの人生を過ごしてしまえというのか。

5 本歌取り

著名な古歌の一部を取り入れて、自分の歌を構成する技法である。新古今集によって確立した。本歌の情趣に変化を加え、自分の歌と二重写しにすることで新しい情趣を生み出す。

駒とめて袖うち払ふかげもなし佐野のわたりの雪の夕暮れ　―本歌「苦しくも降りくる雨か三輪の崎佐野のわたりに家もあらなくに」〈万葉・3・二六五〉
〈新古今・冬・六七一〉

◇馬を停めて、袖に降り積もった雪を払う物蔭もない。この佐野のあたりの雪の夕暮れ時は、なんとまあ。

かぢを絶え由良の湊《みなと》に寄る舟のたよりも知らぬ沖つ潮風　―本歌「由良の門を渡る舟人かぢを絶えゆくへも知らぬ恋の道かも」〈新古今・恋一・一〇七一〉
〈新古今・恋一・一〇七三〉

◇櫂《かい》をなくして由良の港に寄ろうとする船のように、（私の恋は）拠り所もなくて漂うことだ。沖の潮風よ、岸へ吹き流してくれ。

〈伊勢・九〉

例えば、右の歌では「かきつばた」を詠み込んである。また、この歌では「から衣」が枕詞、「きつつなれにし」までが「つま」を導く序詞、「つま」が「棲」と「妻」、「はる」に「張る」と「はる（ばる）」、「き」に「着」と「来」とを掛け、さらに「から衣」を中心に「棲」「張る」「着る」が縁語となるという複雑巧妙な歌である。

◆本歌取りの原則

本歌取りには、本歌と同じ主題や場面になることを避け、春の歌なら秋の歌へ、恋の歌なら雑歌へと分類が変わるようにするといった約束事があったという。その点、上掲第2例は、作者藤原良経が百人一首にもある曾禰好忠《そねのよしただ》の歌を本歌として用いていながら、主題も全く同一であり、場面設定まで似通う。それなのに、勅撰集に採歌されたのには、何か別の理由があったのであろう。

【二】和歌特有の文構造を捉える

修辞技巧を別にすれば、和歌の文体に独特の言い回しがあるにせよ、通常の文の読解と同じ方法を適用することが基本となろう。文の構造に着目し、かかり受けの関係を把握する視点を失ってはならない。ここでは、和歌特有の語法について、それらがどのような文を構成するのかを整理することによって読解に資したい。

1　体言止め

和歌の第五句に体言を置く未完結の表現によって、余韻・余情・詠嘆などの気持ちを表す文構成法を「体言止め」という。体言の置かれた第五句と上四句との構文上の関係によって、六種の類型に分類した。

① 独立部（呼びかけ）～よ。

花の色は霞にこめて見せずとも、香をだに盗め。春の山風。〈古今・春下・九一〉

◇桜花の色は春霞に閉じ込めて見せてくれないとしても、せめて香だけでも盗み出してくれ。春の山風よ。

◆体言止めの範囲

通常、体言止めと言った場合、その体言は実質概念を伴った名詞を指す。従って、形式名詞「もの」はもとより、「～のともしさ」などの「さ」や「清けく」などの「く」のように、接尾語によって体言化されたものは除外される。

◆喚体句

述部が体言または「体言＋終助詞」から成る文を喚体句と呼ぶ。「や」「かな」「もがな」などの終助詞を伴っていれば、感動か希望かが把握できる。体言のみの場合は、ほぼ感動を表す言い方に限られると考えてよい。

あづま路の夜半のながめを語らなん。都の山にかかる**月影**。
〈新古今・羈旅・九四二〉

◇東国への旅の夜半に思い沈みながら（都の方を）眺めていることを、（あの人に）語ってほしい。都の方角の山に入りかかる月よ。

② **被修飾語（喚体句）**〜は、ああ。

朝ぼらけ有明の月と見るまでに吉野の里に降れる**白雪**。
〈古今・冬・三三二〉

◇ほのぼのと明けるころ、明け方に残る月光だと見るほどに、吉野の里に降り積もっている雪は、ああ。

あづさ弓はる山近く家居して絶えず聞きつる**鶯の声**。〈新古今・春上・二九〉

◇春山の近くに住んで、常に聞いてきた鶯の声は、ああ。

③ **述部（疑問文・平叙文）**〜か。〜だろうか。〜だ。

ひさかたの雨の降る日をわが門に蓑笠着ずてける人や、**たれ**。
〈万葉・12・三一二五〉

◇こんなに雨の降る日に、私の家の門に蓑も笠も着けないままでやって来る人は、だれなのか。

◆万葉調特有の体言止め

万葉集には、全体が述部に相当するような歌が見られる。

・（これは）遠つ人松浦《まつら》佐用比売《さよひめ》、夫《つま》恋ひに領布《ひれ》振りしより負へる**山の名**。
〈万葉・5・八七一〉

②の類型のように体言が連体修飾語を受けている。形式から見ると同じであるが、この場合には、表出されない主部「これは」などを想定して理解したい。

◆新古今調特有の体言止め

万葉集や古今集の時代には用いられなかった新しい体言止めの形式が新古今集に見られる。

・たづねきて花に暮らせる木の間より待つとしもなき**山のはの月**〔が出て来たことだ〕。
〈新古今・春上・九四〉

・時しもあれ、たのむの雁の別れさへ花散るころの**み吉野の里**〔であることだ〕。
〈同・春下・一二二〉

例えば、右の第1例では、「たづねきて〜木の間より」は「より」によって明らかなとおり、補充部である。し

青柳を片糸によりてうぐひすの縫ふてふ笠は、梅の花笠。

〈古今・大歌所御歌・一〇八一〉

◇青柳の枝を片糸に縒って鶯が縫うという笠は、梅で作った花笠だ。

④

主部（倒置）〜は。

大伴の三津に船乗り漕ぎ出でば、いづれの島にいほりせむ、われ。

〈万葉・15・三五九三〉

◇大伴の三津で船に乗って漕ぎ出したなら、どこの島に仮の宿りをしたらよいだろう、私は。

いかばかり身にしみぬらん。たなばたのつま待つよひの天の河風。

〈古今・夏・一五七〉

◇どれほど身にしみてしまっているであろう。織女星が夫を待つ今夜の天の川の川風は。

⑤

補充部（倒置）〜を。

われのみやあはれと思はむ。きりぎりす鳴く夕かげの大和撫子《やまとなでしこ》。

〈古今・秋上・二四四〉

◇私だけがかわいいと思っているのではないだろうか。コオロギが鳴く夕日の光の中にある河原撫子を。

かし、それに応じる述部がない。「待つとしもなき山のはの月」は、想定される述部に対する主部であろう。そこで、体言止めの下に「〜が出て来たことだ」という述部を想定して解した。

　第三句までの形式に応じる要素がないことは、第2例も同様である。「時しもあれ」「たのむ雁の別れ〔ヲ〕さへ」の志向する述部が表出されていない。「花散るころのみ吉野の里」は場所を表す。そこで第五句の下に「〜ですることだ」を想定するしかない。

◆接続部となる体言止め

・葛城《かづらき》や高間《たかま》の桜咲きにけり。立田の奥にかかる白雲〔を見ると〕

〈古今・春上・八七〉

「立田の奥にかかる白雲」は風が吹いても動かない。だから桜が咲いたことが知られる、というのである。とすれば、体言の下に「を見ると」「であるから」などの接続部を構成する要素を想定して解したい。寂蓮によって詠まれたこの歌は、古今集にある貫之の歌「桜花咲きにけらしなあしひきの山のかひより見ゆる白雲」〈春上・五九〉を本歌としている。この歌自体、「白

忘れめや。葵を草にひき結び仮寝《かりね》の野辺の露のあけぼの。

〈新古今・夏・一八二〉

◇忘れようか、いや忘れはしない。葵を草枕として引き結んで仮の宿りをした野辺の、露の置いたあの明け方の景色を。

2　第三句に置く枕詞と体言

様々な歌体を擁していた万葉集の時代から五句三十一文字へと固定化した古今集の時代に至って、和歌は五句以外では完結しない堅牢な構造物となる。そこで三十一文字という制限の中で自在にことばを組み立てる方途が探られるようになった。その一つが前項の体言止めであり、本項で紹介する、第三句に置く枕詞及び体言の活用法である。ここでは、古今集を例として、第三句に置かれた枕詞と体言がその前後とどのような構文上の関係を構成するかという視点から、その表現類型を整理しておきたい。

1　第三句に置く枕詞

①　**二文構成の指標**　前文。枕詞　後文。

難《なに》波《は》潟《がた》潮みちくらし。雨衣《あまごろも》たみのの島にたづ鳴きわたる。

〈古今・雑上・九一三〉

雲を見ると」と解することができるから、すでに古今集からこの類型が存在するとも言えるが、他に例が見えない。ようやく新古今集に至って散見されるようになるから、やはり新古今調の形式と見てよかろう。

◆構文的修辞

万葉集における枕詞や序詞は、おおむね語形や語義に関わる技巧といってよかった。古今集に至って発達した掛詞や縁語もほぼそのレベルである。ところが、古今集では、枕詞の技法に変化が生じている。単に特定の語にかかるというだけでなく、第三句に配置することによって、一首の均衡と統合をもたらす結果を生んだのである。これは体言でも同じ意図を含んでいた。一種の平衡感覚による形態的美学の現れと言ってよい。とすれば、この方法も明らかに修辞技巧の一つと数えられよう。

◆枕詞の位置

古今集における枕詞の位置は、初句に八二例、第三句に五九例、その他が三例であり、第三句に配置される割合がかなり高い。つまり、配置する場所

◇難波の干潟に潮が満ちて来るに違いない。たみのの島に鶴が鳴きながら渡ってゆく。

言《こと》に出でていはぬばかりぞ。みなせ川 下にかよひて恋しきものを。

〈同・恋二・六〇七〉

◇（あなたに対する思いを）言葉に出して言わないだけだ。（水が砂の下を流れて表面には見えないように）心の底で思いが（あなたの所に）通って恋しいものなのになあ。

② 縁語・掛詞による一首の統合 ―縁語―枕詞―掛詞―。

忘らるる時しなければ あしたづの 思ひ乱れてねをのみぞなく。―枕詞「あしたづの」が「乱れ」にかかり、「ねをなく」を引き出すことで後句をまとめる。

〈同・恋一・五一四〉

◇（あなたのことを）忘れる時がないので、乱れるほど思い悩んで声を立てて泣くばかりだ。

かれはてむ後をば知らで、夏草の 深くも人の思ほゆるかな。―枕詞「夏草の」が「深く」にかかり、しかも「枯れ」を縁語として引き出すことで一首を統合する。

〈同・恋四・六八六〉

◇あの人がすっかり遠のいてしまうと思われる先を知らないままで、深く恋しいとまでもあの人が思われることだなあ。

によって生まれる修辞的効果を意図的に狙ったものと理解される。

◆倒置文中の枕詞

・蟬の声聞けばかなしな。夏衣《なつごろも》 うすくや人のならむと思へば。

〈古今・恋四・七一五〉

右の例は、「うすくや〜思へば」が「蟬の声聞けばかなしな」へと関係してよい倒置文である。その間に枕詞が介入して、二文に分割しているような印象を受ける。これも①類型の変異と考えてよいだろう。

◆情の述べ方と枕詞

掛詞が景と情とを合体する道具であると紹介した（→【二】3脚注）。枕詞は通常叙景に関わる。それが第三句に置かれることで、情との均衡に新たな変異をもたらした。①第2例は「言に出でていはぬばかりぞ」という情と「下にかよひて恋しきものを」という情が重なる。その間に「みなせ川下にかよひて」という叙景を差し挟むことによって、情→景→情と展開した。情のみを発露する単調さを迂回路によって避けたわけである。

③ **線条性の分断・一時停止** ―→ 枕詞 ←―。

思ひ出でて恋しき時は 初雁の なきてわたると人知るらめや。 ―「思ひ出でて恋しき時は―なきてわたる」が一団となって「と」で引用される内容となる。

〈同・恋四・七三五〉

◇（あなたのことを）思い出して恋しき時には、泣きながら日々を過ごしているとあなたは知っているだろうか、いや知るはずもないだろう。

君が植ゑしひとむらすすき 虫の音の しげき野辺ともなりにけるかな。

〈同・哀傷・八五三〉

◇（この廃屋の）主人がかつて植えた一群のススキが前庭にはびこって、荒れはてた野原ともなってしまったことだなあ。

2 第三句に置く体言

① **主部（主題）の提示**…一首の主題を中央に置き、全体を統合する。

五月雨《さみだれ》の空もとどろに、郭公《ほととぎす》〔八〕、なにをうしとか夜ただ鳴くらむ。

〈同・夏・一六〇〉

◇五月雨の降る空も響くほどに、ホトトギスは、何をつらいと思って夜通し鳴いているのだろうか。

◆第三句に体言を置く意義

・竜田川〔八〕もみぢ乱れて流れるめり。わたらば錦中やたえなむ

〈古今・秋下・二八三〉

例えば、主題を表す語を右のように文頭に置くのは、代り映えしない通常の方法である。これを「もみぢ乱れて流るめり。竜田川、わたらば錦中やたえなむ。」と「竜田川」の位置を第三句へ移してみると、一首の内容の統一感が一層増すように思われる。冒頭に置いたのでは、後文で趣旨が変わる可能性があるのに対して、第三句に体言がどっしりと腰を据えれば、それ以外に及ぶことはないという標示ともなるのである。

◆倒置文中の体言

枕詞の場合と同様に、第三句に体言が介入することで、倒置文を分割する。

・秋をおきて時こそありけれ。菊の花〔八〕、移ろふからに色のまされば。

〈古今・秋下・二七九〉

右の例が、「移ろふからに色のまされば、（菊の花八）秋をおきて時こそ

うつせみの世にも似たるか。花桜〔八〕、咲くと見しまにかつ散りにけり。
〈同・春下・七三〉

◇はかないこの世にも似ているなあ。桜花は、咲くと見た同じ時に一方で散ってしまったのだった。

② **独立部（呼びかけ）**…呼びかけを中央に置き、意識の集中を図る。

秋萩も色づきぬれば、きりぎりす〔ヨ〕、わが寝ぬごとや夜は悲しき。
〈同・秋上・一九八〉

◇萩の葉も色づいて秋も深くなったから、コオロギよ、（お前も）私が悲しくて寝られないのと同じように、夜は悲しいのか。

一目見し君もや来ると、桜花〔ヨ〕、けふは待ちみて散らば散らなむ。
〈同・春下・七八〉

◇（お前を）一目だけ見て帰ったたあの方がまた来るのではないかと、桜花よ、今日は待ってみてから、散るなら散っておくれ。

③ **二重の機能**…体言が前後の文とそれぞれ別の機能によって関連付けられることで、表現の多層化を図る。

今よりは植ゑてだに見じ。花すすき、ほに出づる秋はわびしかりけり。—

ありけれ。」という一文を構成することは言うまでもない。これもまた、体言を中央に配することで前後を支配統一する意思に基づいたものである。

◆線条性の分断

1③で紹介した枕詞によるかかり受け関係の分断と同様の使い方が体言にも見られる。上掲②の第2例は、「一目見し君もや来ると」が「待ちみて」へかかって行く。さらにそれ全体が述部「散らなむ」と関係する接続部を構成する。従って、「桜花」は結び付こうとする二要素の間に介入していることになり、通常の文なら異例に属するかもしれない。だが、前々項に述べたとおり、その禁を犯してもなお第三句に配置する意義があった。

◆体言の持つ柔軟性の利用

体言止め（1）で確認したとおり、体言を裸で用いると、様々な構文上の機能を発揮する。その性質を利用したのが、③の類型である。体言に複数の機能を担わせ、重層的な読み方を読者に要求するこの方法は、第三句に置く体言による修辞法の極致と言っていいであろう。

「花すすきヲ植ゑてだに見じ」と「花すすきガほに出づる」とを構成する。

〈同・秋上・二四二〉

◇これからは庭にススキを植えて嘆賞することもしまい。花ススキが白い穂を出して一面に現れる秋は、(人の晩年を思わせて)もの寂しいことであった。

ことならば咲かずやはあらぬ。桜花、見る我さへにしづ心なし。—「桜花」は前文に対して呼びかけとなり、後文に対して「桜花ヲ見る」を構成する。

〈同・春下・八二〉

◇同じ散ることなら、(いっそ)咲かないでいられないか。桜花よ、見る私まで(散ると)心が落ち着かない。

3 「…已然形＋や」と「…なれや」

奈良時代特有の語法とされる已然形単独での接続表現は、多く「…已然形＋や」という形式に集中する。言うまでもなくその「や」は係助詞であり、文末までかかって疑問表現を構成した。それが、古今集以降、係り結びを構成する「…已然形＋や」が衰えを見せる一方で、「…なれや」の形のみ歌語として残存するに至る。しかも文末表現へと転換し、以後その用法が固定化した。つまり、古今集までとそれ以後とで、この形式における「や」の取り扱いを異にする必要がある。ここでは、係り結びがどこまで適用できるかという姿勢が読解には

◆已然形による確定条件

奈良時代には、已然形単独で順接・逆接両方の確定条件を表すことができた(→第二章【二】②⑤)。ただ、その時には「や」「こそ」「そ(ぞ)」を伴う言い方がほとんどであった。例えば順接の場合、一方に、「已然形＋ば」がある。だが、「や」「こそ」「そ(ぞ)」を伴うことはほとんどない。要するに、疑問文や強調文を構成する場合には、「ば」を表示する必要がなかったということである。従って、本来「…已然形＋や」は「…已然形＋ば＋や」と等価の条件句とみてよい。

◆「にあれや」「なれや」による見立て

自分の置かれた境遇や運命などを物体に置き換えることによって、願望・知覚・諦念・感動などの気持ちを込め

有効であると考え、文中用法と文末用法とに区分した。

1 文中用法

① …已然形（原因・理由）＋や…（事実）む・らむ・けむ。《疑い》

玉藻刈る辛荷《からに》の島に《(原因・理由)》島廻《しまみ》する鵜《う》にしも**あれ**や、家思は《(事実)》ざらむ。

〈万葉・6・九四三〉

◇辛荷の島で島廻りをする鵜ででもあるから、家のことを思わないままでいるのではなかろうか。

雪降りて人も《(原因・理由)》通はぬ道**なれ**や、跡はかもなく《(事実)》思ひ消ゆらむ。

〈古今・冬・三二九〉

◇（人心は）雪が降って人も通わなくなる道であるから、（雪道に人影が消えるように）跡形もなく人の思いの火が消えるのではなかろうか。

葛城《かづらき》の襲津彦《そつひこ》真弓《まゆみ》《(原因・理由)》荒木にも**憑め**や、君がわが名《(事実)》告《の》りけむ。

〈同・11・二六三九〉

◇名高い葛城の襲津彦が持つ強い真弓のように私を頼りにするから、あなたが私の名を人に告げたのではなかろうか。

ようとする方法を和歌の修辞法の一つとして「見立て」という。一種の擬物法である。「にあれや」「なれや」は特にその修辞的意図が目立つ表現で、原因・理由を物体に譬えることが多い。

・石倉《いはくら》の小野ゆ秋津《あきづ》に立ち渡る雲**にしもあれ**や、時をし待たむ。

〈万葉・7・一三六八〉

右は「雲に寄す」という題詞の付いた譬喩歌である。あなたは雲ででもあるから、時の移るのをじっと待っているのではなかろうかと相手をなじり、自分はとうてい待つことはできないという焦れた気持ちを託した。このような歌体に用いた「なれや」が、古今・新古今に至ると、ほとんど見立ての歌専用の言い方となる。

◆「…なれや…らむ」

1①に掲げた第2例のような「…なれや」を用いて「らむ」を歌末に置く形式について、「なれや」を反語として、ここで文を切る言い方と理解する考えもある。その場合、「らむ」は「どうして～だろう」と解することになる。しかし、一方に「…已然形＋ば＋や、…らむ」という形式が古今集にはあった。

② …已然形（原因・理由）＋や…連体形（事実）。《問い》

霍公鳥《ほととぎす》声聞く小野の秋風に萩咲きぬれ（原因・理由）や、声の乏しき（事実）。

〈同・8・一四六八〉

◇ホトトギスよ、お前の声を聞く小野に吹く秋風に萩が咲いてしまったから、声が細いのか。

古《いにしへ》の人にわれあれ（原因・理由）や、ささなみの故《ふる》き京《みやこ》を見れば悲しき（事実）。

〈同・1・三二〉

◇昔の人で私はあるから、荒れ果てた楽浪の古都を見ると悲しいのか。

伊勢の海につりする海人のうけなれ（原因・理由）や、心ひとつをさだめかねつる（事実）。

〈古今・恋一・五〇九〉

◇伊勢の海で釣りをする漁師の使う浮きであるから、（ふらふらと漂うように私は）心一つを定められないできたのか。

2 文末用法（…なれや）

① …なれや。…終止形。

風吹けば浪打つ岸の松なれや。ねにあらはれて泣きぬべらなり。

・久方の月の桂も秋はなほもみぢすればや、照りまさるらむ。

〈古今・秋上・一九四〉

さらに、「らむ」を伴わなくても、「已然形＋ば＋や」と等質の言い方に「已然形＋や」もあった。「ば」を伴わない方が文を終止し、「ば」のある方が係り結びを構成したなどという截然とした区別は考えられない。

次は新古今に採られた歌であるが、平安時代の作歌である。これらを比較してみよう。

・大空をわたる春日のかげなれや、よそにのみしてのどけかるらむ。—宇多天皇御製

〈新古今・恋一・一〇一九〉

・なれゆくはうき世なればや、須磨の海人の塩焼き衣まどほなるらむ。—徽子《きし》女御　〈同・恋三・一二一〇〉

前者は、里に下がった更衣に帰参を促す歌であり、後者は「須磨の海人の塩焼き衣をさをあらみまどほにあれや君が来まさぬ」〈古今・恋五・七五八〉を本歌とする。いずれも「や」は「らむ」と呼応し、係り結びを構成していると見て差し支えない。それゆえ、本書では、「…なれや…らむ」の形式も、係り結びを構成していると解しておく。

◇（私は）風が吹くときまって波が打ち寄せる岸辺の松であるからかなあ。（岸の松が波に洗われて根が露出するように）声（＝音）に出して泣いてしまいそうだ。

〈古今・恋三・六七一〉

津の国の難波《なには》の春は夢なれや。蘆の枯葉に風わたるなり。

〈新古今・冬・六二五〉

◇津の国の難波江の（昔栄華を誇った）春の風景は夢なのだなあ。（今は）蘆の枯葉に風が吹きわたる音が（もの寂しく）聞こえる。

②

…なれや。…体言。

秋の野におく白露は珠《たま》なれや。つらぬきかくる蜘蛛の糸すぢ。

〈古今・秋上・二二五〉

◇秋の野に置く白露は珠であるからかなあ。（白露を）貫き通して掛けている蜘蛛の（巣の）糸すじだよ。

鵜飼舟《うかひぶね》高瀬さしこすほどなれや。結ぼほれゆくかがり火の影。

〈新古今・夏・二五二〉

◇鵜飼舟が浅瀬を棹さして越えるところであろうかなあ。凝り固まって進むかがり火の光が見えることだ。

◆「…なれや。…体言」歌の体言

「…なれや。…体言」歌の歌型は、第三句が「…なれや。」となって切れ、いわゆる下の句七・七は、歌末の体言までで一まとまりとなるものである。その体言によってまとまる七・七の句は、大方がその見立てられる対象である。つまり、その下の句は、種明かしの本体なのである。

③ …なれや（歌末あるいは倒置文の文末）。

春されば野辺にまづ咲く見れどあかぬ花。まひなしにただ名のるべき花の名なれや。

〈古今・雑体・一〇〇八〉

◇春になるといつでも野原に最初に咲く、いくら見ても飽きない花だ。お礼なしに直接名乗ってかまわない花の名であるのか、いや、そうではない。

やはらぐる光にあまるかげなれや。五十《い》鈴《すず》河原の秋の夜の月〔八〕。

〈新古今・神祇・一八八〇〉

◇（大日如来が天照大神となって現出した和光同塵の）和らげられた光の余光であろうかなあ。五十鈴河原を照らす秋の夜の月光は。

④ 不定語…なれや。

たがためにひきてさらせる布なれや。世をへて見れど取る人もなき。

〈古今・雑上・九二四〉

◇（吉野の滝は）だれのために引き広げて晒してある布であるのかなあ。（人が）世代を超えて見ているけれど、取る人もないことだ。

荒れにけり。あはれ幾代の宿なれや。住みけむ人のおとづれもせぬ。

〈同・雑下・九八四〉

◆文末「なれや」の意味

文末用法の「なれや」はどのような意味を表したか。通常、疑問・反語・詠嘆と分類されるが、実は分明でない。因果関係の認められない③の例でも、第1例の反語はともかく、第2例は疑問とも詠嘆とも解することができよう。

◆不定語と共起する「や」

④は「た」や「いく」といった不定語が用いられている。もし「や」が疑問を表す係助詞であれば、不定語と共起することはない。そこで、文の意味が疑問となるのは不定語によるものと考え、「や」は詠嘆の終助詞と取り扱うしかなかろう。

◇荒れ果ててしまったのだった。ああ、いったい幾世を経た住居であるのかなあ。住んでいたと思われる人が訪れもしないことだ。

4　和歌中の条件句

順接または逆接による仮定及び確定の条件を表す形式については、第三章【一】において、接続助詞を中心に紹介した。また、活用形の用法（第二章【一】[2]）、反実仮想表現（第四章【二】[5]）などにおいても、その形式の一部を個別に取り扱った。本章では、和歌の中で、条件句に応じて後件がどのような表現になる傾向が強いか、また二重に条件句が重ねられる場合、どのような組み合わせが用いられるのかという視点から、古今集に用いられた条件句の様相を整理することによって、その発想や論理を探る手掛かりとしたい。

[1]　仮定条件句の形式とそれに応じる表現

条件句の中でも、仮定条件句に応じる後件の表現には、左のように一定の傾向が見られる（仮定条件は、「ば」「は」「とも」による形式に限った）。

① …未然形＋ば・は、…推量／意志／命令／反語

梓弓《あづさゆみ》おしてはるさめ今日降りぬ。明日さへ降ら**ば**、若菜摘みて**む**。——〈古今・春上・二〇〉

「む」は推量。

◆反実仮想の諸形式

本項で取り上げた条件句は、後件にくる表現の傾向に注目したため、反実仮想は除いた。しかし、古今集において、反実仮想を構成する形式にどんなものがあるかについては、示しておく意味があろう。古今集では、意外にも「…ましかば…まし」は1例のみであり、「…せば…まし」が定着していた。これが新古今に至ると、「…ましかば…まし」が後件の省略を含めて5例を数え、逆に「…ませば…まし」は能因法師の歌1例のみとなる。

さらに「…ずは…まし」「…ならば…まし」も散見される。また、次のように散文ではしばしば見られる「…ばこそ…め」（→第四章【二】[5]c）もあった。

・逢坂《あふさか》の木綿《ゆふ》つけ鳥にあら**ばこそ**君が往き来をなくなくも見**め**
〈古今・恋四・七四〇〉

一方、後件の表現について見ると、仮想を表す「まし」で応じるのはもちろんのこととして、「…ましやは」という反語表現となるものや、終助詞「ものを」「を」を伴うものも少なくない。

◇一面に春雨が今日降った。明日までも降ったなら、きっと若菜を摘むことができるだろう。

恋しくは、見てもしのばむ。もみぢ葉を吹きな散らしそ。山おろしの風。—「恋しく」は形容詞未然形。「む」は意志。 〈同・秋下・二八五〉

◇（紅葉を）恋しく思ったなら、（せめて落ち葉を）見てでもしのぶことにしよう。（だから）紅葉を吹き散らしてくれるな。山から吹き下ろす風よ。

久方の天の河原のわたしもり、君渡りなば、楫《かぢ》かくしてよ。—「てよ」は完了の助動詞「つ」の命令形。 〈同・秋上・一七四〉

◇天の川の渡し守よ、あの方が（こちらへ）渡ってしまったら、（戻れないように）櫂を隠してしまっておくれ。

刈菰《かりごも》の思ひ乱れて我恋ふと妹知るらめや。人し告げずは。—「人し告げずは」は倒置。「ず」は未然形。 〈同・恋一・四八五〉

◇思い乱れて私が恋い慕っていると、あの娘は知っているのだろうか、いや知るはずもなかろう。人が告げなかったら。

②

…とも、…打消推量／打消意志／意志／命令・禁止／反語

わが恋にくらぶの山の桜花間なく散るとも、数はまさらじ。—「じ」は打消推量。 〈同・恋二・五九〇〉

◆順接仮定に応じる肯定表現

「ば」「は」によって構成される順接仮定条件に導かれた後件は、上掲のとおり、推量・意志・命令・反語といった打消を伴わない表現である。反語は結果として「いや〜でない」という反意に打消表現が含まれるのだが、形式面だけ見ると、疑いの表現形式を借用しているため、打消を表す語はない。

◆逆接仮定に応じる否定的感情

「とも」による逆接仮定条件は、後件として否定的な内容を伴うことが多い。上掲の「じ」のほか禁止や反語が否定的であることは明瞭だが、第3例「恋ひむ」は肯定表現である。しかしながら、その底意にはそれに甘んじて

◇私の恋に比べると、暗部山の桜花が間断なく散るとしても、その数は勝らないだろう。

あすか河淵は瀬になる世なりとも、思ひそめてむ人は忘れじ。——「じ」は打消意志。〈同・恋四・六八七〉

◇飛鳥川の昨日の淵が今日は瀬になるように、変りやすい男女の仲であるとしても、恋い慕いはじめてしまおうと決めたあの人は忘れないようにしよう。

山高み下ゆく水の下にのみ流れて恋ひむ。恋ひは死ぬとも。——「恋は死ぬとも」は倒置。「む」は意志。「流れて」に「泣かれて」を掛ける。〈同・恋一・四九四〉

◇山が高いので、山陰を流れる水が麓へ流れるように、心の中でばかり泣かれて恋い慕うことにしよう。焦がれ死にをするとしても。

散りぬとも、香をだに残せ。梅の花、恋しきときの思ひでにせむ。——「残せ」は命令形。〈同・春上・四八〉

◇（いずれ）散ってしまうとしても、せめて香だけでも残してくれ。梅の花よ、恋しい時の思い出にしたいから。

群鳥《むらどり》の立ちにしわが名、いまさらに事なしぶとも、しるしあらめや。——「めや」は反語。〈同・恋四・六七四〉

従わなければならないという否定的感情がある。また、第4例「残せ」という命令も、最低限の要望であって、決して満足しているわけではない。

このように、後件には、逆接仮定条件を提示すると、予想される満足な状態とは異なる方向性が示されることになる。

◆「…じとぞ思ふ」

・吉野河水の心ははやくとも、滝の音には立てじとぞ思ふ。〈古今・恋三・六五一〉

右の例は、上掲②第2例に相当する。「…とも」に応じる後件は、「滝の音には立てじとぞ思ふ」と考えたい。「吉野河～立てじ」を「とぞ思ふ」で受けているものと読み取られそうだが、ここは「じとぞ思ふ」が一団となって打消意志を表明する機能を担う。

◆許容を含む「とも」

・花の色は霞みにこめて見せずとも、香をだにぬすめ。春の山風。〈同・春上・九一〉

これも上掲②第4例と同様に命令形の応じた例である。両方の例とも「だに」によって最小限の希望を表す。こ

◇群れをなす鳥が一斉に飛び立つように（かしましく）立ってしまった私の浮き名は、今改めて何事もなかったようにふるまうとしても、効果があるだろうか、いやありはすまい。

2 二重の条件を伴う歌の文構造

条件の形式を調え、しかも機能を異にする句を重ねて用いることがある。その場合、古今集では、以下に示す三類六種の組み合わせを出ない（仮定条件は前項に同じ。また、確定条件は「已然形＋ば」「ど」「ども」に限った）。

① 順接仮定（第一条件）＋逆接仮定／順接確定（第二条件）

梅が香《か》を袖に移してとどめてば、春は過ぐとも、かたみならまし。〈古今・春上・四六〉—第二条件は逆接仮定。

◇かぐわしい梅の香を袖に移し取って留めてしまえたなら、春は過ぎるとしても、（梅の香が春を）思い出す手掛かりになっただろうに。

君が思ひ雪と積もらば、頼まれず。春よりのちはあらじと思へば。〈同・雑下・九七八〉—「思ひ」の「ひ」に「火」を掛ける。第二条件は順接確定で、原因・理由を表す。

◇（私の思いはこの雪のように積もっているとおっしゃるが）あなたの思いの火が雪として積もるのなら、あてにはできない。春から後は（消えて）あるまいと思うから。

の表現を伴うことで、「とも」が単に逆接仮定を表すというだけでなく、上掲の例「散りぬとも」には「散ってしまってもかまわないが」、右の例「見せずとも」には「見せなくてもいいが」という許容の態度が読み取れよう。

◆条件法

条件法は、「仮定条件」と「確定条件」とに分けられる。それに、接続法としての「順態接続法」と「逆態接続法」とが結び付く。従って、例えば「順接仮定条件」は、「仮定条件順態接続法」ということになり、「逆接仮定条件」は「仮定条件逆態接続法」となる。確定条件もそれに倣うが、「確定条件順態接続法」の場合、因由条件・機縁条件・恒常条件へとさらに下位分類される。

◆倒置法の処理

・君来ずは、閨《ねや》へも入らじ。濃《こ》紫《むらさき》わが元結《もとゆひ》に霜は置くとも。〈古今・恋四・六九三〉

右は上掲①第1例に準ずる形式である。倒置されている「濃紫〜置くとも」は、「君来ずは」の前にも後にも置い

② 順接確定（第一条件）**＋逆接確定／順接確定**（第二条件）

大幣《おほぬさ》の引く手あまたになりぬれば、思へど、えこそ頼まざりけれ。―第一条件は原因・理由を表す。第二条件は逆接確定。〈同・恋四・七〇六〉

◇大幣を引き寄せる手がたくさんあるが、そのようにあなたを誘う女が数多くなってしまったので、思い慕っているけれど、とうてい頼りにすることはできないのだった。

月見れば、ちぢにものこそ悲しけれ。わが身ひとつの秋にはあらねど。―第一条件は機縁を表す。〈同・秋上・一九三〉

◇月を見ると、あれやこれやと（心を尽くして）もの悲しいことだ。自分ひとりだけの秋ではないのに。

蟬の声聞けば、悲しな。夏衣《なつごろも》うすくや人のならむと思へば。―第二条件は順接確定条件で、原因・理由を表す。〈同・恋四・七一五〉

◇蟬の鳴き声を聞くと、悲しいことだ。蟬の羽が薄い夏の衣のようだが、それと同じく、薄情にあの人がなるであろうと思うから。

③ 逆接確定（第一条件）**＋順接仮定／順接確定**（第二条件）

かへる山ありとは聞けど、春霞立ち別れなば、恋しかるべし。―第二条件は順接仮定。〈同・離別・三七〇〉

て理解することが可能であるが、逆接仮定条件は第一条件である順接仮定条件の下に位置するので、「君来ずは」の後へ挟んで解したい。

それは、②第2例でも同じことで、「わが身ひとつの秋にはあらねど」は「月見れば」の下へ移すのが適当である。

◆二重条件とならない例

古今集中で逆接仮定条件を第一条件に置く例は、次の1例のみである。

・思ふとも、恋ふとも、逢はむものなれや。結ふ手もたゆく解くる下紐。〈古今・恋一・五〇七〉

だが、これは「思ふとも逢はむものなれや」「恋ふとも逢はむものなれや」という二文を対偶中止の構文によって表現したものと解される。つまり、同質の条件を二重に重ねただけであるから、異なる条件を二重に重ねたものとは認められない。従って、逆接仮定条件を第一条件とする二重条件は存在しない。

・わびぬれば、身をうき草の根を絶えて、誘ふ水あらば、いなむとぞ思ふ。〈同・雑下・九三八〉

この例では、「身をうき草の根を絶えて」を「いなむとぞ」に続けて、

◇（越の国には）帰る山という名の山があるとは聞くけれども、春霞が立つこの時、（あなたが）出立し別れてしまったなら、恋しく思うに違いない。

逢坂《あふさか》の嵐の風は寒けれど、ゆくへ知らねば、わびつつぞ寝《ぬ》る。—第二条件は順接確定で、原因・理由を表す。〈同・雑下・九八八〉

◇（人に会えるという）逢坂山に吹く嵐の風は寒いけれども、行く先が分らないので、途方にくれながら寝ることだ。

惜しめども、とどまらなくに。春霞帰る道にし立ちぬと思へば。—第二条件は順接確定で、機縁を表す。〈同・春下・一三〇〉

◇（去るのが）惜しいと思っても、春は止まってくれないのになあ。帰る道へと霞が立つように春が出立してしまったと思うと。

5　倒置法

本来述部の上に位置する成分を述部の下へ置く一種の修辞技巧を「倒置法」という。語順を倒置することによって思考の流れが滞り、そこに余情が含まれることになる。ここでは古今集を例として、倒置法に関わる文の成分にどのようなものがあるかという視点から整理を試みた。

「わびぬれば、誘ふ水あらば、身をうき草の根を絶えていなむとぞ思ふ」という具合に語順を整序して読み取りたい。すると、「誘ふ水あらば〜いなむ」は心内文となるため、文構造は次のように把握しなければならない。

・わびぬれば、「身をうき草の根を絶えて、誘ふ水あらば、いなむ。」とぞ思ふ。

従って、結果的に二重条件からは除外される。

◆**順接確定条件の位置**

二重条件を用いる類型では、③が最も多い。また、①〜③を通じて、順接確定を第二条件としながら、さらに倒置する形式が目立つ。ここから逆接確定に順接確定を添える歌が一種の型となっていたことが知られる。そもそも、倒置法は、述部の後に余情を残す技法である。概して、順接確定の表す原因・理由や機縁のほうが、他の条件法に比して大きな反転や屈折を要求しない。そのため、思い残した情緒を流れに沿って追加するのに適した方法だったのかもしれない。

① **主部**（↓【二】1④）

よそにのみ恋ひやわたらむ。白山のゆき見るべくもあらぬわが身は。―「恋ひやわたらむ」は、複合動詞「恋ひわたる」に「や」が介入した言い方。「ゆき」に「雪」と「行き」とを掛ける。　〈古今・離別・三八三〉

◇（越の国へ行くあなたを）遠く離れて恋い慕い続けるのではなかろうか。（越の国にある）白山の雪を行って見ることができそうもない私の身は。

吹きまよふ野風を寒み、秋萩のうつりもゆくか。人の心の。―「うつりもゆくか」は複合動詞「うつりゆく」に「も」が介入した言い方。　〈同・恋五・七八一〉

◇方角を定めず吹き迷う野の風が寒いので、秋萩が色づくように移り変わっても行くのだなあ。人の心が。

② **補充部**（↓【二】1⑤）

たれしかもとめて折りつる。春霞立ち隠すらむ山の桜を。　〈同・春上・五八〉

◇一体誰が探し求めて折ってしまったのか。春霞が立って隠していると思われる山の桜花を。

◆主部・補充部の倒置

主部・補充部を倒置する形式は、ほとんど体言止めに集中する。第三句に置く体言と併せて該項を参照してもらいたい。

◆「思ひきや…とは」

近世初頭のてにをは研究書の一つ『春樹顕秘抄』の巻尾に付された「ぞるこそれおもひきやとはけりやらん是ぞ五つのとまりなりける」は、係り結びを含んだ呼応の五則を詠み込んだ歌として有名である。その「思ひきや…とは」という呼応形式は、万葉集には見られない。専ら勅撰集以降発達した形式で、しかも哀傷歌に出現する比率が高い。

春霞かすみていにしかりがねは、今ぞ鳴くなる。秋霧の上に。

〈同・秋上・二一〇〉

◇春霞がかすんで立つその中を（北へ）去って行った雁は、今（帰って来て）泣いている声が聞こえる。秋霧の上に。

ちはやぶる神世も聞かず。たつた河から紅に水くくるとは。

〈同・秋下・二九四〉

◇神々の世にも聞いたことがない。（紅葉が散り敷いて）竜田川が深い紅色に水をくくり染めにするとは。

③ 修飾部

恋しくは下にを思へ。紫の根摺《ねずり》の衣色にいづな《述部》、ゆめ。〈同・恋三・六五二〉

◇恋しいのなら、心の中で思っていなさい。紫草の根でこすりつけて染める衣の色が浮き出るように、顔色に出してはならない。絶対に。

憂きことを思ひつらねてかりがねのなきこそわたれ。秋の夜な夜な。――「連ねて」が「思ひつらねて」と雁が「連ねて」とに関わる。「なきこそわたれ」は複合動詞「なきわたる」に「こそ」が介入した言い方。〈同・秋上・二一三〉

◇つらいことを思いつつ並べるように列をなして、雁が鳴きながら渡って行く声が聞こえる。秋の夜ごと夜ごとに。

・春の夜の夢のなかにも思ひきや。君なき宿をゆきて見むとは。

〈後撰・哀傷・一三八七〉

・思ひきや。ひなの別れに衰へてあまの縄たきいさりせむとは。

〈古今・雑上・九六一〉

右のように、「思ひきや」は、第三句か第一句に位置する。文構造から言えば、「…とは」で引用される部分が心内文となるため、それが補充部として述部である「思ひきや」にかかる。従って、上掲②の類例として処理できよう。そして、この心内文の末尾に注目すると、ほとんど「む」と「べし」で結ぶ文となる（この他には「じ」「むもの」がわずかにある程度）。眼前の事態をかつて予測したこととして述べる推量表現を盛り込もうとしたためと考えられる。ただ、それらが遺憾の表明に適した形式であったことから哀傷歌の類型となったようである。

・思ひきや。なれて見し世の秋の月今年涙にくもるべしとは。

〈新千載・哀傷・二二〇三〉

例えば、右の「今年」とはいつ予測したのであろう。過去のいつの時点かに未来の事態を推定したはずであるから、「今年」ではなく、「こむ年」と未

露ながら折りてかざさむ。菊の花。おいせぬ秋のひさしかるべく。〈同・秋下・二七〇〉

◇露が置いたままで髪に刺しておこう。この菊の花を。老いない秋（年）が永久に続くように。

いしばしる滝なくもがな。桜花たをりてもこむ。見ぬ人のため。〈同・春上・五四〉

◇山川の瀬を走る急流がなかったらなあ。（向う岸の見事な）桜花を折り取って帰りたい。見ない人のために。

この里に旅寝しぬべし。桜花散りのまがひに家路忘れて。〈同・春下・七二〉

◇この里に旅寝をしてしまいそうだ。（美しい）桜花が散る、その乱れに紛れて家路を忘れたままで。

筑波嶺《つくばね》の木のもとごとに立ちぞ寄る。春のみ山の陰を恋ひつつ。――「立ちぞ寄る」は複合動詞「立ち寄る」に「ぞ」が介入した言い方。「春のみ山」に「春の宮」と「春の御山」とを掛ける。〈同・雑下・九六六〉

◇（筑波山には、こちら側にもあちら側にも陰があるが）筑波山の木の下があるたびに立ち寄っている。（春宮にたとえられる）春の御山の恩恵を（君のお蔭にまさる蔭はないので）恋い慕いながら。

来の時制にしなければならない。しかし、この点は厳密でなくてよく、矛盾を抱えたまま定着した言い方になっていたようである。

◆補充部の倒置「…を」「…に」「…とは」

補充部が倒置されている和歌は、上記用例に代表されるように、「…を」「…に」「…と（は）」である用例が多い。「折りつる」が何を折るのか「鳴くなる」がどこで鳴くのか「聞かず」が何と（は）聞かないのか、そう読んでいくなら、直ちに見えてくる構造である。他に「…にて」「…へ」「…まで」などが考えられるが、限られよう。

◆接続助詞による修飾部

③の第5例「て」、第6例「つつ」、（他にも「ながら」がある）は、それぞれ接続助詞に分類される。しかし、いずれも状態を表し、条件句を構成していない。従って、本書では、このような意味を表す場合、すべて修飾部として処理した（→第一章【四】④）。

④ 接続部

我のみや世をうくひずとなきわびむ《述部》。人の心の花と散りなば。—「うくひす」に「鶯」と「憂く干ず」とを掛ける。

〈同・恋五・七九八〉

◇私だけが、鶯が嘆くように、辛い涙が乾かないと言って、この世を泣いて嘆くのではなかろうか。あの人の心が花のように散って消えてしまったら。

忘れ草たねとらましを。あふことのいとかく難きものと知りせば。

〈同・恋五・七六五〉

◇（恋の辛さを忘れるという）忘れ草の種を採っておいただろうに。（あなたに）逢うことがひどくこんなに難しいものだと知っていたなら。

萩が花散るらむ小野の露霜にぬれてをゆかむ。さ夜はふくとも。

〈同・秋上・二二四〉

◇萩の花が散っていると思われるあの野原の露霜に濡れて行こう。夜は更けるとしても。

物ごとに秋ぞかなしき。もみぢつつうつろひゆくを限りと思へば。

〈同・秋上・一八七〉

◇あらゆる物につけて秋は悲しいものだ。紅葉する草木の色が変わっていくさまを万物の末期だと思うと。

◆接続部の諸形態

上掲の他、順接仮定条件を表す「ずは」、逆接確定条件を表す「ど」、接続助詞「ものから」「ものを」「ものゆゑ」、奈良時代の接続助詞「がに」などの例が見られる。また、「…花ならなくに」などの逆接を表す「…なくに」、さらには「風の寒さに」「恋のしげきに」などに見られる「…の…に」や、「あふよしをなみ」などの「…を…み」による原因・理由を表す形式もある。中でも第4例に示した順接確定条件を表す「ば」を用いた倒置法が圧倒的に多い。思い余って言い切れない情緒の補足として定着していた型だったのであろう。

しるしなき音《ね》をもなくかな、鶯の。ことしのみ散る花ならなくに。
〈同・春下・一一〇〉

◇甲斐もなく声を立てて鳴くことだなあ、鶯が。今年ばかり散る桜花ではないのに。

6　句切れ

第五句以外の句の終りに意味上の切れ目が設けられ、それが文法的な断止と認められる場合を「句切れ」と称する。和歌を一体の構造物と見た時、どこに句切れを設けるかによって、和歌全体のリズムと調子が決められる。歴史的に見ると、長歌のリズムを保っていた万葉集では二句・四句切れが多く、五七調の印象がまだ強い。短歌形式が確立した古今集以降になると、二句・三句切れが目立つ。特に三句切れは、上下の句を分割することを意味し、三十一文字による構造体という認識が浸透した結果である。それが新古今に至ると、初句・三句切れが増加し、七五調の完成を見る。

①　二句・四句切れ（万葉調）

妹《いも》があたりわが袖振らむ。木の間より出でくる月に雲なたなびき。
〈万葉・7・一〇八五〉

◆句切れの認定
文法的な文の終止及び独立句などによるかかり受けの断絶を示す形態的特徴が一般に句切れを認定する基準とされる。ただ、中止法や接続助詞「て」によって構成された句をも句切れに入

◇恋しい人の家のあたりに向かって私の袖を振ろう。だから、木の間から出て来る月に、雲よたなびいてくれるな。

熟田津《にきたつ》に船乗りせむと月待てば潮もかなひぬ。今は漕ぎ出でな。〈万葉・1・八〉

◇熟田津に船出をしようと月の出るのを待っていると、月も出、潮も満ちてきた。さあ、今こそ漕ぎ出そう。

② 二句・三句切れ（古今調）

桜花散らば散らなむ。散らずとてふるさと人の来ても見なくに。〈古今・春下・七四〉

◇桜花よ、散るなら散ってほしい。散らないからといって、古い都の人がやって来て見るわけでもないのに。

夕ぐれは雲のはたてに物ぞ思ふ。あまつ空なる人を恋ふとて。〈古今・恋一・四八四〉

◇夕暮れには、いつも雲の果てに向かって物思いをする。天空のような手の届かない所にいるあの人を恋い慕おうというわけで。

③ 初句・三句切れ（新古今調）

思ひやれ。何をしのぶとなけれども、都おぼゆる有明の月。

れようという考えも出て来ている。また、倒置法の場合、どこで句切れを認めるか判断が分かれることがある。例えば、③第2例では、「とめこかし、梅盛りなるわが宿を」が倒置法となっているが、「とめこかし」でも切れると見るのが通常であるが、文構造からすれば、「わが宿を」までを一文とし、その間では切れないと見ることもできよう。

　このような細部の取り扱いに若干の相違が認められるものの、総じて上記のような大きな傾向に影響を及ぼすようなものではない。

◆古今から新古今へ

　古今集では、句切れを持つ歌の中の八〇％が二句か三句切れである。初句切れはわずかに四％しかない。それが新古今に至ると、初句切れが二〇％、三句切れも五一％と激増する。今一つ、新古今を特徴づけるのは体言止めであるが、何と集録歌全体の二八％に当たる五四九首を数えるに至るのである。

　新古今の持つこの傾向は、一朝一夕にして成ったわけでない。すでに後拾遺集で、初句切れが古今集の四％から一二％に躍進し、三句切れは句切れ全

〈新古今・雑上・一五四五〉

◇ご想像下さい。何を偲ぶというわけではないけれども、都のことが思い起こされる有明の月を見ると（あなたが懐かしくてしかたがない）。

とめこかし、梅盛りなるわが宿を。うきとも人は折にこそよれ。

〈新古今・春上・五一〉

◇尋ねていらっしゃいよ、梅が花盛りである私の家を。いくら疎遠だといっても時節によるものだよ。

体の五〇%を占めていた。新古今調は、後拾遺集からその胎動が始まっていたのである。次に後拾遺集に見られる三句切れの歌を紹介しよう。

・木の葉散る宿は聞き分くことぞなき。時雨する夜も、時雨せぬ夜も。

〈後拾遺・冬・三八二〉

・里人のくむだに今はなかるべし。岩井の清水水草ゐにけり。

〈同・雑四・一〇四三〉

第六章　文章の構造と展開について認識する

書き手や話し手が、読み手や聞き手に対して、事態・思想・感情などを伝えるための完結したまとまりを持つ言語表現を「文章」という。文章は一文から成り立つ場合もあり得るが、通常複数の文から成り立つことが多い。さらに、意味内容の上から連続したまとまりをなし、文章を構成する単位となる一続きの文の集合を「段落」という。

現代では、文の表記には句読点や「　」などの補助符号を用い、段落の始まりは改行を施すとともに、一字下げるなどの形式面での習慣が定着している。だが、古典文では、補助符号が未発達であった事情もあり、その依拠した本文のほとんどがそのような形式を持っていない。つまり、現行の教科書などで目にする活字化された古典作品は、現代の表記規則に従って表記上の工夫を適宜施したものである。

古典文には、現代の文章作法に見るような句読点を施したり、段落分けを行ったりなどの意識が一切なかった。従って、後世の者が表記上の工夫を施してもなお読み取りにくい面がある。そこで、以下の項目では、文と文との連接に見られる論理的な関係、会話文・心内文と地の文との関係、指示語・接続語を手掛かりにして文章を読み取る視点などから、文章の読解に必要な方法を探りたい。

◆「文章」という単位

「文章」という概念と術語とが一般に認識されるまで、国語科の試験問題までもが「次の文を読んで後の問いに答えよ」とあって、一定の長さの文章が出題されていたのである。ところが、近時は、例えば『源氏物語』のある巻の教材とされた一まとまりなのが『源氏物語』全巻の全文なのかと詰問されたりする。本書は、読者に提供しようとしてまとめた一文以上のものはすべてが該当するといっておきたい。

◆「句点」という呼び方

「句読点」は、句点と読点とを併せ呼んだ呼び方である。さて、その「句点」が句末に打つのにどうしてそう呼ばれるのかとしばしば言われる。一つは、漢文を読む世界で句末に打たれたからであり、いま一つは「句」が文を意味していた時期があったことによるのである。

【一】文と文、段落と段落との関係について認識する

接続詞の未発達であった平安時代の文章、またそれを真似た擬古文などでは、隣接する文と文との関係がどのようなものであるかを把握することが、現代文に増して必要となり、文章全体の理解を助ける前提となるであろう。その文相互の関係を型として整理するならば、次のようになろうか。なお、（　）内には、それぞれの関係を表す接続語を現代語で掲げた。

① **順接型**…前文が原因・理由・起因などを表し、後文がその順当な結果を表す関係のもの（ダカラ・シタガッテ・トスルト・ソノタメ）

夢を取られざらましかば、大臣までもなりなまし。／されば、夢を人に聞かすまじきなりと、言ひ伝へける。〈宇治拾遺・一六五〉

◇夢を奪われなかったならば、大臣にまでもきっとなっただろうに、それだから、夢を人に聞かせてはならないのだと、言い伝えたのだった。

この児《ちご》のかたちのけうらなること、世になく、家の内は暗き所なく光満ちたり。／翁、心地あしく苦しき時も、この児を見れば、苦しきこともやみぬ。〈竹取〉

◆文の連接と接続語

文と文との連接には、連接の型によって次のような接続詞が用いられることがある。これによって隣接する文と文との関係を捉えることが可能となるが、古典語では接続詞が未発達でその種類が少ない。そのため、それらを用いないほうが常態といってよい。そのため、前後の文がどのような論理的な関係を構成するか、適当な接続詞を想定しながら読解する方法がよいであろう。

① 順接型…かかれば・かくて・さらば・しかして・しからば
② 逆接型…かかれども・さりとて・さりながら・されど・しかし・しかれども
③ 添加型…および・かつ・しかうして・しかも・ついで・なほ・ならびに・はた・また
④ 対比型…あるいは・あるは・または・もしは・もしくは
⑤ 話題転換型…さて・さても・さるほどに（連語）・そもそも・それ・ときに
⑥ 説明補足型…すなはち・詮ずるところ（連語）・ただし
⑦ 連携型…接続詞は用いられない

上に紹介した類型は、文と文との関

◇この女の子の顔形の美しいことは、この世に類ないほどで、家の中は暗い場所がないくらい光に満ちている。（そのため）翁は、気分が悪く苦しい時も、この子を見ると必ず、辛いことも治まった。

② **逆接型**…前文の内容に対して、反対・矛盾する内容を後文が表す関係のもの（シカシ・ケレドモ・トコロガ・ソレニモカカワラズ）

この泊り、遠く見れども近く見れども、いとおもしろし。／かかれども、苦しければ、何事も覚えず。〈土佐・一月十八日〉

◇この津呂の港は、遠くから見たけれども、また近くから見たけれども、大変すばらしい景色だ。それにもかかわらず、（旅程が）辛いので、何の面白みも感じられない。

わづかに二つの矢、師の前にて一つをおろそかにせんと思はんや。／懈怠《けだい》の心、みづから知らずといへども、師これを知る。〈徒然・九二〉

◇わずか二本の矢、それを師の前で一本をいいかげんに射ようと思うだろうか、いや思うわけがない。（ところが）油断する心は、自分では気づかないとしても、師はこれを知っている。

③ **添加型**…前文の内容に後文で順を追って添えたり、追加・並列したりする関係のもの（ソシテ・ツギニ・サラニ・シカモ・マタ）

係を捉える時ばかりでなく、ひと続きの文章の中における段落と段落との関係についても、同様に当てはめられる。と同時に、右の接続詞がそれぞれの関係のあり方を明示する要素となることは言うまでもない。

なお、接続詞には指示語で構成されたものが多い。その主な語については、第一章【三】2③の脚注に代表的な語例を示した。また、慣用連語「さるほどに」の用法については、第四章【二】8を参照。

◆場面転換を示す「さてもあるべき（こと）ならねば」

『平家物語』などの軍記物では、場面を次へ移すための常套句「さてもあるべき（こと）ならねば」がしばしば用いられる。

・祇王《ぎわう》もとより思ひまうけたる道なれども、さすがに昨日今日とは思ひ寄らず。……ましてこの三年が間、住み慣れし所なれば、名残りも惜しう悲しくて、かひなき涙ぞこぼれける。**さてもあるべきことならねば**、祇王すでに、今はかうとて出でけるが、なからん跡の忘れ形見にもとや思ひけん、障子に泣く泣く一首の歌をぞ

ありがたきもの　舅《しうと》にほめらるる婿《むこ》。／また、姑《しうとめ》に思はるる嫁の君。

〈枕・ありがたきもの〉

◇めったにないもの　舅にほめられる婿。並びに、姑に良く思われる嫁様。

女、いと悲しくて、後に立ちて追ひ行けど、え、追ひつかで、清水のある所に伏しにけり。／そこなりける岩に、指《および》の血して書きつけける。

〈伊勢・二四〉

◇女は、大変悲しく思って、男の後に付いて追って行ったけれど、追いつくことが出来ないで、湧水のある所で倒れてしまった。（そして）そこにあった岩に、指の血で（歌を）書きつけたのだった。

④**対比型**…前文の内容と対立するものを後文で示したり、前文の内容とは別のものを後文で比較・選択する関係のもの（ムシロ・マシテ・ソレトモ・アルイハ・ギャクニ）

道を学する人、夕べには朝《あした》あらんことを思ひ、朝には夕べあらんことを思ひて、かさねてねんごろに修《しゅ》せんことを期《ご》す。／いはんや一刹那《せつな》のうちにおいて、懈怠《けだい》の心あることを知らんや。

〈徒然・九二〉

◇専門の道を学ぶ人は、夕方には翌日があったりすることを考え、朝には夕

書き付けける。〈平家・一・祇王〉

言うまでもなく、「そのままでいられるはずのことでもないので」というのが原義であるが、「とうとう」「結局」というニュアンスを含みつつ、物語の進展を図っている。

方があったりすることを考えて、まとめて丁寧に学んだりすることを期待する。ましてや一瞬間のなかで、おろそかな気持ちがあることを理解できるだろうか、いや、理解できるはずがない。

芸能・所作のみにあらず、大方のふるまひ・心づかひも、愚かにして慎めるは、得の本《もと》なり。／巧みにして欲しきままなるは、失の本なり。

〈徒然・一八七〉

◇芸能やその所作ばかりでなく、すべての行為や気遣いについても、不器用で慎みのあるのは、成功の本である。（逆に）器用でわがままであるのは、失敗の本である。

⑤ **話題転換型**…前文から後文へ話題が転移する関係のもの（サテ・トコロデ・ソモソモ・ソレデハ・トモアレ）

「聞きしにも過ぎて、尊くこそおはしけれ。／そも、参りたる人ごとに山へ登りしは、何事かありけん、ゆかしかりしかど、神へ参るこそ本意《ほい》なれと思ひて、山までは見ず。」

〈徒然・五二〉

◇「話に聞いたさまよりもまさって、尊くていらっしゃった。それにしても、参詣している人が皆山へ登ったのは、何事があったのだろうか、行って見たかったけれど、神様へお参りすることこそが本来の目的だと思って、山までは見ていない。」

◆段落相互の関係

上掲の型は、主として接続の機能から分類したものであるが、段落と段落との関係を内容相互に成り立つ論理の構成から分類することもしばしば行われる。例えば、「起・承・転・結」「序・破・急」といった素朴な捉え方はその典型である。実際、段落相互の関係は複雑で、種々の型が考えられよう。一般によく取り上げられる型を以下に紹介しておく。

① 対置…複数の事柄を列挙したり、対照させたりする。

② 相対…単純から複雑へ、重要でない事柄から重要な事柄へと並べる。

③ 論理的対応…原因と結果、提案と理由、原理と適用、全体と部分、一般と特殊、意図と手順と結果、これらを順を追って述べる。

思しきこと言はぬは、腹ふくるるわざなれば、筆にまかせつつ、あぢきなきすさびにて、かつ破《や》り捨つべき物なれば、人の見るべきにもあらず。／さて、冬枯れの気色こそ秋にはをさをさ劣るまじけれ。〈徒然・一九〉

◇心に思うことを言わないのは、腹がふくれることだから、筆の運びに任せながら、つまらない慰み書きであって、書く一方では破り捨てるつもりの物なので、他人が見るはずのものでもない。ところで、冬枯れの風景は秋のそれにほとんど劣らないに違いない。

⑥**補足説明型**…前文の内容の要約・言い換え・補足説明などを後文で示す関係のもの（スナワチ・ツマリ・トイウノハ・ナゼナラ・ジツハ・タダシ・モットモ・ナオ）

あだし野の露消ゆる時なく、鳥《とり》部《べ》山《やま》の煙《けぶり》立ち去らでのみ住み果つるならひならば、いかにもののあはれもなからん。／世は定めなきこそ、いみじけれ。〈徒然・七〉

◇あだし野におく露がいつまでも消える時がなく、鳥部山での火葬の煙が消え去らないように、ひたすら人が永久に住みおおせるばかりの定めであるならば、どんなに物の情趣もないことだろう。（要するに）この世は変転に富むことが大変面白い。

なほあはれがられて、ふるひ鳴き出でたりしこそ、よに知らずをかしくあはれなりしか。／人などこそ人に言はれて泣きなどはすれ。

◆補足説明の「なんとなれば」

補足説明の文相互の関係はあっても、それに相当する表現が存在しないのが古典の文章である。殊に、理由を後から述べる表現は、古い時代の日本人には一般的ではなかった。現代語の「なぜなら」は、いま少し古めかしく「なんとなれば」ともいえるが、古語辞典はもちろん、国語辞典も辛うじて『日本国語大辞典第二版』の「なんと」の小見出しに見るだけである。その初出は鎌田純一郎訳『花柳春話』（一八七八―七九）となっているが、ある時期まで、英語 because の訳語として残っていた。近世の漢文訓読にも若干見られる。いずれにしても外来の論理ということであろうか。

〈枕・上にさぶらふ御猫は〉

◇なんといっても、（犬が）情けをかけられて、身震いしながら鳴き出したことは、今まで見たことがないくらい面白く感激的だった。もっとも人間などは人に（哀れみの）言葉を掛けられて泣いたりなどはするのだが。

⑦ **連係型**…前文についての解説の付加・場面構成など、前文と直接結び付く内容を後文で述べる関係のもの

今は昔、三条中納言といふ人ありけり。／三条右大臣の御子《おんこ》なり。

〈宇治拾遺・九四〉

◇今となっては昔のこと、三条の中納言という人がいたのだった。（その人は）三条右大臣のご子息である。

丹波《たんば》に出雲《いづも》といふ所あり。／大社《おほやしろ》を移して、めでたく造れり。

〈徒然・二三六〉

◇丹波の国に出雲という所がある。（そこでは）出雲大社から神を移して、立派に造ってある。

無常の来《きた》ることは、水火の攻むるよりも速やかに、逃れがたきものを。／その時、老いたる親、いときなき子、君の恩、人の情け、捨てがたしとて捨てざらんや。

〈徒然・五九〉

◆補足説明の「もっとも」

中古には「もとも」であった「もっとも」は、そのころから同意を表す「尤も」でも程度の甚だしさをいう「最も」でもあった。その後、「尤も」は形容動詞「尤もなり」「尤もだ」を経て、接続詞ともなって、補足説明を担うこととなった。上掲『枕草子』（上にさぶらふ御猫は）には、その補足説明の文相互の関係はあっても、その表現はなかった。いまそこに「もっとも」を入れて「もっとも…のだが。」と訳出することになるのである。

◇死がやって来ることは、水や火が攻めて来るよりも急で、逃げられないものなのにねえ。その時、老いた親、幼い子供、主君の恩、人の情けを捨てられないと言って捨てないでいられようか、いや、いられるはずがない。

【二】会話文・心内文と地の文とについて認識する

物語や随筆などの文章中で、対話・和歌・心内・書簡などの文を除いた文章を「地の文」という。そこでは純粋に物語や思想などの展開を描写・説明する。

会話文は、現行の注釈書・教科書類では「　」で括って表示するのが一般的であるため、その範囲を捉えるのは比較的容易であるが、加えて古典語では、会話を受ける語として、引用を表す助詞「と」「とて」「など」を用いるため、これが決め手となる。

心内文は、物語の登場人物や作者が心中において思念した内容を示す文章部分である。会話文の引用に準じて「と」「など」を用い、さらに「思ふ」「覚ゆ」などの知覚動詞をもってそれが心内文であることを示す場合が多い。

和歌・漢詩あるいは語句などを引用する「引用文」の場合、その引用形式には心内文に準じて「と」「など」が用いられる。

以下、まず会話文・心内文・引用文と地の文とを区別する形態的特徴について整理する。さらに、古典文では、会話文・心内文・引用文と地の文とが融合してしまう事例が、一定の形式として認められるくらい頻出するので、その実

◆会話文と地の文

会話文は話し言葉であり、地の文は書き言葉である。従って、両者の間には語彙・語法の面で相応の違いが認められる。例えば、話し言葉と書き言葉の差がさほど大きくないといわれる『源氏物語』など平安中期の和文においても、「侍り」や「たまふ（下二段）」のような自卑性を表す敬語は、会話文・手紙文・心内文に限って登場する。また、二重敬語表現「せ（させ）たまふ」「たてまつらす」「きこえさす」などは、地の文では帝や后など最高位にある象に用いるため、最高敬語と言ってよい。しかし、会話文中では、決して社会的身分の最高位に用いるのではない。話し手にとって最高の待遇をしなければならないと判断された者を対象とするから、受領階級でも、自分の仕える主人に対してこの形式を適用する場合があって何ら不思議ではない。

また、呼びかけを表す感動詞や終助詞「ぞ」「よ」「かし」「ものを」などが見られるのも、会話文の特徴である。

態を探りたい。

①　会話文と地の文

a　……。〔話者〕「……」と（とて）、…。

「そもそもいかなる人にてましましさうらふぞ。名乗らせたまへ。助けまゐらせん。」と申せば、「汝はたそ。」と問ひたまふ。「物、その物でさうらはねども、武蔵国の住人、熊谷次郎直実《くまがへのじらうなほざね》。」と名乗り申す。「さては、汝に会うては、名乗るまじいぞ。汝がためにはよい敵《かたき》ぞ。名乗らずとも頸を取って人に問へ。見知らうずるぞ。」とぞ宣ひける。

〈平家・九・敦盛最期〉

◇「一体どのような人でいらっしゃるのですか。お名乗り下さい。お助け申し上げよう。」と申し上げると、（敦盛は）「お前はだれだ。」とお尋ねになる。「それがし、大した物ではございませんけれども、武蔵の国の住人、熊谷次郎直実。」とお名乗りもうしあげる。「それでは、お前に対しては、名乗るつもりはないぞ。お前にとっては大した敵だ。名乗らなくても頸を取って人に尋ねろ。見知っているであろうよ。」とおっしゃったのだった。

鬼寄りて、「さは取るぞ。」とて、ねぢて引くに、大方痛きことなく、さて、「かならずこの度《たび》の御遊びに参るべし。」とて、暁に鳥など鳴きぬれば、鬼ども帰りぬ。

〈宇治拾遺・一三〉

◆「地の文」の「地」の意味

文章や語り物で、会話や歌を除いた叙述の部分を「地の文」と呼んできている。例えば『源氏物語一葉抄』（一四九五ごろ）に「すべて此物語に、作者詞、人々の心詞、双紙詞、又草子の地あり。よく分別すべし。」とあったりする用語である。その「地」は、基本となるものをいう「地」の意味によっているものとされている。

◇鬼が（翁に）近寄って、「それでは取るぞ。」と言って、（頬のこぶを）ひねって引くと、全然痛いことがなく、そうして、「必ずこのような機会のご宴会に参上するがよい。」と言って、明け方に鳥などが鳴いてしまったので、鬼どもは帰ってしまった。

b　……。〔話者〕「……。」など（言ふ）……。

「わざと奉れさせたまへるしるしに、何ごとをかは聞こえさせむとすらむ。ただ一言を宣はせよかし。」**など**言へば、「げに」**など**言ひて、かくなむと移し語れども、物も宣はねば、……　〈源氏・夢浮橋〉

◇（小君が）「（薫が私を）わざわざお差し向けになっている証拠として、一体どんな大層なことを申し上げようとするのだろうか、いや、それほどでなくてよい。ほんの一言をおっしゃってくださいよ。」などと言うと、（妹尼が）「いかにも」などと言って、（浮舟に）これこれと（小君の言葉を）そっくり語るけれども、何もおっしゃらないので、……

「西国《にしぐに》の遊女《あそび》は、えかからじ。」**など**言ふを聞きて、「難波《なには》わたりに比ぶれば」とめでたく歌ひたり。　〈更級〉

◇「西国の遊女は、これほど上手ではないだろう。」などと（周囲で）言うのを聞いて、「難波わたりにくらぶれば（＝難波あたりの遊女に比べたら大したことはありません）」と、見事に歌っている。

②　心内文と地の文

◆「など」の用法

同じく引用を表す助詞でも、「など」は、「と」「とて」のように全体を再現するような正確さを持つものではない。概略や一部分、あるいは次のように代表例を取り上げる場合に用いられることが多い。

・わが使ふ者などの、「なにとおはする」「のたまふ」**など**言ふ、いとにくし。ここもとに、「侍り」**など**いふ文字をあらせばやと聞くこそ多かれ。　〈枕・文ことばなめき人こそ〉

さらに、複数の会話主による内容を適宜まとめて示そうとする時にも、この「など」は便利であった。

・また、「物の変化《へんぐゑ》にもあれ、目に見す見す、生ける人をかかる雨にうち失はせむは、いみじき事なれば。」**など**、心々に言ふ。　〈源氏・手習〉

……。『……、……。』と、〈思ふ・思す・覚ゆ・見ゆナド〉

月のいとはなやかにさし出でたるに、『今宵は十五夜なりけり。』と思し出でて、殿上《てんじやう》の御遊び恋しく、『所々ながめたまふらむかし。』と思ひやりたまふにつけても、月の顔のみまもられたまふ。　〈源氏・須磨〉

◇月がたいそう青々とさし出たので、『今夜は十五夜であったのだった。』とお思い出しになって、宮中殿上の間での管絃の遊びが懐かしく、『女性方が今頃物思いに耽っていらっしゃるだろうよ。』とご想像になるにつけても、月の表面を自然見つめていらっしゃるばかりである。

やうやう暑くさへなりて、まことにわびしくて、『などかからでよき日もあらむものを、何しに詣でつらむ。』とまで涙も落ちて休み困《こう》ずるに、四十余《よ》ばかりなる女の、壺装束《つぼさうぞく》などにはあらで、ただ引きはこえたるが、……と道に会ひたる人にうち言ひて下り行きしこそ、ただなる所には目も留まるまじきに、『これが身にただ今ならばや。』と覚えしか。

〈枕・うらやましげなるもの〉

◇（伏見稲荷へ参詣した折、坂道を登りきろうとすると）しだいに暑くまでもなって、本当に辛くて、『どうして、こんなでなくて適当な日もあるだろうのに、何で参詣してしまっているのだろう。』とまで思うと涙もこぼれて疲れて休んでいると、四十歳余りである女で、旅装束などはなくて、ただ尻はしょりをしている姿の者が、……と道で出会った人に言葉をかけて下りて行った様は、通常の場所では目も留まるはずもないのに、『この人の身体にたった今

◆話法の転換

会話文・心内文・引用文と地の文との融合というのは、直接話法で始まりながら間接話法へと転じてしまう現象をいう。従って、会話などの始まりには補助符号であるカギ括弧を施すことができるが、閉じることができないま

なりたいものだ。』と思われた。

③　引用文と地の文

……。「……」と（など）……。

上り着きたりし時、「これ手本にせよ。」とて、この姫君の御《おほん》手《て》を取らせたりしを、「さ夜ふけて寝覚めざりせば」など書きて、「鳥《とり》部《べ》山《やま》谷に煙《けぶり》の燃え立たばはかなく見えしわれと知らなむ」と、言ひ知らずをかしげに、めでたく書きたまへるを見て、いとど涙を添へまさる。〈更級〉

◇京に上り着いた時、「これを手本にしなさい。」と言って、この姫君のご手蹟を与えられていたが、（今それを取り出して見ると）「さ夜ふけて寝覚めざりせば（＝夜が更けてから目が覚めなかったなら、そのまま死んだかもしれない）」などと書いて、「鳥部山谷に煙の燃え立たばはかなく見えしわれと知らなむ（＝鳥部山の谷に火葬の煙が燃え立ったならば、生前からはかない命と見えた私だと知ってほしい）」と、言いようもなく風情豊かにすばらしくお書きになってあるのを見て、（姫君の亡くなった今）ますます涙があふれ出てくる。

何事を言ひても、「そのことさせむとす」「言はむとす」「何せむとす」といふ「と」文字を失ひて、ただ「言はむずる」「里へ出でむずる」など言へば、やがていとわろし。〈枕・ふと心おとりとかするものは〉

ま、地の文へと連続してしまう。古代人は、文の性格や話法を厳密に区別しようという意識が希薄だったのである。また、その必要が求められるだけの読者層がなかったのであろう。

　話法の転換という点でいえば、⑤第1例中に見られる「かやうなる住まひもせまほしう」は、直後に続く知覚動詞「覚え」の内容を表す間接話法である。すでに第三章【四】4で紹介したとおり、この種の構文形式は、「かやうなる住まひもせまほし」という終止形に直し、直接話法として読解する方法がよい。

　また、連体修飾・被修飾の関係においても、単なる連体修飾語として理解するのでなく、直接引用文を構成するものとして、「〜という」などを補って読解する形式について、第二章【一】2④脚注、第三章【四】4脚注に紹介した。

◇何事を言うにしても、「そのことさせむとす（＝そのことをさせようとする）」「言はむとす（＝言おうとする）」「何せむとす（＝これこれしようとする）」と言う「と」文字を省略して、ただ「言はむずる（＝言おうとする）」「里へ出でむずる（＝実家へ出かけようとする）」などと言うと、（聞くだけで）直ちにひどく不愉快だ。

◆引用の「とて」
会話や心理を引用して下に続ける連語に「とて」がある。その引用されている内容に応じて「と言ひて」「と思ひて」として解される。

④　会話文・引用文と地の文との融合

……。「……連体形＋よし……。
……。「……名詞＋など……。

かやうにしつつ、三度《みたび》返したてまつるに、なほまた返したびて、果ての度は、「この度返したてまつらんは、無礼《むらい》なるべき**由**を戒められければ、……
〈宇治拾遺・一三二〉

◇このようにしては、（観音からいただいた帷子《かたびら》を）三度お返しもうしあげると、やっぱりまたお戻しくださって、最後の時には、「今度お返しもうしあげたりしたら、失礼であるに違いないということを警告されたので、……

「常に思ひたまへ立ちながら、かひなきさまにのみもてなさせたまふに、つつまれはべりてなむ、『悩ませたまふこと重く』とも承らざりける**など**、聞こえたまふ。
〈源氏・若紫〉

◇「常々（お見舞いにと）思い立たせていただくものの、そっけなくお扱いになるばかりなので、それに遠慮されましてね。しかも『ご病気が重くていらっしゃる』とも伺わなかった不案内、などをおもうしあげになる。

⑤ 心内文と地の文との融合

……。『……、……（べき）を思ふ
……。「……形容詞連用形＋思ふ

わが御罪の程恐ろしう、『あぢきなきことに心をしめて、生ける限りこれを思ひ悩むべきなめり。まして、後の世のいみじかるべきを思し続けて、かやうなる住まひもせまほしう覚えたまふものから、……　〈源氏・若紫〉

◇御自分の犯した罪の深さが恐ろしく、『つまらないことに夢中になって、生きている限りこれを思い苦しまなければならないようである。まして、来世でひどい罪を受けそうだというようなことをお思い続けになって、いっそこのような世捨て人のような生活でもしたいとお感じになるものの、……

とく参りたまはむことをそそのかしきこゆれど、『かくいまいましき身の添ひたてまつらむも、いと人聞きうかるべし。また、見たてまつらでしばしもあらむは、いとうしろめたう思ひきこえたまひて、すがすがともえ参らせたてまつりたまはぬなりけり。　〈源氏・桐壺〉

◇（若宮に）早く参内するがよいということを（祖母君に）お勧めもうしあげるけれど、『（娘の更衣を失った）このような不吉な身がお付き添いもうしあげることも、外聞が悪いに違いない。一方また、（若君を）お世話もうしあげないままで少しでも過ごしたりすることは、ひどく気がかりだとお思いもうしあげなさって、すんなりとも参内おさせもうしあげなさることが出来ないのだった。

◆和歌と手紙文・地の文との融合

和歌は、独立した文あるいは文章として、他からの干渉を受けないのが通常である。しかし、次に掲げるように、手紙文の文言と融合したり、和歌の文言がそのまま地の文へと連続したりすることがある。

・「かく聞こゆるを、
知らずともたづねて知らむ三島江に
生ふる三稜《みくり》の筋は絶えじを」　〈源氏・玉鬘〉

この例では、「かく聞こゆるを知らずとも」のように連続して理解させたい意図があろう。ただ、和歌はそれ自体独立しているので、融合とまでは言えないかもしれない。

・「妹背《いもせ》山深き道をば尋ねずて緒絶《をだえ》の
橋に踏みまどひける
よ」と恨むるも、人やりならず。　〈同・藤袴〉

手紙の末尾にある「よ」は、「踏みまどひけるよ」と「ける」に付けて一文としなければ通じない。

・「古《いにし》への秋の夕べの恋しきに今はと
見えし明け暮れの夢」
ぞ名残りさへ憂かりける。　〈同・御法〉

この例では、歌中の「夢」に「ぞ」

【三】 指示語・接続語が構成する表現について学ぶ

古典文の表現においては、現代文の論説・評論に見られるような複雑で多様な指示語・接続語の用法はない。が、指示語の内容を文脈から判断すること、文と文、段落と段落との接続関係に機能する接続語の用法を理解することは、文章の展開を的確に把握するために必要な視点である。以下、指示語が見せる指示の諸相、また、指示語から構成された接続語の機能について整理したい。

1 指示語の体系

指示語は、話し手と指示する物事との相対的な距離によって、近称・中称・遠称に区分するのが一般的である。また、指示する対象が不明であったり、特定しなかったりする場合に、それを示す語を不定称と呼ぶ。これらの語を体系的に示せば、以下のようになろう。

《指示代名詞》

他称
- 近称　こち・こなた／ここ／こ・これここ
- 中称　そち・そなた／そこ／そ・それ
- 遠称　あなた・かなた／かしこ／あ・あれ／か・かれ

不定称　いづち・いづ方／いづこ・いづく／なに・いづれ

《指示語副詞》

を添えて係り結びを構成しながら地の文に連続している。

◆**指示語の品詞認定**

英文法などでいう「代名詞」をそのまま日本語文法へ持ち込み、指示する語をすべて代名詞だと誤解してはならない。代名詞はあくまでも「名詞」の下位分類に位置付けられる。品詞はその語の文法的な機能によって分類されるため、指示という共通の意義とは関係ない。例えば、現代語の「この・その・あの・どの」「こんな・そんな・あんな・どんな」「こうした・そうした・ああした・どうした」は連体詞となり、「こんなに・そんなに・あんなに・どんなに」は活用するため形容動詞となる。さらに、「こう・そう・ああ・どう」は副詞である。

近　称――かく
中　称――さ・しか（「さ」は和文、「しか」は漢文訓読文）
《指示語動詞》
近　称――かかり（＝かく＋あり）
中　称――さり（＝さ＋あり）・しかり（＝しか＋あり）

２ 指示の諸相

① **現場指示**…話し手が、ある場面で空間的に直接物事を指示する

継母なりし人は、……梅の木の、つま近くていと大きなるを、「**これ**が花の咲かむ折は来むよ。」と言ひおきて渡りぬるを、……〈更級〉

◇継母であった方は、……梅の木で、軒先近くにあって大変太い梅の木を指して、「この梅の木の花が咲いたりする季節にはやって来ましょうね。」と言い残して行ってしまったのだが、……

・御随身《みずいじん》ついゐて、「**か**の白く咲けるをなむ、夕顔と申しはべる。花の名は人めきて、**かう**あやしき垣根になむ、咲きはべりける。」と申す。〈源氏・夕顔〉

◇随行の者が跪いて、「あの白く咲いているのを、夕顔と申します。花の名前は人間のようで、このような卑しい家の垣根に、咲くのでした。」と申し上げる。

◆**「さ」と「しか」**

指示語副詞「しか」は、通常漢文訓読文専用といってよいが、和文でも見られることがある。その場合、堅苦しい表現という意識があったようである。

・「上も**しか**なむ。『……』と、うちかへしつつ、御しほたれがちにのみおはします。」と、語りて尽きせず。〈源氏・桐壺〉

右例では、靫負の命婦が桐壺帝のことについて亡き更衣の母にかしこまって語る場面に用いられている。

◆**相手を指す「あ」系指示語**

平安時代には、位置を指示する語として、「こ」系と「か」系とが対立していた。現場指示としては、「こ」系が話し手の勢力範囲にある物事を指示するのに対して、相手の勢力範囲にある事柄を指し示すには、「そ」系がその用法を発達させた。と同時に、「か」系および「あ」系にも「そ」系と似た用法が生じたといわれる。この「あ」系指示語が相手や相手の勢力範囲にある物事を指示する事例を挙げておこう。

・（熊谷が）「**あれ**は大将軍とこそ見まゐらせさうらへ。……かへさせたまへ。」と扇を上げて招きければ、（敦

②

文脈指示…話し手や書き手が、文脈中にある物事を指示する

六波羅《ろくはら》殿の御一族の君達《きんだち》といひてんしかば、花族《くわそく》も英雄も面《おもて》を向かへ肩を並ぶる人なし。されば、入道相国の小舅《こじうと》、平大納言時忠《ときただ》の卿の宣ひけるは、「この一門にあらざらん人はみな人非人《にんぴにん》なるべし。」とぞ宣ひける。**かかり**しかば、いかなる人も相構へて**こ**のゆかりに結ぼほれんとぞしける。

〈平家・一・禿髪〉

◇六波羅殿（＝平家）のご一族のご子息方といってしまったところ、（大臣家より上の）清華も英雄家も面と向かって方を並べる人はない。だから、入道相国（＝清盛）の小舅、平大納言時忠卿がおっしゃったことには、「この一門に所属しなかったりする人はすべて人間ではないに違いない。」とおっしゃったのだった。こういうわけだったので、どのような人も何とかしてこ（＝平家）の縁者と結ばれようとしたのだった。

このをばいといたう老いて、二重《ふたへ》にてゐたり。**これ**をなほこの嫁ところせがりて、今まで死なぬことと思ひて、よからぬことを言ひつつ、「もていまして、深き山に捨てたうびてよ。」と責めければ、責められわびて、**さ**

盛は）招かれてとってかへす。

〈平家・九・敦盛最期〉

・悪源太《あくげんだ》、「**あ**の雑人《ざふにん》ども、のきさうらへ。西を拝みて念仏申さん。」と宣へば、左右へばっとのきにけり。

〈平治・下〉

この特殊な言い方は、「あれは～ぞ」「あれは～とこそ見れ（見さうらへ、見まゐらせさうらへ）」「あれはいかに」という定型句に見られることが多く、鎌倉時代にはすでに一般的な用法ではなくなっていた。平安時代までに行われた「こ」系と「か」系とが二元的に対立していた指示体系の名残と考えられている。

◆**「さり」「かかり」「しかり」**

指示語動詞「さり」「かかり」「しかり」は、指示語副詞「さ」「かく」「しか」にラ変動詞「あり」が付いて熟合したものである。この「あり」は、形容詞カリ活用の形成、形容動詞の形成に与った補助動詞と同趣の機能を持つ。つまり、状態性を有する「さ」「かく」「しか」に動詞としての叙述性と文法機能とを付与したと理解してよいであろう。

してむと思ひなりぬ。〈大和・一五六〉

◇この叔母はたいへん年老いて、腰が二つに折れていた。このことをさらにこの嫁は邪魔だと思って、今まで死なないことよと思って、叔母の悪いところを何度も言いながら、「運んでいらっしゃって、深い山に捨ててくださいな。」と責めるばかりなので、責められるのに耐え切れず、そうしてしまおうと決心してしまった。

「翁、年七十に余りぬ。今日とも明日とも知らず。この世の人は、男は女にあふことをす。女は男にあふことをす。その後なむ門広くもなりはべる。いかでか、**さる**ことなくてはおはせむ。」〈竹取〉

◇「この爺は、七十を超えてしまった。寿命が今日とも明日ともわからない。この世界の人は、男は女と結婚する。また、女は男に嫁ぐ。その後に一族の勢いが盛んになります。どうして、そういうことがないままでいらっしゃれようか、そうはいかないのです。」

③ **省約指示**…文脈中に一度示された会話文などの文または文章に相当する内容を指示する

人の娘のかしづく、いかでこの男に物言はむと思ひけり。うち出でむことと

◆省約指示

上掲の例中に用いられた「かく」「しかしか」は、決して実際の会話をそのままに記したものではない。この物語の作者が、同じ内容を繰り返す面倒を省いて、登場人物にそう言わせたにすぎない。作者は、読者との間に文脈上の共通理解があるという前提に立っているため、内容の重複を避けて指示語だけですませることができたのである。

かたくやありけむ、もの病みになりて、死ぬべき時に、「かくこそ思ひしか。」と言ひけるを、親聞きつけて、泣く泣く告げたりければ、……〈伊勢・四五〉

◇ある人の娘で、かわいがっている娘が、何とかしてこの男に気持ちを伝えようと思ったのだった。口に出すことが難しかったのではなかろうか、病気になって死にそうな時に、「こう思っていた。」と言ったのを、親が聞きつけて、泣き泣き（男に）知らせたところ、……

帝……職事《しきじ》を召して、「世間の過差《くわさ》の制きびしきころ、左の大臣《おとど》の一の人といひながら、美麗ことのほかにて参れる、便なきことなり。早くまかりいづべきよし仰せよ。」と仰せられければ、承る職事は、……わななくわななく、「しかしか。」と申しければ、……〈大鏡・時平〉

◇帝（＝醍醐天皇）は……蔵人をお呼びになって、「世の中の贅沢に対する禁制が厳しい時分、左大臣が最高位の人とはいいながら、華美この上ない服装で参内するのは、けしからんことだ。ただちに退出せよという趣旨を命じよ。」とおっしゃったので、お受けもうしあげる蔵人は、……ぶるぶる震えながら、（左大臣に）「これこれです。」と申し上げたところ、……

④ **深層指示**…話し手や書き手の深層心理の中にある事柄を指示する（→第四章【二】「さるべき」「をばさるものにて」参照）

⑤ **例題指示**…具体的な指示対象を持たず、任意の例として暗示する

都へたより求めて文やる、「**そ**のこと**か**のこと、便宜《びんぎ》に忘るな。」など言ひやるこそ、をかしけれ。〈徒然・一五〉

◇（出先から）都へ機会を求めて手紙を送る、その中で「そのことやあのことを、時機を逃さず忘れずにしておけ。」などと言い送るのは、面白い。

何となく葵かけわたしてなまめかしきに、明けはなれぬほど、忍びて寄する事どものゆかしきを、**それ**か、**かれ**かなど思ひ寄すれば、牛飼・下部《しもべ》などの見知れるもあり。〈徒然・一三七〉

◇何ということなく、一面に葵を掛けて優美であるところに、夜の明けきらない時分に、こっそりと寄せてくる数台の車の主が知りたいので、その人か、あるいは、あの人か、などと推測すると、牛飼や下部などで見知った者もいる。

3 指示系接続語とその機能

接続語の中には「さ」「かく」「しか」などの指示語から構成されるものが多い。それらは、文脈中の内容を受け、それをさらに接続語として下に続く内容

◆例題指示

上掲⑤に示した例文中に見られる「そ」「か」「それ」「かれ」は、具体的に何を指示したものか、特定することは困難である。このような指示機能は、文脈中のある語句を受けるという性質ではなく、作者の想像した物事を指示語に委ねているにすぎない。もしくは、初めから具体物の想定を期待していないとも言えよう。現代風に言えば、a・b・cなどの符号を任意の代数として用いるようなものである。

このような指示機能を利用して、支障があるために実名を伏せねばならない場合にも転用した。

・いと若き男の、……笛を吹きやみて、山の際《きは》に惣門《そうもん》のあるうちに入りぬ。……下人《しもびと》に問へば、「**しかしか**の宮のおはしますころにて、御仏事など候ふにや。」と言ふ。〈徒然・四四〉

また、『源氏物語』では、登場人物の実名は全く明かされない。そのため、会話文における自称にさえ「なにがし」を起用している。

と論理的な関係を構成することになる。その受ける内容及び種々の接続形態について、以下に整理しておこう。

①「かく」系接続語

a　かくて《継起的接続》

その夜もしかと思ひて待ちけれども、来たらざりけり。又の日も人もおこさず。**かくて**五六日になりぬ。〈今昔・30・二〉

◇その夜もひょっとして訪れるかと思って待ったけれども、やって来なかった。次の日も人もよこさない。こうして五・六日になってしまった。

b　かかれば《順接確定条件》

「をのがなさぬ子なれば、心にも従はずなむある。」と言ひて、月日すぐす。**かかれば**、この人々、家に帰りて物を思ひ、祈りをし、願を立つ。〈竹取〉

◇「私どもが生んだのではない子なので、親の希望にも従わないのです。」と言って、月日を過ごす。こういうわけだから、この求婚している人々は、家に帰って悩み、祈りをし、（この思いをやめたまえと）願をかける。

◆「かく」と「かかり」

「かくて」が指示語副詞「かく」に接続助詞「て」が付いた連語であることは言うまでもない。また、「かかれば」「かかれど」の「かかれ」が「かく＋あり」から生じたラ変動詞「かかり」であることも明らかである。そこで、「かく」と「かかり」とを共時論的に再構成すれば、「かり」活用の形容動詞とも考えられよう。連用形「かく」は、「なり」活用形容動詞の連用形「に」に相当し、一連の「かかり」は「なり」活用に匹敵する用法を有する。

◆「かく」と対応する語

「かく」は古くは「**かにかくに**思ひわづらひ音《ね》のみし泣かゆ」〈万葉・5・九〇二〉のように、「かにかくに」という連語形式で用いられていた。その「かく」に対応する「か」は指示代名詞「か（彼）」の副詞用法と考えられる。ところが、平安時代以降は「**と見かう見見けれど**」〈伊勢・二一〉『**とやれ、かくやれ。**』と言ひつつ」〈大和・

c　かかれど《逆接確定条件》

船にも思ふことあれど、かひなし。**かかれど**、この歌をひとりごとにしてやみぬ。　〈土佐・一月九日〉

◇船の方でも思うことはあるけれど、どうしようもない。こんな状態だけれども、この歌をひとりごととして口ずさんで、やめにした。

②「さ」系接続語

a　さらば《順接仮定条件》

「和歌一つづつ仕うまつれ。**さらば**、許さむ。」　〈紫日記〉

◇「（お祝いの）和歌を一首ずつお詠みもうしあげよ。そうしたら、許そう。」

b　されば《順接確定条件》

「身もいたく疲れ弱って後は、夢もうつつも思ひ分かれず。**されば**、汝が来たれるも、ただ夢とのみこそ覚ゆれ。」　〈平家・三・有王〉

◇「身体もひどく疲れ衰弱して以降は、夢も現実も区別ができない。それだから、お前がやって来たのも、ただもう夢だと思われるばかりだ。」

c　さりとも・さりとて《逆接仮定条件》

一四八〉のように、「と」と対応するようになる。これが「とかく」「とにかく」「とやかく」などの形で現代語にも残っている。

◆「さ」系連語とその特殊用法

指示語副詞「さ」を構成要素とした連語は、『平家物語』に多数用いられ、その用法も特殊な面があるため、次に紹介しておきたい。

《さしも》相手も知っていることを前提として指示し、その様子や程度を表す。アノヨウニ・アレホド

・（後二条関白殿は）御心の猛さ、理の強さ、**さしも**ゆゆしき人にてましましけれども、まめやかに事の急になりしかば、……　〈平家・一・願立〉

《さて》その状態を容認し、それ以後の展開を予想する。ソレデハ・ソウナッタ以上ハ

・ともづな解いて押し出だせば、僧都、綱に取り付き、……船に取り付き、「**さて**、いかにをのをの、俊寛をばつひに捨てはてたまふか。……」　〈同・三・足摺〉

《さばかり》共通認識を前提として、その見事な程度を指示する。アンナニ

d

「げに言ふかひなのけはひや。**さりとも**、いとよう教へてむ。」〈源氏・若紫〉

◇「なるほどたわいもない様子だなあ。そうだとしても、よくよく教えてやろう。」

恋すればわが身は影となりにけり**さりとて**人に添はぬものゆゑ

〈古今・恋一・五二八〉

◇恋をするので、私の身体は（やせ衰えて）影となってしまった。そうだからといって、あの人に（影として）添うことができないものなのに。

されど・されども・さるに・さるを《逆接確定条件》

「腰なむ動かれぬ。**されど**、子安貝をふと握り持たれば、……」〈竹取〉

◇「腰が動くことができない。それにもかかわらず、（幸い）子安貝をひょいと握って持っているので、……」

忍び忍びになむとぶらひけること、日々にありけり。**さるに**、訪《と》はぬ日なむありけるに、……

〈大和・一六五〉

◇こっそりと見舞いの手紙を出すことが、毎日続いたのだった。それなのに、手紙を出さない日があった時に、……

昔、男女、いとかしこく思ひかはして、異心《ことごころ》なかりけり。**さるを**、いか

・**さばかり**暑き六月に、装束だにもくつろげず、暑さも耐へがたければ、……

〈同・二・小教訓〉

《さらば～ずして・で》想像に反する事態を指示する。トコロガ～シナイデ

・（義経追討の院宣を）法皇、**さらば**しかるべき武士には仰せで、山の座《ざ》主《す》・寺の長吏に仰せられて、山・三井寺の悪僧どもを召されけり。

〈同・八・鼓判官〉

《されば》前の内容を受けつつ、新たに話を説き起こす。ソモソモ・一体全体

・その時有職の人々、「あな、恐ろし。物な申されそ。**されば**、それはよき例どもかや。」〈同・四・厳島御幸〉

《さもさうず》「さもさうらはず」の略。相手の言葉を否定する。ソウデモナイデショウ・トンデモアリマセン

・「それ安いこと。やがて上って（法皇に）申しゆるいてたてまつらん。」「**さもさうず**。御房も勅勘の身で人を申しゆるさうど宣ふあてがひやうこそ、おほきにまことしからね。」

〈同・五・福原院宣〉

なることかありけむ、いささかなることにつけて、世の中を憂しと思ひて、出でていなむと思ひて、…… 〈伊勢・二一〉

◇昔、男と女とがずいぶん深く思い交わして、互いに浮気心を持つこともなかった。そうであるのに、どんな事情があったのだろうか、ささいなことにつけて互いの間柄をいやだと思って、（男は）出て行ってしまおうと思って、……

③「しか」系接続語

a しからば・しからずは《順接仮定条件》

「三種《さんじゅ》の神器《しんぎ》を都へ返したてまつれ。しからば、八島へ返さるべし。」 〈平家・一〇・内裏女房〉

◇「三種の神器を都へお返しもうしあげよ。そうしたら、八島へ（あなたを）お返しになるに違いない。」

「木曾殿の御内《みうち》に四天王と聞こゆる今井・樋口・楯《たて》・禰井《ねのゐ》に組んで死ぬるか、しからずは、西国へ向かうて、一人当千《いちにんたうぜん》と聞こゆる平家の侍《さぶらひ》どもと軍《いくさ》して死なんとこそ思ひつれども、……」 〈平家・九・生ずきの沙汰〉

◇（梶原は）「木曾殿のお味方に四天王と名高い今井（四郎兼平）、樋口（次郎兼光）、楯（＝根井六郎親忠）、禰井（＝根井小弥太行親）と組んで死ぬか、

◆**「しからば」と「さらば」**

「しからば」と「さらば」に意味上の違いはない。ただし、軍記物語などの和漢混交文においても、「しからば」より「さらば」の方が圧倒的に多く用いられる。

◆**「しからずは」と「さらずは」**

aに掲げた「しからずは」は、「ずは」によって仮定条件を構成する（→第二章【一】2①e、第三章【二】1①）。一方に「さらずは」もあるが、『平家物語』では、女性の会話文中に見られる。

◆**「しかのみならず」**

指示語副詞「しか」＋副助詞「のみ」＋断定「なら」＋打消「ず」からなる連語で、「そればかりでなく」「その上」「さらに」に相当する添加の意を表す。「ならず」は平安時代以降の形で、古

そうでなければ、西国へ向って、一人で千人の敵に当たると評判の平家の武士どもと戦って死のうと思ってきたけれども、……」

b　しかれば《順接確定条件》

悪しきことも良きことも、長くほめられ、長くそしられず。**しかれば**、わが好みに従ひふるまふべきなり。〈宇治拾遺・一九七〉

◇悪い事も良い事も、長い間にわたって褒められもしないし、非難されもしない。そうであるから、自分の好きなように振る舞うのがよいのだ。

c　しかれども・しかるに・しかるを《逆接確定条件》

「所詮御所に火をかくるより外は利をうることかたかるべし。**しかれども**、法勝寺《ほっしょうじ》近隣なり。余焔《よえん》定めてのがるべからず。」〈保元・中〉

◇「結局院の御所に火を掛ける以外には優勢を勝ち取ることが難しいに違いない。そうではあるものの、法勝寺が近隣にある。類焼をきっと免れることはできそうもない。」

「われ、毛の色を怖るるによりて、この山に深く隠れ住めり。**しかるに**、大王、いかにしてわが住む所をば知りたまへるぞや。」〈宇治拾遺・九二〉

◇「私は、五色の毛皮を取られることを怖れるために、この山中に深く隠れて住んでいる。そうであるのに、大王は、どのようにして私の住む場所を知っていらっしゃるのですか。」

くは「にあらず」であった。漢文訓読文専用の言い方であるが、軍記物語などの和漢混交文でも、書状などの堅苦しい文章に用いられている。

・衆庶《しゅそ》物言はず道路《たうろ》目を以てす。**しかのみならず**、同じき四年《しねん》五月、二《に》の宮の朱閣《しゅかく》を囲みたてまつり、九重《きうちやう》の垢塵《こうぢん》を驚かさしむ。
〈平家・七・木曾山門牒状〉

◆「しかしながら」

指示語副詞「しか」＋サ変動詞「し」＋接続助詞「ながら」による連語である。漢文訓読系の用語で、現代語の「しかし」は、この「ながら」を省略した形。サ変「し」に動作性はない。その機能は「あり」に近く、そのままであるという意味になる。第一義として、「そのままそっくり」「すっかり」に当たる意味を表す。

・「この二、三年は京都の騒ぎ国々の乱れ、**しかしながら**当家の身の上の事にさうらふあひだ、……」
〈平家・七・忠度都落〉

また、ここから「とりもなおさず」「要するに」という意にも転じた。

・人のために恨みを残すは、**しかしながら**わが身のためにてこそありけれ。

世を遁れて山林に交はるは、心を修めて道を行はむとなり。しかるを、汝、姿は聖人にて、心は濁りに染めり。〈方丈記〉

◇俗世から脱して山林に隠棲するのは、精神を修養して仏道を行なおうというのである。そうであるのに、お前は、姿は潔い出家者であって、心は（世俗の）煩悩・雑念に浸かっている。

〈宇治拾遺・一三四〉

これらの意味に、和文では「さながら」を用いる。

なお、この連語が逆接の接続詞となるのは、近世初頭以降と見られている。

慣用連語・表現形式・文型・修辞索引

本文及び脚注に用例及び解説として取り上げた連語や表現形式などのうち、目次からは検索しにくいものを五十音順に拾った。

あとがき

授業を終えて教室を出ようとすると、ある学生が「先生、今の授業分かりません。もう一度教えてください。」とすまなそうに言う。その熱心さに感心しつつ、研究室へ伴ってきた。初めからすべて説明を繰り返すのは失礼かと思って、要点を述べはじめると、怪訝な顔をする。そうか、耳では分からない言葉があるのだと気づき、書架から取り出した国語辞典を拡げ、該当項目を指さした時だ。耳を疑うような言葉をその学生が発したのである。

「わあ、字が小さい！」

学生は恬として恥じる様子もない。この一言によって、彼女の経てきた言語生活が瞬時に理解された。

また、某大学文学部の教室で、「花の色はうつりにけりないたづらに」という誰でも知っている小野小町の歌から動詞を拾って書き出せと指示したところ、一瞬目を疑うような解答が目に入った。

「ないた」

どこにこんな言い方があるのかと歌を読み返し、この珍答を同僚と笑ってしまった。だが、同じ解答をもう一枚発見したとき、さすがに暗然となった。

これらは、学生諸君を嘲るために紹介したのではない。私どもも含めて、教授者たる中学・高校、そして大学の担当者の責任も大きいことを再認識せねばならないと思っているからである。

一方で、古典作品に関する出版物は、懇切丁寧な入門書を含め、現代語訳の付されていない注釈書を見出だすのが困難なほど充実している。この逆説が却って、原文の読解にかける時間と労力を節約しようという短絡的思考を将来しているように思わないわけにはいかない。

極端な例を出そう。『千一夜物語』は、アラビア語をフランス語や英語に訳し、それをさらに日本語へと重訳したものである。そこにあるおびただしい詩句からアラビア語の韻律や技巧などを窺い知ろうにも、訳文ではおよそ不可能だ。原語の読めないもどかしさは、隔靴搔痒どころでない。

原文の呼吸を呼吸し、原文の哀歓に寄り添う。そこに原文を読みこなす醍醐味と技術的な極致がある。ところで、本書で採用した、文構造の説明と文節相互の関係とを区分する考え方については、中村先生が教育現場の体験を背景に中学校教科書で試みられた結果と伺っている。他の中学校教科書書き下ろし教材執筆者との交流などもあって、読解に直結する文法として話題を呼んだ時期もあったという。中村先生に助言を下さった鈴木康之氏は、その師である佐伯梅友氏のもとで、その実践に当たっておられたようで、その意味では、本書も佐伯氏の学恩に拠るところが大きいといえよう。だが、本書独自の方法にもご注目いただきたい。これを始めとして、慣用連語などの表現形式に力を傾注した解法が古典文の読み取りを必ずや補助するものと信じている。

残念ながら、前述の彼女たちに本書を直ちに薦めるには無理があろう。私ども教師が、その出発点にまで引き上げる努力がまず必要だからである。労苦を厭わず原文の解読に取り組もうという意欲が湧いてきたら、手に取っていただきたいと願う。初めから順序よく読むことはない。古典の本文を手元に置きながら、本書の該当箇所によって疑問点を解決していく方法が手っ取り早い。必要な箇所を切り抜いてノートに貼り付けてもよいだろう。本書が無惨なまでに切り刻まれたとするなら、望外の幸せであり、あまり切り取りすぎて使い物にならなくなったら、もう一冊買って下さればさらにありがたい。

末尾ながら、厳しい出版事情の中、新典社岡元学実社長が本書の上梓をご決断くださり、編集部小松由紀子課長が煩雑な編集作業を一手に引き受けてくださった。記して鳴謝する次第である。

平成二十三年十二月

碁石　雅利

〔著者紹介〕
中村　幸弘（なかむら　ゆきひろ）
國學院大學名誉教授。博士（文学）。國學院大學栃木短期大学長。
著書に、『『倭姫命世記』研究─付訓と読解─』『和歌構文論考』『漢文文型訓読の語法』（以上、新典社）、『補助用言に関する研究』『先生のための古典文法　Ｑ＆Ａ100』『続・先生のための古典文法　Ｑ＆Ａ101』（以上、右文書院）、『読みもの日本語辞典』『難読語の由来』（以上、角川文庫）、『入試に出る古文単語　300』（旺文社）、『正しく読める古典文法』（駿台文庫）など。編著に、『旺文社国語辞典』（旺文社）、『ベネッセ全訳古語辞典』（ベネッセ）などがある。

碁石　雅利（ごいし　まさとし）
聖徳大学短期大学部教授。博士（文学）。
主著に、『古典文の構造』（1994年、右文書院　中村幸弘と共著）、『古典語の構文』（2000年、おうふう　中村幸弘と共著）、『平安語法論考』（2001年、おうふう　単著）、『古典敬語詳説』（2002年、右文書院　中村幸弘・大久保一男と共著）。論文に、「かかりうけ交錯の構文」（『国語研究』64号、2001年3月、國學院大學国語研究会）、「かかりうけ交錯の構文続考」（『論叢』15号、2008年2月、聖徳大学言語文化研究所）、「『源氏物語』作者の言語意識─「─たてまつる」「─きこゆ」と物語の系統─」（同上16号、2009年2月）、「助動詞「む」の「仮定」と「婉曲」」（同上18号、2011年3月）、「「花散里の心細げに思して」─須磨巻の解釈一斑─」（『文学研究』23号、2011年3月、聖徳大学短期大学部国語国文学会）、「『思さる』の受身表現とその方略」（同上28号、2017年3月）などがある。

日本古典　文・和歌・文章の構造

2012年6月15日　初刷発行
2019年5月30日　２刷発行

著　者　中村幸弘・碁石雅利
発行者　岡元学実

発行所　株式会社　新典社
〒101−0051　東京都千代田区神田神保町1−44−11
営業部　03−3233−8051　編集部　03−3233−8052
ＦＡＸ　03−3233−8053　振　替　00170−0−26932

印刷所　惠友印刷㈱　製本所　牧製本印刷㈱

ISBN978-4-7879-0629-8 C1081
http://www.shintensha.co.jp/
E-Mail:info@shintensha.co.jp